The Opening Defense Statement of
Dr. Radovan Karadžić
before the
International Criminal Tribunal
For the Former Yugoslavia
in The Hague
March 1–2, 2010

Уводна Реч
Др Радована Караџића
Пред
Међународним
Кривичним Судом
За Бившу Југославију у Хагу
1.–2. Март, 2010

Dec. 12, 2015

To Nenad Milenkovich,
with profound thanks for your
friendship & support, without
which this book would not
have been possible.

Milo Yelesiyevich

The Opening Defense Statement of Dr. Radovan Karadžić

Before the International Criminal Tribunal for the Former Yugoslavia in The Hague

March 1–2, 2010

Уводна реч Др Радована Караџића

Пред Међународним Кривичним Судом за Бившу Југославију у Хагу

1.–2. Март, 2010

a definitive bilingual edition
transcribed and translated from the original Serbian

by

Milo Yelesiyevich

Unwritten History, Inc.
New York, New York

The Opening Statement of Dr. Radovan Karadžić before the International Criminal Tribunal in The Hague — March 1–2, 2010. First published 2015.
Translation Copyright © 2015 by Milo Yelesiyevich.

Unwritten History, Inc.
UPS Store #1052
PMB 199, Zeckendorf Towers
111 E. 14th Street
New York, NY 10003
e-mail: unwrittenhistory@hotmail.com
website: www.unwrittenhistory.com

ISBN: 978-0-9709198-5-4

CONTENTS

ACRONYMS

B-H	Bosnia-Herzegovina
BSL	Bosnian Serb Leadership
HDZ	*Hrvatska Demokratska Zajednica*, the Croatian Democratic Union, Franjo Tuđman's political party
JNA	*Jugoslovenska Narodna Armija*, the Yugoslav People's Army
MBO	*Muslimanska-Bošnjačka Organizacija*, the Muslim-Bosniak Organization, a Muslim political party which called for a democratic Yugoslavia and supported Yugoslavia at the expense of the sovereignty of individual republics.
MUP	*Ministarstvo Unutrašnji Poslova*, the Ministry of Internal Affairs, in charge of law enforcement.
NDH	*Nezavisna Država Hrvatske*, the Independent State of Croatia, the Nazi government in power during WWII
SDA	*Strana Demokratske Akcije*, Alija Izetbegović's Muslim party.
SDS	*Srpska Demokratska Stranka*, the Serbian Democratic Party.
SNB	*Savet nacionalna bezbednosti*, the National Security Council [Bosnian Serbian] .
TO	*Teritorialna Odbrana*, Territorial Defense Units.

Не може се описати лажност целе ситуације.

The falseness of the entire situation here defies description.

Dr. Radovan Karadžić

TRANSLATOR'S INTRODUCTION

Dr. Radovan Karadžić, who has been defending himself *pro se* at the International Criminal Tribunal for the Former Yugoslavia ("ICTY") in The Hague, delivered his Opening Defense Statement (Уводна реч) on March 1 and 2, 2010. He has been charged with two counts of genocide, as well as nine other counts, including murder, extermination, persecution and forced deportation. Dr. Karadžić refers to the ICTY judges as "Your Excellencies" instead of "Your Honors" because he believes the ICTY is an illegal institution and that its charges against him are false.

There is no need here to summarize the events of the Bosnian War or to explain Dr. Karadžić's conduct. He does that authoritatively in his Opening Defense Statement. We must, instead, ask: Why is a new translation necessary?

In Search of the Original Text

The ICTY posted an English translation[1] of the Opening Defense Statement soon after Dr. Karadžić delivered it; however, the ICTY has never made the original Serbian version available to the public.

It became apparent, after having examined this English version of Dr. Karadžić's Opening Defense Statement, that it was an unedited and uncorrected transcription of the work-product created by the ICTY's simultaneous translators. The text is often garbled or simply unreadable, and it creates the unfortunate impression, perhaps unintended, that Dr. Karadžić is a garrulous criminal who does violence to the English language just as he

---

1. *See* http://www.icty.org/x/cases/karadzic/trans/en/100301IT.htm (last accessed 11/3/14).

xii

allegedly did violence unto others. The Opening Defense Statement, cast in such language, is most prejudicial to any attempt by Dr. Karadžić to defend himself and it guarantees that his arguments will remain unconvincing.

At length, I found a video version of the Opening Defense Statement that was recorded during the live broadcast made by the ICTY and was posted in forty-six parts on YouTube.[2] This version contained approximately ninety percent of Dr. Karadžić's Opening Defense Statement. As I transcribed the Serbian text, I compared it to the version created by the ICTY's simultaneous translators. The comparison confirmed that the official translation pullulated with errors, omissions, and mistranslations.

Attorneys, in order to make their cases, and judges, in order to render their decisions, rely on a faithful transcript of legal proceedings, which is called the *record*. According to the *Standards for Performance and Professional Responsibility for Contract Court Interpreters in the Federal Courts*:[3]

> Interpreters shall render a complete and accurate interpretation or sight translation that preserves the level of language used without altering, omitting, or adding anything to what is stated or written, and without explanation. The obligation to preserve accuracy includes the interpreter's duty to correct any error of interpretation discovered by the interpreter during the proceeding.

---

2. *See* http://www.youtube.com/watch?v=YW0VAmvYwIs (last accessed 11/3/14). The ICTY has since posted (on January 22, 2015) its own complete version of the Opening Defense Statement: https://www.youtube.com/watch?v=TACH1ChbjWo&index=95&list=PL0C0B8374626A878F (last accessed 10/24/15).

3. http://www.uscourts.gov/uscourts/FederalCourts/Interpreter/Standards_for_Performance.pdf.

The ICTY's interpreters failed to fulfill these requirements. Despite the apparently unlimited resources at the ICTY's disposal, no funds were allocated and no personnel were charged with the responsibility to either transcribe the Serbian original of Dr. Karadžić's Opening Defense Statement or to check the English work-product of the interpreters against it. As a result, the official transcript is a functional lie, and if Dr. Karadžić were being tried in a U.S. court, his case would have been thrown out by now and he would have been released.

Such malfeasance, rather than being an oversight, appears to be standard operating procedure for the ICTY. Historical precedent for such judicial obscurantism was established by the Austro-Hungarian Empire during the trial of Gavrilo Princip, which took place in 1914. A German edition of the trial transcript (of uncertain provenance) was published in 1918 by a pseudonymous author. This text was truncated and skewed in order to place the blame on Serbia for starting WWI. A definitive Serbian text was not published until 1954, forty years after the trial. A complete translation did not appear in English until 1984, seventy years after the trial. If that were not enough, the Western media memorialized the centennial anniversary of WWI by resurrecting many of the old Austro-Hungarian arguments that blamed the Serbia for causing the war. The EU, of course, considers itself to be the legitimate heir of the Austro-Hungarian Empire.

Stephen Karganović, an American attorney who has represented a number of Serbian defendants at the ICTY, put me in touch with Peter Robinson, Dr. Karadžić's legal advisor, who, through the agency of the case manager, Aleksandar Vujić, was kind enough to provide me with the ICTY's official audio recording of Dr. Karadžić's Opening Defense Statement. The initial transcription of the YouTube video was checked and revised against this official audio recording, and the missing passages were restored.

xiv

A blackline comparison of a sample passage showing the changes in the new translation against the ICTY's official version has been appended as Annex II.

Reception of the Opening Defense Statement

Dr. Karadžić's Opening Defense Statement was met with scorn by Western media. It was characterized as a performance for the benefit of a domestic Serbian audience. Dr. Karadžić's exposition of the Muslim strategy of cunning and deceit, such as the intentional bombardment and snipering of their own people, was treated as scurrilous and reprehensible evasion of evident truth. His claim that the Serbs did not start the war, but acted defensively, instead, was dismissed. Several headlines summarize the reception of the Opening Defense Statement: *As Trial Resumes, Karadzic Calls Bosnian Serb Cause 'Just and Holy'* (The NYT); *Karadzic Blames Muslims for Bloodshed* (CBSNews); *Radovan Karadzic Denies Bosnian Atrocities* (BBC). These and other articles presumed Dr. Karadžić to be guilty and his conviction a foregone conclusion.

Marshall Freeman Harris, a former U.S. State Department official, summarized the prevailing view of Karadžić's trial:

> "The nature of the conflict is that Serb nationalists tried to take the territory of others to create their own state, and were willing to kill and drive out Muslims to do so," Mr. Harris said by phone. "That's what happened and everything else is obfuscation or confusion. What Karadzic is saying is not only inaccurate, but reprehensible. He is in the dock because what he is saying is not true."[4]

---

4. *Radovan Karadzic denies genocide charges at war crimes tribunal*, Christian Science Monitor, March 2, 2010. http://www.csmonitor.com/World/Europe/2010/0302/Radovan-Karadzic-denies-genocide-charges-at-war-crimes-tribunal (last accessed 11/11/14).

Widely quoted was Subra Kolenović, a member of the Mothers of Srebrenica, who said: "He [Karadžić] should be given the Nobel Prize for lying."

The BBC used the language of melodrama to portray Dr. Karadžić as a classic stage villain: "He smiled and joked with his legal team, throwing back his head, with his silver mane of hair, as he laughed." The BBC also quoted Dr. Karadžić as saying: "I stand here before you not to defend the mere mortal that I am, but to defend the greatness of a small nation...." This was widely quoted to Dr. Karadžić's prejudice as an example of his bombastic insolence. Comparison to the original Serbian text, however, reveals that this bombastic turn of the phrase was manufactured by the ICTY interpreters. A "mere mortal" in Serbian is обичан смртник. What Dr. Karadžić really said was маленкост једнога човека, which translates as: "I stand here before you not to defend the insignificant person that I am but to defend the greatness of a small nation.... " Is this bombastic?

Peter Robinson remarked: "He does not want a show trial. He wants a real trial."

Revelations from the Trial that Remain Undisclosed by the Media

Momčilo Mandić, the Deputy Minister of the Interior of B-H (1991–1992), gave testimony at Dr. Karadžić's trial on July 8, 2010. His testimony related to the attack on unarmed Yugoslav National Army (JNA) troops who were evacuating their barracks on Dobrovoljačka Street in Sarajevo. The withdrawal had been negotiated and agreed to by Alija Izetbegovic and General McKenzie, the UN Protection Force (UNPROFOR) Commander for Sarajevo. Mr. Mandić told the court:

The order to use all available fire-arms against the
convoy that was moving down Dobrovoljačka Street
was issued by Ejup Ganić.[5] I heard it myself. This is
when about 20 young men, age 19 to 21, were killed.
They were military conscripts, doing their regular
military service. They worked at the command and
communications centre there, and they were going
home unarmed.

Dr. Karadžić also on July 8, 2010 introduced an audio record-
ing (Exhibit D403) of a session of the Bosnian Muslim Presiden-
cy dated May 6, 1992. Alija Delimustafić, the Bosnian Muslim
Minister of the Interior, is recorded saying:

> Both we and his ministry made mistakes, like what Bakir
> did or like [Deputy Minister of the Interior] Avdo Hebib,
> what he did, when he ordered the war to start, people to
> open fire, occupy barracks. He sent an order to all centres
> without my knowledge. He declared war.[6]

Major-General David Fraser, an assistant to UNPROFOR,
was called to the stand to testify as a Prosecution witness on
October 18, 2010. He was expected to deliver damaging testi-

---

5. Ganić was arrested on March 1, 2010 at Heathrow Airport in Lon-
   don pursuant to an extradition warrant issued by a Serbian court
   for the murder of forty Yugoslav People's Army soldiers during
   the attack on the Dobrovoljačka Street barracks. In July 2010, a
   UK court, ruling that the extradition proceedings against him were
   being used for political purposes, refused to honor the extradition
   warrant and set him free.

6. See *It was Bosnian Muslims Who Declared War on the JNA (Yu-
   goslav Army) in Bosnia, secret recordings reveal*, posted by Grey
   Carter on http://theremustbejustice.wordpress.com on April 30,
   2014. For the Mr. Mandić's trial transcript, *see*
   http://www.ictytranscripts.org/trials/karadzic/100708IT.htm (last
   accessed 11/11/14).

mony against Dr. Karadžić. But when cross-examined by Dr. Karadžić, Fraser disclosed that UN soldiers with whom he had served in Sarajevo told him that the Muslim Army of B-H had deployed sniper detachments to target Muslim children in order to blame the Serbs for their deaths. "A protest was lodged against the Muslims for these types of actions," he testified.

Fraser, moving to the topic of the shelling of Sarajevo, described an incident in which the shelling of Muslim civilians in the Skenderia neighborhood had, in fact, been determined to have been fired by Muslim forces. "It would appear that the intent of the Muslims was to incite more casualties and put the blame on the Serbs for the attack." Fraser also testified that Bosnian Muslim forces, as a matter of policy, deliberately set up mobile mortars next to UN installations and hospitals, and then fired on Serbian positions in order to "draw a response from the Serbs." Regarding the Koševo Hospital, he said: "We would protest against the Muslims for firing weapons near places like hospitals or the use of mobile systems because it was trying to solicit a response not against the target itself but the collateral damage and that was unacceptable."[7]

On February 17, 2014, Witness KW586, a member of the Bosnian Muslim Special Unit *Biseri* (Pearls), who had been detailed to provide security for the Bosnian Muslim leadership, testified that he had overheard Alija Izetbegović and Reis-ul-Ulema Cerić discussing "what would happen if a shell would hit

---

7. See *A spectre of Bosnia's War*, by Marcus Papadopoulos in Morning Star (UK), posted on www.serbianna.com/analysis/archives/745 on November 23, 2010. Major-General David Fraser's complete testimony may be found at http://www.icty.org/x/cases/karadzic/trans/en/101018IT.htm (last accessed 11/11/14).

the Markale market." A few days later on February 5, 1994, it really did happen, and it became the basis for the NATO intervention.[8]

Bloggers Julia Gorin and Nebojsa Malic, who have been following the Karadžić Trial closely, reported that the ICTY had even resorted to re-purposing Nazi anti-Serbian statements in order to attribute them to the Serbs. Ms. Gorin quoted from an article that appeared in the July 12, 2013 edition of *The New York Times* to commemorate the alleged "genocide" in Srebrenica:

> For example, the judge said, evidence presented during the trial showed that in meetings with Karadzic "it had been decided that one-third of Muslims would be killed, one third would be converted to the Orthodox religion and a third will leave on their own."

As Ms. Gorin points out, this formula of murder, conversion, and expulsion by thirds was "the stated and executed policy of Hitler's Croatian Ustashe regime." Nebojsa Malic commented: "The ultimate result of Ustasha crimes being suppressed, denied and excused is that the SERBS get blamed for them."[9]

---

8. See *The ICTY Tribunal in Hague: The grenades at Sarajevo Markale market (1994) were shelled by Muslim Army of Bosnia and Herzegovina, by order of Alija Izetbegović*, posted by Grey Carter on http://theremustbejustice.wordpress.com on February 17, 2014. For KW586's complete testimony, *see* http://www.ictytranscripts.org/trials/karadzic/140217ED.htm (last accessed 11/11/14).

9. *See* Julia Gorin's "You know the Karadzic Trial Isn't Going Well When…." http://www.juliagorin.com/wordpress/?p=3066 (last accessed 11/26/14) and Nebojsa Malic's "Big Lie" http://grayfalcon.blogspot.com/2013/07/ICTY-Budak.html (last accessed 11/26/14).

A list of such revelations made during Dr. Karadžić's trial could go on and on. It is clear now Dr. Karadžić has been telling the truth all along. Yet the Western media has a simple and elegant way of dealing with unwelcome revelations from Dr. Karadžić's trial that may force a reappraisal of the Bosnian War and undermine US/EU/NATO arguments for intervention on behalf of the Bosnian Muslims: It simply doesn't report them. Thus, the diligent reporting of independent journalists and bloggers is banished from the public forum.

The Fix Is On

Dr. Karadžić's trial ended on October 2, 2014 after he completed his ten-hour Closing Defense Argument. He submitted an 874-page brief[10] on September 29, 2014 that showed the ICTY had not a shred of evidence against him. The judges are expected to render a verdict in a year's time. Peter Robinson said that Dr. Karadžić remains hopeful of a not-guilty verdict. "What he expects, he's optimistic, he says if this is a real court, he'll be acquitted, however, he's not sure this is a real court under his definition so he might not be that optimistic about the outcome," he said.[11]

At the end of the trial, all of the original charges against Dr. Karadžić were reiterated in the media coverage; none of the aforementioned revelations were ever mentioned. The VOA and the BBC both repeated Dr. Karadžić's alleged responsibility in the alleged death of "8,000 men and boys" at Srebrenica, a figure they accept uncritically, even though the ICTY has proof of only perhaps a tenth of this number, approximately half of which, some 400 deaths, are attributable to extrajudicial execution,

10. See: http://www.icty.org/x/cases/karadzic/custom5/en/140929.pdf
11. http://www.balkaninsight.com/en/article/karadzic-ready-for-trial-to-end (last accessed 11/11/14).

which is a war crime but not genocide. (See *Rethinking Srebrenica*, by Stephen Karganović and Ljubiša Simić, in SUGGESTED READINGS at the end of this volume.)

Serge Brammertz, who succeed Carla Del Ponte as Chief Prosecutor for the ICTY, remarked at the end of the trial: "I believe that Radovan Karadžić will receive life imprisonment."

It is worth recalling Hanna Arendt's essay, *Lying in Politics*. The "political lie" does not obliterate reality but instead permanently substitutes it. If our world "erases memory in the very act of creating new events," as Arendt says, then how will the original text replace a corrupt copy or the truth the lie in the annals of history? This question, however, may be too broadly framed. Perhaps one should instead ask: How are the ICTY judges going to make a ruling on the basis of an opening defense statement whose translation is manifestly corrupt and dishonest?

In the end, Dr. Karadžić's trial is just one example of the U.S. policy of global full-spectrum dominance: military, legal, financial, and cultural (or anti-cultural, as the case may be,) that results in the demonization and incarceration of the entire political and military leadership of a nation, and in its replacement with a compliant US/EU/NATO regime.

Dr. Karadžić said in his Closing Defense Argument:

> I come from a system where it was clear for 50 years that if somebody is sentenced to ten years in prison, he must be guilty of something because for nothing people got eight years in prison. That was our justice; however, the west hasn't faired [sic] much better. When it was established that Dreyfus, totally innocent, life imprisonment was reduced to ten years in prison. So we've got two systems that have similar results. They are particularly drastic and dangerous

when they meet one another: Western justice and our
Balkan fate.[12]

A NOTE ON THE TEXT

The text has been edited to eliminate repetitions and false
starts. All bracketed editorial matter, which was introduced for
clarity, is my own, as are the footnotes, except for those that
begin with the word SLIDE, which indicates that the text is taken
verbatim from the slide presentation that accompanied
Dr. Karadžić's Opening Defense Statement. Other slides, how-
ever, which introduce photographs and maps, have been marked
in the text by a bracketed [Exhibit Number] and may be found at
the end of the present volume.

Dr. Karadžić reviewed and corrected the Serbian transcript
over the spring and summer of 2015. He also reviewed and cor-
rected the English translation. His revisions have been incorpo-
rated in this edition.

This translation was submitted by Dr. Karadzic through Peter
Robinson to the Court Management Section of the ICTY. After
reviewing the differences between the new translation and the
official transcript, the Court Management Section made numer-
ous changes to the official transcript in line with the new transla-
tion. No motion was ever made before the ICTY because the
official transcript was revised by the Court Management Section
voluntarily.

Any errors that may exist are, of course, my own.

Milo Yelesiyevich

---

12. http://www.icty.org/x/cases/karadzic/trans/en/141001ED.htm (last
accessed 11/29/14).

Уводна реч
Др Радована Караџића
пред
Међународним кривичним судом
за бившу Југославију у Хагу
1.–2. Март, 2010

Понедељак — 1. март, 2010

[Заседање је отворено]

[Караџић улази у судницу.]

Суђење почиње у 9.00 часова.

СУДИЈА КВОН: Добро јутро свима. Позивам судског чиновника да позове предмет.

СЕКРЕТАР: Хвала и добар дан, часни суде. Ово је предмет ИТ-95-5/18-Т, Тужилац против Радована Караџића.

СУДИЈА КВОН: Хвала вам. Данас настављамо суђење изјавом одбране, која је заказана за цело преподне данас са настављањем сутра ујутро. Пре него што наставимо, ја бих желео да се стране представе. За Тужилаштво, молим.

ГОСПОДИН ТИГЕР: Добро јутро, господине председниче, часни суде. Алан Тигер, Хилдегард Уерц-Рецлаф и Иан Рид заступају Тужилаштво.

СУДИЈА КВОН: Хвала вам, господине Тигер. Господине Караџићу, молим вас представите чланове свог тима који су присутни у судници.

КАРАЏИЋ: Добро јутро, Екселенције. Са мном су моји правни саветници, г. Питер Робинсон и господин Марко Сладојевић.

The Opening Statement of
Dr. Radovan Karadžić

Before

the International Criminal Tribunal
in The Hague — March 1-2, 2010

Monday — March 1, 2010

[Open session]

[Karadžić enters the court room.]

— Upon commencing at 9:00 a.m.

JUDGE KWON: Good morning, everyone. Will the Court Officer please call the case?

THE REGISTRAR: Thank you and good morning, Your Honors. This is case number IT-95-5/18-T, the Prosecutor versus Radovan Karadžić.

JUDGE KWON: Thank you. Today we are continuing the trial proceedings with the Defense opening statement, which has been scheduled for the full morning today and continuing tomorrow morning. Before we proceed, I would like to have the appearances. For the Prosecution, please.

MR. TIEGER: Good morning, Mr. President, Your Honors. Alan Tieger, Hildegard Uertz-Retzlaff, and Iain Reid appear for the Prosecution.

JUDGE KWON: Thank you, Mr. Tieger. Mr. Karadžić, would you introduce the members of your team present in the courtroom.

KARADŽIĆ: Good morning, Excellencies. With me are my legal advisors, Mr. Peter Robinson, and Mr. Marko Sladojević.

СУДИЈА КВОН: Хвала вам. Такође дајем на знање да је овде присутан господин Ричард Харви по налогу Претресне Коморе. Његова улога у процесу тек треба да се утврди и ми ћемо то урадити након уводне изјаве господина Караџића и када почне доказни поступак. Господине Харви, да ли бисте могли представити чланове свог тима који су данас присутни.

ГОСПОДИН ХАРВИ: Добро јутро, господине председниче и часни суде. Са мном је данас госпођа Мирјана Вукајловић.

СУДИЈА КВОН: Хвала вам, господине Харви.

ГОСПОДИН ХАРВИ: Хвала вама.

СУДИЈА КВОН: Пре него што дам реч господину Караџићу за његову уводну изјаву, желим да нагласим да се ова уводна изјава даје на основу Правила 84 Правилника Трибунала о Поступку и Доказима, а не Правила 84 бис. Господине Караџићу, ви ћете имати прилику у каснијој фази, уколико тако одлучите, да дате изјаву према правилу 84 бис, у ком случају ће важити одредбе тог правила и Веће може да одлучује коју доказну вредност ће, ако је има, приписати вашој изјави.

Постоји још једна ствар коју треба поменути за потребе планирања данашњег или сутрашњег саслушања. Судско Веће је прошлог петка, 26. фебруара, одбило захтев оптуженог за даље одлагање суђења. У тој одлуци, Судско Веће је рок за оптуженог да поднесе захтев за сертификацију за подношење жалбе на одлуку, ако он то жели да учини, поставило до данас, и управо ми је речено да је оптужени поднео захтев за сертификацију да поднесе жалбу на одлуку. Могу ли да добијем потврду? Видим климате главом.

Треба нам глас ради транскрипта. Да ли је то господин Робинсон или господин Караџић?

JUDGE KWON: Thank you. I also note that Mr. Richard Harvey is present here upon the instruction of the Trial Chamber. His role in the trial is yet to be determined and we will do so after Mr. Karadžić's opening statement and when the hearing of evidence begins. Mr. Harvey, I wonder if you could introduce the other members of your team who accompany you today.

MR. HARVEY: Good morning, Mr. President and Your Honors. I'm accompanied by Ms. Mirjana Vukajlović today.

JUDGE KWON: Thank you, Mr. Harvey.

MR. HARVEY: Thank you.

JUDGE KWON: Before I give the floor to Mr. Karadžić for his opening statement, I would like to note that this opening statement is being given pursuant to Rule 84 of the Tribunal's Rules of Procedure and Evidence rather than Rule 84 bis. Mr. Karadžić, you will have the opportunity at a later stage, should you so choose, to make a Rule 84 bis statement, in which case the provisions of that Rule shall apply and the Chamber can decide what probative value, if any, to ascribe to your statement.

There is one further matter to raise for [the] purpose of the planning of the — today's or tomorrow's hearing. The Trial Chamber denied the Accused's motion for the further postponement of the trial last Friday, 26th of February. In that decision, the Trial Chamber set the dead-line for the Accused to make a request for certification to appeal the decision, if he so wishes, by today, and I was told just now that the Accused filed a request for certification to appeal the decision. Can I get the confirmation? I see nodding.

We need some voice for the purpose of transcript. Is it Mr. Robinson or Mr. Karadžić?

6

ГОСПОДИН РОБИНСОН: Да, господине председниче. Ако могу да узмем одобрење од господина Караџића да одговорим на ваше питање, ја бих казао да, ми смо тај захтев поднели јутрос.

СУДИЈА КВОН: Хвала вам. Још једном, добро дошли. У том случају, господине Тигер, желео бих да знам да ли ми, тј. Веће, можемо добити ваш одговор у току данашњег дана или желите да одговорите усмено сутра ујутру?

ГОСПОДИН ТИГЕР: То је — то је у реду, часни Суде. Могу вероватно одговорити сутра ујутру или убрзо пре закључења ових поступака. То неће бити проблем.

СУДИЈА КВОН: Хвала вам, господине Тигер. Сада дајем реч вама, господине Караџићу, за своју уводну изјаву. Имајте на уму да ћемо имати прву паузу од 20 минута око 10:20 и другу паузу од пола сата у 12.00 сати. Овај распоред ће се примењивати у будућим расправама које ће се одржавати током преподнева.

Да, господине Тигер.

ГОСПОДИН ТИГЕР: Хвала вам, господине председниче. Само кратко, желео бих да поменем предлог Тужилаштва од 23. фебруара у вези са мером опрезности и ја не знам да ли примедбе Судског Већа до данас одржавају своје закључке у том погледу, или се то изгубило са дневног реда, али сам хтео да истакнем да је Тужилаштво поднело тај предлог и надам се да се то може дискутовати пре него што оптужени почне.

СУДИЈА КВОН: Хвала вам, господине Тигер, што сте ме подсетили. Ја сам проучио само део њега, а остатак ће се решавати после уводне речи. Господине Караџићу.

КАРАЏИЋ: Дозволите ми да поздравим све активне и пасивне учеснике ове седнице. Овде сам пред вама не да

MR. ROBINSON: Yes, Mr. President. If I can take the indulgence of Mr. Karadžić to answer your question, I would say that yes, we have filed that this morning.

JUDGE KWON: Thank you. I welcome you again. In that case, Mr. Tieger, I wonder whether we — the Chamber can have your response by the end of today or you wish to respond orally first thing tomorrow morning?

MR. TIEGER: That's — that's fine, Your Honor. I can probably respond first thing tomorrow morning or shortly before the conclusion of these proceedings. It should be no problem.

JUDGE KWON: Thank you, Mr. Tieger. Then I now give the floor to you, Mr. Karadžić, for your opening statement. Please bear in mind that we will need to break at approximately 10:20 a.m. for 20 minutes' break for the first break, and at 12:00 noon for half an hour for the second break. This regime will apply in the future hearings that will take place in the morning session.

Yes, Mr. Tieger.

MR. TIEGER: Thank you, Mr. President. Just briefly, I wanted to mention the Prosecution's motion of February 23rd regarding a cautionary measure, and I don't know if the Trial Chamber's remarks to date reflect its conclusions in that regard or if that was — if that slipped off the agenda, but I wanted to point out that the Prosecution does have that motion pending, and would hope that could be addressed before the Accused commenced.

JUDGE KWON: Thank you, Mr. Tieger, for your reminder. I dealt with only part of it, and the remainder will be dealt with after the opening statement. Mr. Karadžić.

KARADŽIĆ: Allow me to greet all the active and passive participants of this session. I stand here before you not to defend the insignificant person that I am but to defend the greatness of a small nation in B-H which, for five hundred years, had to suffer

бранио своју маленкост једног човека, него да браним величину једног малобројног народа у Босни и Херцеговини који 500 година трпи и показује велики степен издржљивости и скромности да опстане у слободи. Нећу бранити себе тврдњама како нисам био важан или нисам био или нисам вршио неку функцију док сам служио своме народу, нити ћу одговорност пребацивати на некога друго. Бранићу тај наш народ и његову ствар, која је праведна и света, а и на тај начин ћу моћи да се одбраним и себе и тај народ, ради тога што имам добар случај, имамо добре доказе, и ако будем имао довољно времена и довољно средстава да припремим ту одбрану, она ће бити у нашу корист.

Дакле, једино што ја очекујем и желим јесте да добијем прилику да спремну одбрану изложим овде и предочим шта је све суштина која још није откривена и није дошла до изражаја.

Почећу једном ситуацијом код нас која ће вам одмах много тога рећи. На изборима 1990. то су први демократски изобори на којима су се појавили многи дисиденти, јер пре тога није било више-партијског система — имали смо у председништву Босне-Херцеговине седам чланова: два Србина, два Хрвата, два Муслимана и један за мањине. Моја Српска демократска странка је на то седмо место кандидовала председника јеврејске заједнице у БиХ који није био члан СДС-а, али смо сматрали да он представља у најбољем смислу те остале, а осим тога та заједница је значајна за Сарајево јер је после прогона у Шпанији велики број дошао у Сарајево и оставио значајне трагове у развоју Сарајева.

Странка демократске акције је пресвукла вука у јагњећу кожу, господина Ејуба Ганића, назвала га Југословеном за ову прилику. И наравно, он је изабран

and which has displayed a great deal of modesty and perseverance in order to survive in freedom. I don't want to defend myself by claiming that I was not important or that I did not perform certain official duties while I was serving my people, nor will I shift the responsibility to anyone else. I shall defend our nation and its cause, which is just and holy, and that is how I will be able to defend myself, as well as my nation, because my case is good. We have solid proof, and if I should have sufficient time and resources to prepare my defense, it will be to our advantage.

Therefore, the only thing that I want and expect to receive here is the opportunity to present a well-prepared defense, to confront the heart of the matter, which has yet to be discovered and fully expressed.

The Usurpation of Governing Authority by the SDA

I will review the situation in my country, which will speak volumes to you. The elections in 1990 were the first democratic elections in which many dissidents appeared because there had been no multi-party system prior to that. The Presidency of B-H had seven members: two Serbs, two Croats, two Muslims, as well as a representative for minorities. My party, the Serbian Democratic Party [*i.e.*, the "SDS," *Srpska demokratska stranka*], nominated for the seventh seat of the Presidency the President of the Jewish community in B-H, who was not a member of the SDS; however, we thought that he represented, in the best sense of the word, the remaining members of national minorities, and apart from that, the community is significant in Sarajevo because a great many Jews came to Sarajevo after having been persecuted in Spain, and because they have left a significant and lasting mark on the development of Sarajevo.

The Party of Democratic Action [i.e., "SDA," *Strana demokratske akcije*, the Muslim party] put forth Mr. Ejup Ganić, a wolf in sheep's clothing, and rebranded him as a Yugoslav for this occasion. And, of course, he was elected to this position

на то место које припада мањинама, односно, осталима. То је онај познати господин који се прославио покољем невиних војника који су се повлачили кроз Сарајево у Добровољачкој улици и његова позната радио команда: "Чим Алија изађе из аута, побиј их све!" Тако су СДА и муслиманска заједница у БиХ оствариле премоћ у једном телу у коме је био предвиђен паритет.

Срби су имали још бољег кандидата којег су могли тако да пресвуку и који се заиста и сматрао и изјашњавао једно време као Југословен, али сматрали смо да се то не ради у пристојним друштвима. То није демократија и то није поштена и добра основа за заједнички живот и напредак. А то је готово невина игра у односу на оно шта су државни органи, заједнички државни органи, радили у корист ратне политике Странке демократске акције усмерене на прибављање користи тој заједници и наношење штете хришћанској већини коју чине Срби и Хрвати.

Зашто су то урадиле вође Странке демократске акције? Не само зато што је то основни модел фундаменталистичког мишљења и деловања — доминација, превладавање, привилегије (сто-посто власти као у време Отоманске империје), него, пре свега, да добију још један глас у Председништву за постизање исламистичког циља државе како су замислили пре педесет година актери наше драме.

Било је раније у комунизму тих скупштинских игара, кадровских итд., али то ништа није било према овоме, јер нису циљеви комуниста били такви. Били су идеолошки, али ово су фундаменатлни циљеви који мењају судбину и изглед једног региона и судбину неколико народа. Дакле, сецесија БиХ овога пута била је циљ, и то не само сецесија неправна која није могла да

which properly belonged to minorities, namely, the others. That is the well-known gentleman who found fame with the slaughter of innocent soldiers who were withdrawing from Sarajevo on Dobrovoljačka Street, when he gave the well-known order over the radio: "As soon as Alija gets out of his car, kill them all!" This is how the SDA and the Muslim community in B-H achieved supremacy in a government body for which parity had been foreseen.

The Serbs had an even better candidate whom they could have dressed for the part, someone who had already been considered as, and had declared himself to be, a Yugoslav, but we considered that such things were not done in a civil society. That is not democracy and it is neither an honest nor sound basis for communal life with other ethnic groups and for our general advancement. But this was practically child's play in relation to what the state organs — the joint [B-H] state organs — did for the benefit of the SDA [by instituting] a policy of war that was geared toward obtaining benefits for their own community while inflicting damage on the Christian majority, composed of Serbs and Croats.

Why did the leaders of the SDA do this? Not simply because it was the basic model of fundamentalist theory and practice: domination, supremacy, privileges (holding one hundred percent of the governing authority, just as in the days of the Ottoman Empire), but first and foremost, to gain one more vote in the Presidency in order to achieve the Islamist objective with respect to the government, just as those who played leading roles in our national drama had envisioned it fifty years ago.

Such parliamentary games, as well as the manipulation of staffing and personnel, had been played during the Communist era, but it was nothing compared to this, because the Communists had no such goals in mind. They had ideological goals; however, these are fundamental goals that alter the destiny and

се изведе на правни начин — не тако — него и успостављање једног система, једног режима, једне државне структуре коју ћу Вам овде аргументовано представити и за коју ће те на основу доказа видети шта је то требало да буде и шта смо ми требали....[да прихватимо].

Дакле, та потреба је била да се има глас више, а и то није довољно, јер је суштина захтева странке, замисли из Странке демократске акције била — сто посто Босна. То је матрица размишљања. Босна је наша. Срби су овде гости. Богами и Хрвати сада, када им не требају да изиђу из Југославије. И имају да слушају. Тако се према Хришћанској већини односе сада. А како би се односили према, када би њиховим политичким средствима повећали свој наталитет. Нема нико примедбу на природан и нормалан наталитет. А ако би политичким средствима форсираним досељавањем Муслимана из Санџака, досељавање четири милиона Турака који су наводно пореклом из Босне? То можете сами да замислете како би изгледало. А они су нам рекли у својим новинама и својим писаним материјалима.

Када су Сједињене америчке државе 1995. одлучиле да заврше рат који су водиле у БиХ, амбасадор Холбрук и Билт пишу како је Холбрук рекао муслиманском вођству: "Шта желите да преговарамо за вас? Да ли да имате сто посто власти у 30% Босне? или 30% власти у сто посто Босне? 100% власти у 100% Босне не можете имати." Ту се јасно види, и то је суштина целе наше кризе и рата, и кризе која и данас траје. И то се јасно види данас и Стејт департмент и Амбасадор Холбрук су схватили суштину, али баш то што немогу добити, што им не признаје чак ни њихов најмоћнији савезник, баш то што су хтели 1914, 1941, сада хоће, наравно, у другим

appearance of a region as well as the destiny of several ethnic groups. Therefore, the goal in this case was the secession of B-H and it was not merely an illegal secession which could not have been performed in a law-abiding manner — it was not that — it was, instead, the establishment of a system, a regime, a state structure which I shall depict for you here with my arguments so that you will be able to see, on the basis of such proof, what had to subsequently take place, and what we were compelled to do.

So, they needed to have one more vote — but not even that was enough because the essence of the SDA's demand was the plan to control one hundred percent of Bosnia. That was the pattern of their thinking. Bosnia is ours. The Serbs are guests here. By golly, the Croats now too, since they don't have to leave Yugoslavia anymore. And so they must obey. That was how they now behaved toward the Christian majority. And how would they behave when the Muslims increase their birth rate by using political means? No one can criticize a natural and normal birth rate. But what would happen if, by political means, it came to a forced settlement of Muslims from Sandžak and four million Turks who are allegedly descended from Bosnians? You yourselves can imagine what that would look like. They told us about it in their newspapers and printed materials.

In 1995, when the United States decided to end the war that it had been waging in B-H, Ambassadors Holbrooke and Bildt later wrote that Holbrooke had asked the Muslim leadership: "What do you want us to negotiate for you? Do you want to have one hundred percent of the governing authority in thirty percent of Bosnia or thirty percent of the governing authority in one hundred percent of Bosnia? You cannot have one hundred percent of the governing authority in one hundred percent of Bosnia." This is clear, and it is the essential reason for this entire crisis and war, which still continues today. It is clear that the U.S. State Department and Ambassador Holbrooke understood the heart of the matter, but this was

констелацијама и са другим актерима. Сада хоће
исламски фундаменталисти од 1991–1995, и тако ће
хтети (а живи били па видели!) све док не буду
кодифоковане границе и ингеренције тих ентитета. Док
год ико у Босни има шансу да узме 100% Босне, 100%
посто власти у 100% Босне, тамо неће бити мирне
Босне.

Да не буде забуне, ја не говорим о свим
Муслиманима, не говорим чак ни о целој Странци
демократске акције. Ја говорим о једном завереничком
језгру које је било одговорно за све ово. Да се разумемо.
Ја не пледирам на то да Муслимани треба да буду Срби,
али ми их сматрамо, многи их сматрају Србима. Сви
њихови велики умови, духови од Мехмет-Паше
Соколовића, Османа Ђикића, Хасана Ребца, Меше
Селимовића, до данашњих дана и великана, и били су
Срби и остали су Срби. И у српској култури која је
њихова колико и моја, остварали су велика дела. Али, о
томе не говоримо. Просто, нек буде ко шта хоће.

Међутим, чак ни цела Странка демократске акције
није крива и одговорна за ово што се десило. У Странци
демократске акције постоји једно завереничко језгро
које су идентификовали вође Муслиманске бошњачке
организације, једне друге муслиманске партије.
Господин Зуфликарпашић и професор Филиповић, који
су напустили СДА кад су видели то, и кад су схватили о
чему се ради. А један од муслиманских интелектуалаца
пре избора је написао Изетбеговићу писмо кад је
напустио СДА. Рекао је: "Мислиш ли ти да су Срби
будале и да не виде шта ти радиш?" Дакле, то је био
разлог његовог дистанцирања. Он, свакако, је видео
далековидо шта ће се дешавати.

precisely what they [the Muslims] could not achieve — which even their most powerful ally would not recognize — they want now, of course, to achieve the very same thing they wanted to achieve in 1914, in 1941 under a different constellation of conditions and protagonists. This is what Islamic fundamentalists have sought since 1991–1995, and they will keep on seeking it (and let them live to see it!) until the borders as well as the jurisdictions in these entities have been codified. There will be no peace in Bosnia as long as anyone has a chance of seizing one hundred percent of Bosnia and of seizing one hundred percent of the governing authority in Bosnia.

In order to avoid any confusion, I'm not speaking about all Muslims, and I am not speaking about the entire membership of the SDA. I'm talking about a conspiratorial nucleus that was responsible for all this. Let's be clear about this. I'm not making the case that Muslims should be Serbs, but many of us do consider them to be Serbs, and many of them consider themselves to be Serbs. All of their great minds, from Mehmet-Paša Sokolović,[1] Osman Đikić,[2] Hasan Rebac,[3] and Meša Selimović[4] to their great minds of the present day, were and remain Serbs. They did great things in the framework of Serbian culture, which is as much theirs as it is mine. But, be that as it may, we are simply not going to discuss it. Let people simply identify themselves as they wish.

However, even the entire [membership of the] SDA is neither culpable nor responsible for what happened. The nucleus of conspirators within the SDA has been identified by the leaders of the Muslim Bosniak Organization,[5] another Muslim political party. Mr. Zulfikarpašić[6] and Professor Filipović[7] left the SDA when they saw this, when they understood what it was all about. And one Muslim intellectual, upon leaving the SDA before the elections, wrote a letter to Izetbegović. He said: "Do you think that the Serbs are such fools that they don't see what you're do-

Ко је било то заверeничко језгро у центру СДА? То су били Млади муслимани. Они су настали као афилиација, односно, као неки пандан Муслиманској браћи у Египту који су, као што знате, убили Садата и шта све нису урадили. Тужилиштво може да каже није то важно, то је *tu quoque*, њима се не суди. Али зашто се њима не суди? Зашто су њихови непосредни извршиоци огромних злочина (крвавих руку до лаката) овде ослабађани? Вероватно захваљујући томе што те оптужнице нису биле како треба и није их било тешко ослободити. То није *tu quoque*. То је једноставно чињеница која се не може заобићи да је њихово понашање у најпресуднијој мери, у сто-посто, условило наше понашање.

Ја имам ту заиста изненађење и забринут како Тужилаштво наступа у разним ситуацијама, како би врло радо да буде суђење без *corpus delicti*, убиство да буде без леша, да буде просто, једноставно: "Ајде, да се договоримо да судимо и осудимо." Али ова одбрана има примедбу на то, и неће допустити да се то тако одвија, мада све изгледа као да Тужилаштво има велику сагласности, велики споразум, велико слагање са нашим ратним противницима, или чак као што се код нас — без икакве шале — каже, да Тужилаштво покушава да овај суд претвори у Дисциплинску комисију НАТО савеза. А да нема претеривања: чућете од бивших високих функционера овога Тужилаштва како сви који су се огрешили о НАТО морају да одговарају, и како НАТО планира да Караџића ликвидира уместо да га приведе суду.

ing?" Therefore, this was the reason he distanced himself from the party. He was a man of vision and foresight who saw what was ultimately going to happen.

Who were the members of this conspiratorial nucleus in the heart of the SDA? They were the Young Muslims.[8] They began as an organization that was modeled on and affiliated with the Egyptian Muslim Brotherhood,[9] which, as you know, assassinated Sadat and did goodness knows what else. The Prosecution can say that this is not important, that this is *tu quoque*.[10] They are not on trial here. But why aren't they on trial? Why have the direct perpetrators (their hands are soaked in blood up to their elbows) of these egregious crimes been set free by this Court? Probably thanks to the fact that the indictments were faulty and that it was not difficult to acquit them. This is not *tu quoque*. It is simply an unavoidable fact that their conduct was prejudicial in the highest degree, and it created one hundred percent of the conditions that gave rise to our conduct.

I am surprised, as well as concerned, by how the Prosecution acts in various situations; how delighted they would have been to have had a trial without a *corpus delecti*, [a charge of] murder without a corpse, and to have kept it simple by merely saying: "Come on, let's just make a deal and agree to prosecute and convict anyone we charge." But this Defense is critical of such a stance and it will not allow the Prosecution to proceed in this fashion, even though it appears that the Prosecution is largely in agreement and has an understanding with our war-time opponents, or even as our people like to say in Serbia — all kidding aside — that the Prosecution is trying to turn this Tribunal into a disciplinary committee for the NATO alliance. This is no exaggeration: you will hear from former high-ranking officials of this very Tribunal how all those who offended NATO had to be held to account for it, and how NATO was planning to liquidate Karadžić instead of bringing him to trial.

[ПОЧЕТАК аудио снимка]

КАРЛА ДЕЛ ПОНТЕ: Желим да говорим само о Караџићу. СФОР, и посебно Сједињене америчке државе, они ће покушати да пронађу Караџића. Караџић зна, савршено зна да је у опасности, јер ако га открију, он неће бити пребачен жив у Хаг. То ће бити операција, и након што убију Караџића, рећи ће да је био наоружан и да је то била реакција на то. Зашто то кажем? Зато што истражујем споразум између Караџића и Холбрука. Истражујем и добијам неке добре доказе да је то истина, али ако је истина [као што] и чини се у мојој истрази, то је елемент [више] због којег би се требало плашити да ће убити Караџића.

Др Д. Калинић [Председник Народне скупштине РС]: Брише се, јер се радиоло о др Караџићу, председнику Скупштине.

ВИСОКИ ФУНЦИОНЕР: Суштина, предаја је боља него убиства.

КАРЛА ДЕЛ ПОНТЕ: Да, јер нема више Парламента, нема више Федерације. То је само Босна и Херцеговина. Република Српска више не постоји. Завршена је. Завршена је Република Српска. Сада је то само Босна.

[КРАЈ аудио снимка]

Изгледа да сам у Тужилаштву имао и пријатеље, јер ово је нека боља варијанта него да ме ликвидирају. Али у

[START — audio recording]

CARLA DEL PONTE:[11] I want to speak with you about Karadžić. SFOR, and in particular the United States, they will try to locate Karadžić and Karadžić knows perfectly that he is in danger because if they locate him, he will not be sent to The Hague alive. It will be an operation, and after he shot down, they say he was armed, was reacting. And why I'm saying that? Because I'm investigating about the agreement between Karadžić and Holbrooke.[12] I am investigating and I'm getting some good evidence that it's true. But if it is true, as it seems in my investigation, it a more element to fear that they will kill Karadžić.

DR. D. KALINIĆ [PRESIDENT, NATIONAL ASSEMBLY, RS]: The substance is that surrender is better than murder.

DEL PONTE: Yes, yes. No any Parliament any more or government any more. It's Bosnia-Herzegovina. Don't exist anymore Republika Srpska. It's finished. Finished Republika Srpska. Finished. Now it's only Bosnia.

[END — audio recording]

It looks like I even had friends in the Office of the Prosecutor, because this is a better alternative than my having been liquidated. But, in any case, I believe that today this cannot fail to bring us to our senses.

сваком случају, верујем да ово не може данас да нас не освести.

Тужилаштво покушава да између овог оптуженога и хаотичних догађаја једног грађанског рата — а хтео бих да вас подсетим да ниједан рат на нашем простору није прошао без компоненте грађанског и братоубилачког рата. Увек је окупатор могао да — односно агресор — могао да окрене једне против других и то је тако откад постојимо, нарочито у модерним временима, у деветнаестом и двадесетом веку. Дакле, Тужилаштво покушава да овога оптуженога повеже са хаотичним догађајима једног грађанског рата који се могао очекивати и са догађајима који су се могли очекивати и који су били предвиђени. Значи, мене покушавају да оптуже да сам одржавао, проводио, планирао, помагао, подстицао и шта све не, уклањање Муслимана и Хрвата са територија у Босни и Херцеговини на које су Срби полагали права, иако полагање права на сопствене територије, као што ћете видети, није кривично дело и чини ми се да га Тужилаштво тако и не третира. Тужилаштво се понаша као да јесте и то кривично дело. И ово као да ћемо често чути овде, јер се не може описати лажност целе ситуације.

И Тужилаштво брзо прелази преко тог моста и понаша се као да је и полагање права на територије сопствене, и оснивање политичке странке и излазак на изборе, и политичка одбрана од политичких напада, и оружана одбрана од оружаних напада, и самоодбрана, и самоорганизовање у условима распада државног организма, и све што је био српски-демократски одговор на нападе са друге стране — и све што су Срби чинили у нужној одбрани, све то се третира као кривично дело ради тога што се брзо прелази на хаотичне догађаје који

**No Balkan War Was ever Fought without the Component
of a Fratricidal Civil War**

The Office of the Prosecutor is trying to connect the Accused
to the chaotic events of a civil war but I would like to call to your
attention that not one single war in our part of the world was ever
fought without the component of a fratricidal civil war. The in-
vader — namely, the aggressor — always managed to turn our
people against one another, and it has been that way as long as we
have existed but particularly so in modern times, in the nineteenth
and twentieth centuries. Therefore, the Office of the Prosecutor is
trying to connect the Accused to the chaotic events of a civil war
that could have been expected, as well as to [subsequent] events
that could have been expected, that had, in fact, even been fore-
seen. This means they are trying to accuse me of organizing, fos-
tering, planning, aiding, abetting, instigating, and whatever else
they have in mind, the elimination of Muslims and Croats from
the territories in B-H to which the Serbs had laid claim, even
though laying claim to one's own territories, as you will see, is
not, it seems to me, a criminal act and I do not think that the Of-
fice of the Prosecutor treats it as such. The Prosecution is behav-
ing as if this, too, were a criminal act. And we are going to hear
this often enough, because the falseness of the entire situation here
cannot adequately be described.

The Prosecution quickly crossed this bridge, and is behaving
as if laying claim to one's own territory and establishing a politi-
cal party and taking part in elections and political defense against
political attacks and armed defense against armed attacks and
self-defense and self-organization under the conditions of a dis-
integrating state organism, and everything that was the Serbian-
democratic response to attacks from the other side, and every-
thing that the Serbs did as part of their own necessary defense,
all this is being treated as a criminal act because chaotic devel-
opments quickly occur, which can be expected in civil wars. All

се у грађанским ратовима могу предвидети. Били су предвиђени и знало се да ће тако бити.

Е, сада, тај мали мост између оптуженога и збивања одбрана сматра јако важним и тражи да се вратимо на тај мост, јер та намера да се уклоне не-Срби са територија на којима су Срби у Босни и Херцеговини полагали право. Одбрана не жели да пређе и да уђе, што би се код нас рекло, у ситна цревца тих догађаја, ко је кога убијао. И како су се понашале прва, друга, трећа или четврта страна, јер ми смо имали четири стране тамо у рату, као што ће овај процес показати. Одбрана очекује да се вратимо на тај мост и да Тужилаштво докаже ту основну ствар без које нема никаквог злочиначког подухвата и нема злочина који би били одговорност Републике Српске као државног организма и њених органа, владе, војске, итд.

А ево неколико ствари за почетак. Прво, Репупблика Српска није била политички циљ Срба у Босни и Херцеговини. Тај циљ је била Југославија.

Друго, Република Српска је створена из нужде, и као врло болан компромис српске стране да пристане да изиђе из Југославије. Али ево, ја ћу приоритете српске да набројим таксативно. Први је очување Југославије што веће. Колика год може од шест република и то је био циљ над циљевима. Ако Муслимани и Хрвати из БиХ не желе да остану у Југославији, српски циљ другог реда био је да Срби са својим територијама остану у Југославији на начин на који је Западна Вирџинија одлучила у грађанском рату да се не прикључи Конфедерацији, а до тад је била јединствена Вирџинија, него је одлучила да са својим територијама остане уз Унију и велики председник Линкон је то прихватио и чак и након завршетка рата то је остало тако. Сада

this had been anticipated and everyone knew that it would turn out this way.

Now, this fine little bridge between the Accused and those events is something that the Defense considers extremely important, and we seek to revisit this bridge because of that intention to eliminate non-Serbs from territories to which the Serbs in Bosnia had laid claim. The Defense does not wish to deal with the minute details of these events, such as who killed whom. And how the first, second, third, or fourth parties behaved, because, as this trial will demonstrate, there were four sides at war. The Defense expects to revisit this bridge and it is expecting that the Prosecution will prove that fundamental charge, without which there would neither be any [joint] criminal enterprise nor any crimes for which the Republika Srpska (as a governmental body), its official organs, administration, and army, etc., would be responsible.

The Creation of the Republika Srpska

I will present several matters to begin with. First of all, the Republika Srpska was not the political objective of the Serbs in B-H. Their objective was Yugoslavia.

Secondly, the Republika Srpska was created out of necessity and as an extremely painful compromise on the part of the Serbs in order to agree to leave Yugoslavia. But here, I am going to list the Serbian priorities individually. The first was the preservation of a Yugoslavia that was as large as possible. As large as it could be from its six republics, and that was the most important objective. If the Muslims and Croats in B-H did not wish to remain in Yugoslavia, the secondary Serbian objective was for the Serbs to remain with their territories in Yugoslavia just as West Virginia had decided not to join the Confederacy during the Civil War, but until that time Virginia had been a unitary state, and it instead decided to remain with its territories as part of the Union, and Lincoln, the great president, accepted this, and it remained

имамо Западну Вирџинију, а немамо Источну, него само Вирџинију. Е, сад, да ли ми треба да жалимо што није време великих председника, па да имамо мирно решење југословенске кризе и српског питања у Босни и на Балкану.

Значи, на тај начин је исто тако Северна Ирска постала. Највећи део Ирске је добио независност, али један део, са измешаним становништвом, није добио независност, остао је као јединица у Уједињеном Краљевству. Ову варијанту са Северном Ирском, то јесте, са варијантом да Срби са српским територијама у БиХ, генуиним, јер су Срби у БиХ, као што ће те видети, најстарије становништво. И јесу и остали и већина осталих су били Срби, остану у Југославији.

Та идеја потекла од г. Изетбеговића. Он је ту идеју чак и потписао у свом споразуму са односном декларацијом — са г. Крајишником, у септембру 1993. године. Српски приоритет трећег реда била је независност Српске конститутивне јединице, државе у БиХ, што г. Изетбеговић такође није оспоравао.

Четврта веома болна варијанта била је цела Босна да изађе из Југославије под условом да Срби у БиХ имају своју конститутивну јединицу у БиХ у некој врсти конфедерације, савеза босанских држава. Ову варијанту, али неповољнију у погледу степена интегрисаности БиХ, предложила нам је Европска заједница у оквиру конференције коју је водио Лорд Карингтон, а код нас потконференцију за Босну, водио амбасадор Кутилеро. То је познати Лисабонски споразум и Кутилеров план.

Не треба да имате сумње да ћемо доказати да је ово била листа српских приоритета. Свака од ових варијаната је обезбеђивала очување мира и остварење и хрватских и муслиманских оптималних циљева на рачун

so after the war. Now we have a West Virginia, but we haven't got an East Virginia; instead, there is only Virginia. Must we now regret that this is not an age of great presidents, so that we could have had a peaceful resolution of the Yugoslav crisis and of the Serbian question in Bosnia and in the Balkans?

Northern Ireland was established in the same manner. The largest part of Ireland gained independence; however, one part of Ireland, which had a mixed population, did not; it remained within the United Kingdom. This variant with Northern Ireland is identical to the one with the Serbs and their territories, genuine Serbian territories, because, as you will see, the Serbs of B-H are its oldest inhabitants. And they remain so, and most of the others were Serbs in the first place, and [they wanted to] remain in Yugoslavia.

This idea originated with Mr. Izetbegović. He even ratified this idea in his agreement with a related declaration which he signed with Mr. Krajišnik in September 1993. The third Serbian priority was the independence of a Serbian constitutive unit in the state of B-H, which Mr. Izetbegović, likewise, did not oppose.

The fourth extremely painful option was for all of Bosnia to leave Yugoslavia on the condition that the Serbs in B-H would have a constituent unit of their own in some kind of a confederation, an alliance of Bosnian states. This option, though less favorable with respect to the degree of integration in B-H, was proposed to us by the European Community within the framework of the Conference[13] conducted by Lord Carrington, where Ambassador Cutileiro was in charge of the subconference with us [i.e., the various warring parties] on Bosnia. That was the well-known Lisbon Agreement and Cutileiro Plan.

Charges of a Joint Criminal Enterprise

Let there be no doubt that we will prove that this was the list of Serbian priorities. Each of these options ensured the preservation of peace and the achievement of the optimal objectives of

српског попуштања. То дакле нису били ни максимални ни оптимални српски циљеви, него минимални. Који наводни удружени злочиначки подухват може да опстане пред овом чињеницом? И ја овде намеравам да изнесем мермерне истине, ово је једна од тих мермерних истина: да је све ово успело (видите колико варијанти имамо), шта би било од удружених злочиначких подухвата? Шта би могли Срби да почине да су сви српски компромиси прихваћени?

Даље, Тужилаштво, конструкцију наше наводне намере да истерамо Муслимане и Хрвате из своје куће, заснива на потпуно погрешном схватању да смо ми у то време својом кућом сматрали Републику Српску. У то време, казати за Србе своја кућа, то је била Југославија, а не БиХ, и поготово не Република Српска, која још није била настала. Доказаћемо да никада није постојала намера, примисао, а камоли план који би се остваривао да се Муслимани и Хрвати одстране из Републике Српске.

Ево шта о томе каже једно друго Веће овог Трибунала у првостепеној пресуди г. Крајишнику. Дакле, овде, то се односи на речи Радована Караџића од 14. фебрурара, 1992. године. Непосредно пред рат, где Веће закључује да је Караџић на једном партијском састанку — затвореном пленуму — рекао да пазе да се врши власт на терену одговорно и да пазе да не буде неке бежаније. Јер, у том тренутку је већ била у некој фази конференција, постигнути споразуми, још није била потписана, али је постигнут споразум са Холбруком [Кутилером, прим. Ред.] да ће бити три Босне. Дакле ова најболнија, најминималнија српска варијанта, да ће бити три Босне, већ је било постигнуто, и Караџић говори пред двеста људи који су одговорни за

both the Croats and the Muslims through Serbian concessions. These were, therefore, neither maximal nor optimal Serbian objectives, but minimum ones. What alleged joint criminal enterprise could exist in light of this fact? My intention here is to present the rock solid truth, and this is one of those rock-sold truths: if all this had succeeded (you will see how many options we had), how could there have been a joint criminal enterprise? What would the Serbs have done if all the Serbian compromises had been accepted?

Furthermore, the Prosecution bases its construct of our alleged intention to expel Muslims and Croats from their homes on the completely mistaken presumption that we, at that time, considered the Republika Srpska to be our home. At that time, the home of the Serbs was Yugoslavia, and not B-H, let alone the Republika Srpska, which did not even exist yet. We are going to prove that there never was any such intention, any ulterior motive, let alone a plan that would realize the expulsion of Muslims and Croats from the Republika Srpska.

Here is what another Chamber of this Tribunal says in its initial judgment of Mr. Krajišnik.[14] Consequently, it refers here to the words of Radovan Karadžić on February 14, 1992. The Trial Chamber concluded that Karadžić, at a closed plenary meeting of the party [i.e., the SDS] just before the war, said that they should exercise their authority carefully on the terrain for which they were responsible so that no one should flee from our areas.[15] Because, at that moment, a conference was taking place, already in one of its later stages, where agreements had been reached but had not yet been signed, yet an agreement was reached with Holbrooke [Cutileiro] that there would be three Bosnias. Therefore, this was the most painful, most minimal option for the Serbs, that there would be three Bosnias, which had already been settled, and Karadžić gave a speech before two hundred people who were responsible for life on the terrain [and he advised them] to take

живот на терену да пазе добро да не буду неке бежаније из наших зона. Ово Веће то признаје и каже да је Караџић још увек 14. фебруара 1992. године водио рачуна о интересима других. Дакле, све пре тога 14. фебруара 1992. године мора да отпадне. До тада, није било удруженог злочиначког подухвата.

Морамо сада да идентификујемо који је тренутак рођења и који је рођендан или рођен-сат удруженог злочиначког подухвата који се зове избацивање Хрвата и Муслимана из Републике Српске. То је, дакле, део упозорења Радована Караџића вршиоцима послова.

Ово је следећи — ми, значи, морамо померити да 14. фебруара није било удруженог злочиначког подухвата. Још није био рођен 18. марта није био рођен ради тога што је био тада кад је био постигнут Лисабонски споразум. Споразум је постигнут био у том решењу.

Па онда имамо 27. марта, где Караџић говори на Скупштини српског народа, и, ево видите шта каже, да: "Рат у БиХ неће решити ништа. Морамо да проучимо ситуацију, односно, морамо да сачувамо животе, имовину и територију. Ми немамо других планова."

То је, значи, одговор Караџића на посланичко питање: "Шта ће бити ако нас нападну? Имате ли ви неки план?" Једини план српски у том тренутку је био заштитити територију, заштитити народ, заштитити имовину и чекати политичко решење.

Даље морамо да померимо у време према напред, да померимо тренутак рођења удруженог злочиначког подухвата.

12. априла, кад је рат већ избио, ми смо потписали са Амбасадором Кутилером примирје, све три стране. Ми смо 12. марта [априла, прим. Ред.] потписали примирје, а

precautions that no one should flee from our zones. This Trial Chamber acknowledges this and states that Karadžić, even on February 14, 1992, was looking after the interests of others. Therefore, everything [i.e., all charges] relating to events before February 14, 1992 must be dropped. There was no joint criminal enterprise up to that time.

We must now establish the birthday, the date and time of the birth of this joint criminal enterprise that is referred to as the expulsion of Croats and Muslims from the Republika Srpska. That was, therefore, part of Radovan Karadžić's warning to those undertaking these tasks.

This is next — we must change the February 14, 1992 date; there was no joint criminal enterprise [at such time]. It had not yet been born. It was not born on March 18, 1992,[16] either, because that was when the Lisbon Agreement had been reached. The decision-making process resulted in an agreement.

Then we have March 27, when Karadžić was giving a speech at the Assembly of the Serbian people, and here you see what he says, that: "A war in B-H will not solve anything.[17] We must study the situation closely with respect to the saving of lives, property, and territory. We have no other plans. [We should strive to maintain peace.]"

It was Karadžić's response to a question posed by one of the representatives: "What will happen if they attack us? Do you have a plan?" The only plan the Serbs had at the time was to protect territory, protect the people, protect private property, and wait for a political solution.

We must shift the time-frame forward and re-date the time of birth of the joint criminal enterprise.

On April 12, when the war had already broken out, we signed a cease-fire agreement with Ambassador Cutileiro with all three sides. We signed the cease-fire agreement on March [April] 12,[18] but on the evening of March [April] 12, the Muslim

увече 12. марта [априла, прим. Ред.], муслиманска страна, СДА, је послала — Хасан Ефендић је послао познату наредбу — инструкцију, да се нападне свим силама ЈНА и Срби, и СДС свуда широм БиХ. Дакле, са српске стране, ни 12. априла нема урдруженог злочиначког подухвата.

22. априла, Караџић износи платформу за обуставу непријатељстава и за решење кризе. Морам да вам напоменим да је 12. априла, у склопу тог примирја, закључено да се убрзају радови у оквиру Конференције, радови на мапама у оквиру Кутилеровог плана. Дакле, ни 22. априла, нема тог удруженог злочиначког подухвата.

Па видећете у августу, рецимо, како се Караџић бори да се изаберу у Скупштини, у судовима, Муслимани и Хрвати. До тада је председник председништва могао да именује, и ја сам именовао до тада осамнаест Муслимана и Хрвата у судове. Чим је почела Скупштина да се редовно састаје, та ингеренција је поново враћена Скупштини.

Е, овде каже: "Као што смо јуче рекли, треба да гледамо да ли је погодна личност, а не ко је он." И овде се идентификује Караџић и Козић, "а што се тиче других, морате бити свесни, увек ће имати пропорционално учешће у власти." Рат је већ почео неколико месеци. Много је крви, много је сукоба, и ту је велики проблем. Има једно уздржавање, устезање, да се изабере знатан број Муслимана и Хрвата. На пример, ако се њихова деца и рођаци боре, како треба он да суди? Сада и то је једино било. Међутим, и ту, Караџић и Поповић и други који траже да се судије брзо изаберу, траже да се не води рачуна о националној припадности,

side, the SDA, sent — Hasan Efendić[19] sent this well-known or-
der — instructions to launch an all-out attack against the JNA,
the Serbs, and the SDS throughout all of B-H. Therefore, on the
Serbian side, there was no joint criminal enterprise even on
April 12.

On April 22, Karadžić presented a platform for the cessation
of hostilities and for a resolution of the crisis. I want to remind
you that on April 12, in accordance with the terms of that cease-
fire, we decided to accelerate our work within the framework of
the Conference as well as to accelerate our work on the maps
within the framework of the Cutileiro Plan. There was, therefore,
no joint criminal enterprise even as of April 22.

Then you will see in August, for instance, how Karadžić was
fighting to have Muslims and Croats elected to positions in the
Assembly and selected for positions in the judiciary. Until that
time, the President of the collective Presidency could make ap-
pointments, and I appointed eighteen Muslims and Croats to po-
sitions in the judiciary. Once the Assembly began meeting regu-
larly, these powers reverted to the Assembly.[20]

It says here: "As we said yesterday, we should determine
whether we have the right person for the right job regardless of
ethnic background." And Karadžić and Kozić[21] are identified here,
"but as far as the others are concerned, you have to bear in mind
the fact that there will always be proportionate participation in the
government." The war had already begun some months earlier.
Plenty of bloodshed, plenty of clashes, and that was a big problem.
There was an aspect of restraint, and some hesitation about ap-
pointing a significant number of Croats and Muslims. For exam-
ple, if their children and relatives were fighting [against us], then
what kind of decisions were these judges going to render? And
that was the only question. However, Karadžić and Popović, in
this case, as well as others who sought to have these judges select-
ed quickly, sought to have ethnic background not taken into ac-

него само о способности и подобности, а уз то упозорава да мора бити заступљена свака национална заједница.

Дакле, морам да подсетим: Како је то изгледало 18. марта? Видећете како је цела '91. прошла у тешким међунационалним тензијама и српским попуштањима и предлозима најбоље врсте и најквалитетније од којих би сваки обезбеђивао мир у БиХ.

18. марта смо прихватили да ће бити три БиХ у оквиру једне БиХ — дакле, да се изврши швајцаризација БиХ. Односно, да БиХ буде уређена по типу Швајцарске и да буде изван Југославије. То је најболнији компромис српски. Тада смо све три стране и прихватили, и изразили велико задовољство.

Све три стране су имале мапе, иако је једна страна, СДА, тврдила да нема мапе. Имали су мапе, и закључили смо да на тим мапама 80% територије није спорно. Срби признају до 80% шта је неспорно муслсиманско, хрватско, и обрнуто. Муслимани, Хрвати признају до 80% шта је српско.

Е, сада, Муслимани су чак прошли и најбоље и то овај господин, Ифран Ајановић, каже: да ће скоро цела муслиманска заједница живети у њиховој конститутивној јединици. Остаће двадесетак процената у Српској и у Хрватској конститутивној јединици и нико никад не помиње никакву размену становништва нити пресељења, осим добровољних ако неко буде желео да се ради. Господин Изетбеговић је имао врло добре односе са мном током рада на мапама — ми рекао — ја сам то поновио на том састанку — молио ме да пазим, да не држим се општинских граница, него ако неко село, српско или муслиманско, да може да буде прикључено суседној општини, јер то је административна организација — неће то бити Берлински зид — и његово

count; instead, only personal capability and suitability, and along with that, they cautioned that all the ethnic communities had to be represented.

So, I must call this to your attention: How did this look on March 18? You will see how all of 1991 was spent in [dealing with] serious inter-ethnic tensions and [making] Serbian concessions, and [we made] first-rate proposals of the highest quality by which each side could have secured peace in B-H.

On March 18, we agreed that there would be three B-Hs within the framework one B-H — that is to say, to recast B-H on the Swiss model. In other words, B-H was going to be organized according to Swiss principles, and it was going to be outside Yugoslavia. This was the most painful compromise that the Serbs had to make. At that moment, we, all three parties, accepted this and expressed our great satisfaction.

All three parties had maps, although one side, the SDA, claimed that it had no maps. They did have maps, and we came to the conclusion that up to 80% of the territory was undisputed. The Serbs acknowledged up to 80% of what was indisputably Muslim, Croat, and vice-versa.[22] Muslims and Croats acknowledged up to 80% of what is Serbian.

Well, you know the Muslims fared better than the others, and here is what this gentleman, Irfan Ajanović, said: that almost the entire Muslim community would live in its own ethnically constituted unit. Twenty percent would remain in Serbian and Croatian ethnically constituted units, and no one ever mentioned any exchanges of population or any kind of migration, except for those who would want to move voluntarily. Mr. Izetbegović enjoyed excellent working relations with me while we were working on the maps, and he told me — and I repeated this at that meeting — he asked me to make sure that I did not adhere too closely to county borders; instead, some Serbian or Muslim village ought to be able to join a neighboring county — because it was just adminis-

је било становиште да пазимо да што мање нас буде код њих и што мање њих код нас. Значи, да се што већи проценат националне заједнице затекне, односно, живи у својој конститутивној јединици. Нико никада не помиње никакву размену становништва.

Чак Караџић то каже отворено на 3. маја на повратку из Брисела, на питање новинара: "Да ли ће бити размене становништва?" Неко је поменуо Индију и Пакистан. Ја сам рекао: "Ми то не предвиђамо и то не препоручујемо. Биће мањина и њихова права ће бити заштићена реципрочно, и неће бити никаквих проблема."

Како при овој мермерној истини која је позната и лако је доказати — треба само погледати медије из тог времена — који је удружени злочиначки подухват на уму босанским Србима? Који никада нису изневерили ниједан споразум који смо постигли током овог времена, чак ни споразуме о примирју — то ће вас Уједињене нације уверити својим документима — да је од дванаест примирја, рецимо, у Сарајеву једанаест прекршила војска Странке демократске акције. Да ли се из свега овога што се до сада дешавало до 18. марта па и даље, где се предвиђа и претпоставља и нема никакве сумње на српској страни, да ће то решење бити тако. Да ли се може из тога извући та конструкција, намере Срба да елиминишу не-Србе из делова БиХ који неће припасти Србима? Али, уважени противници из Тужилаштва избегавају да догађаје ставе у контекст, не само у Босни, него и у Југославији, али и у југословенски контекст босанске догађаје. Тада би се јасно видело ко је шта радио и ко је за шта одговоран и било би јасно да су Срби били страна која је попуштала у име очувања

trative organization — it wasn't going to be the Berlin Wall — and his point of view was that we had to take care that the least possible number of our people should end up with their people, and that the least number of their people should end up with us. That means the largest possible percentage [of concentration] of a national community should be attained, in other words, so that they may live in their own constitutive unit. No one ever brought up any kind of population exchange.

Even Karadžić said that publicly on May 3, upon his return from Brussels, when answering a question posed by a journalist: "Is there going to be an exchange of populations?" Someone had brought up India and Pakistan. I said, "We do not envisage or recommend population exchange. There are going to be minorities and they will have their rights protected on a reciprocal basis, and there won't be any problems."[23]

Faced with this truth which is written in stone, which is well known and easily proven — one only has to take a look at the media reports from the time — what kind of joint criminal enterprise did the Bosnian Serbs have in mind? The Serbs never violated any agreement reached at that time, not to mention a truce — the UN will confirm this with its own documents — that of twelve cease-fire agreements, for instance, in Sarajevo, eleven were violated by the Army of the SDA. With all that was happening up to March 18 and afterward [i.e., at the Conference], when it had been foreseen and presumed, there was no doubt on the Serbian side that this solution was certainly going to work. Is it possible to extract such a [legal] construct of the Serbs [purported] intention to eliminate non-Serbs from the parts of B-H that were not going to belong to the Serbs? But my esteemed opponents from the Prosecution are reluctant to place these events in context, not only in Bosnia and Yugoslavia, but also in the Yugoslav context of the events taking place in Bosnia. Then it would be clear who did what and who was responsible for what, and it would be clear that the Serbs were

мира, а не у име ратног решења за које је била једна друга страна.

Овде морам да поново укажем на то да је за нас овај судски систем поражавајући, неуобичајен у одсуство објективне судске истраге. Тужилаштво има одрешене руке и неисцрпне ресурсе да асамблује, састави састав оптужнице и пратећих докумената како оно само жели. И сада се овде Србин — а не само Србин — него било који Балканац — појави и брани се као од невидљивих сила. Не може да се снађе, него почиње да се брани овако и онако. Да, јер нема начина да парира својом истрагом.

Али, да је Тужилаштво урадило објективну истрагу, поредало хронолошки ово што се дешавало у Босни и на Балкану, та хронологија би одмах показала праву суштину. Овако испада да је рат по Тужилаштву избио зато што је овај оптужени основао Српску демократску странку у јулу 1990. године са намером да се отараси не-Срба са територија на којој ће Срби једног дана у неизвесној будућности полагати право у Босни која у том тренутку не показује никакве сецесионистичке намере. Е, па сад, ово је, верујте, и креативно и флексибилно и са много маште.

Вашој пажњи препоручујем разлоге за избијање рата које је ово исто Тужилаштво навело у једној другој оптужници. Значи, у мојој оптужници, рат је избио зато што ја сам формирао Српску демократску странку са циљевима који су Вам овде предочени, а у овој другој оптужници каже се: "Словенија је 25. јуна 1991. године прогласила независност од СФРЈ, што је довео до избијања рата." Слажем се. "Хрватска је своју независност прогласила 25. јуна 1991. године, што је довело до борбе између хрватских војних снага са једне

the party that was making concessions for the sake of preserving peace, and that they were not in favor of war as a solution, because another party actually was actually in favor of it.

I must now once again declare that this [legal] system, unusual because of the absence of objective judicial investigation, is destructive for us. The Prosecution's hands are untied and it has inexhaustible resources [at its disposal] to draw up, to compose an indictment, and to provide supporting documents as it alone sees fit. Now, you have a Serb — not just a Serb — but anyone from the Balkans — who appears here and defends himself as if against invisible powers. He cannot orient himself, but begins to defend himself any way he can. Yes, because there is no way he can parry with his own investigation.

If the Prosecution, however, had conducted an objective investigation and had arranged chronologically the events that had taken place in Bosnia and in the Balkans, such a chronology would have immediately presented the heart of the matter. Now, it turns out, according to the Prosecution, that the war broke out because the Accused had established the Serbian Democratic Party in July 1990 with the intention of getting rid of non-Serbs from the territories to which the Serbs would one day, in the indefinite future, lay claim in Bosnia, which at that moment had not yet expressed any secessionist intentions. Well, now, believe me, this was done with a lot of creativity, flexibility, and a great deal of imagination.

Reasons for the Outbreak of War

I would like to call your attention to the reasons for the outbreak of the war which this same Office of the Prosecutor cited in another indictment. My indictment states the war broke out because I founded the SDS with the expressed aims it points out here, but this other indictment states that: "On 25 June, 1991 Slovenia declared independence from the SFRY, which led to the outbreak of war." I agree. "Croatia declared its independence on

стране и ЈНА, паравојних јединица војске Републике Српске Крајине са друге стране.” Не слажем се за паравојне јединице, али слажем се. “Б-Х је прогласила независност 6. априла 1992. године што је после 6. априла довело до рата широких размера.” Зашто у мом случају одустаје од ове истине?

И за узрок рата проглашава нешто друго, али да видимо шта још једна истакнута личност, која је била председник овог Трибунала, професор Касезе, каже: “Добро је познато да је у Хрватској и БиХ, као и у неколико бивших Совјетских република, сецесија оживела старе мржње и довела до ужасног крвопролића.”

Дакле, у мом случају, према Тужилаштву, рат нису изазвале сецесије и дуга мржња, него Караџић са својих осиротелих и осиромашених, пауперизованих милион и по Срби у Б-Х и без иједног савезника, осим Господа Бога, на свету и неколике мале и неутицајне земље. И устао је тај Караџић са милион и по Срба на рат против сила немерљивих и то на рат који је био супротан свим српским интересима, па чак и супротан и оним криминалним циљевима које нам Тужилаштво при-писује. Ни ти циљеви се нису могли ратом остварити.

Зашто би Србима био потребан рат да би њиме постигли нешто што већ имају и што већ желе? А то је живот у Југославији у којој живе сви Срби, сви Хрвати, сви Словенци, сви Муслимани, сви Македонци, итд. Зашто је Србима потребан рат? Имају то већ што желе. Зашто би Срби оно што су имали, то је Савезна југословенска држава, коју могу очувати једино у миру, били за рат, када та југословенска држава може нестати једино у рату? А сачувати се једино у миру? Где је ту

25 June, 1991, leading to fighting between Croatian military forces on the one side and the Yugoslav People's Army (JNA), paramilitary units, and the Army of the Republic of Srpska Krajina." I don't agree with these paramilitary units, but I agree [with the statement]. "On 6 March, 1992, Bosnia and Herzegovina declared its independence, resulting in wide-scale war after 6 April, 1992."[24] Why, in my case, does it omit this truth?

The Tribunal declared something else to be the cause of the war, but let's see what another eminent figure, Professor Cassese, who served as President of this Tribunal, says: "It is well known that the secession in Croatia and Bosnia revived old animosities and led to terrible bloodshed."

Therefore, in my case, according to the OTP [i.e., Office of the Prosecutor], secession and longstanding hatred did not cause the war but Karadžić alone provoked it with his 1.5 million impoverished, destitute, and pauperized Serbs in B-H, and without a single ally except the Good Lord and a few small uninfluential countries. And Karadžić rose to fight with a million and a half Serbs against immeasurably greater forces in a war that was contrary to all Serbian interests, contrary even to those criminal objectives that the Prosecution has ascribed to us. Not even those objectives could have been achieved through war.

Why should war have been necessary for the Serbs in order to achieve something they already had? That was life in Yugoslavia where all Serbs lived along with all Croats, all Slovenes, all Muslims, all Macedonians, etc. Why did the Serbs need war? They already had what they wanted. Why would the Serbs, who had the Federal Republic of Yugoslavia, which could only have been preserved in peace, have been in favor of war when that Yugoslav state could disappear only in a war? Where is the rational conduct? What could motivate the Serbs to do such a thing?

Yugoslavia could only have been destroyed by war, and this will be shown here. This is another truth that is written in stone

разумно понашање? Где је ту мотив на српској страни да то ураде?

Југославија је могла бити разбијена једино у рату, и то ће се овде показати. То је исто тако једна мермерна истина коју неће моћи никакве магле да помере. Она је мермерна, за сва времена.

Насупрот Србима, који су хтели да сачувају Југославију, они који су хтели да добију независност република, то су могли само да постигну ратом, и о томе нема никакве сумње — не само да је Немачка охрабрила, и рекла: "А, ако буде даље сукоба, ми ћемо вас признати." Што је, наравно, охрабрење да се иде у сукобе. Али, то су нам признали и потврдили и непосредни наши ратни противници у то време. Председник Туђман је рекао да: "Рата не би било да га Хрватска није хтела." И то је на Тргу у мају 1992. године, кад је њихов рат — такорећи — био завршен, она прва фаза, а рат у Босни се разбуктао.

Ја сам захвалан Председнику Туђману и на овоме и на многим другим стварима које ће ми бити од користи у овој одбрани, а могу бити захвалан и Тужилаштву што растеже моју одговорност и на Хрватску, ради тога што ми то пружа прилику да покажем како то све је изгледало и како су нам из Хрватске током 1991. — па чак и 1990. — али 1991., стизале колоне и колоне Срба који су истерани, који су наврат-нанос бежали преко српских простора у БиХ, јер би их у другим просторима убијали као зечеве, а за тим Србима су стизале и гранате. На овој слици можете да погледате како пре избијања рата у БиХ, БиХ полако нагорева на рубовима, а богами, и у дубини. Али [у] пограничи[м] градови[ма] гине се у то време, долазе избеглице, а долазе и гранате и гину и грађани БиХ.

that no fog will ever obscure. It is written in stone for all time and eternity.

Opposed to the Serbs, who wanted to preserve Yugoslavia, were those who wanted to gain independence as republics, which they could achieve only by going to war, and there is absolutely no doubt about it — not only did Germany encourage them, but even said: "If the conflict continues, we will recognize you." This, of course, is encouragement to keep on fighting. But even our direct adversaries in the war acknowledged and confirmed this at that time. President Tuđman said: "There would not have been a war if Croatia had not wanted it."[25] And that is what he said at a public rally [held in Ban Jelačić] Square in May 1992, when their war — so to speak — was over, its first phase, while the war Bosnia was bursting into full flame.

I am grateful to President Tuđman for this as well as for many other things that are going to be instrumental in my defense, but I can also express my gratitude to the Prosecution for extending my responsibility to Croatia, because that gives me the opportunity to show what all that looked like and how in 1991 — well, even in 1990 — but in 1991, when column after column of Serbs were arriving who had been expelled, who were fleeing helter-skelter across Serbian areas in B-H because they were going to be killed off like rabbits elsewhere, and after that even mortar shells were reaching the Serbs. And in this picture you can see that before the war broke out, B-H was smoldering along the edges but it was burning deep inside, as well. [EXHIBIT I] People were dying in border towns at that time, refugees were arriving, but so were mortar shells and the citizens of B-H were dying.

We're going to return at this map, and it will show, as it is written here: "Who were the people who were being killed up to April 6?" The OTP is charging me [with responsibility for events that took place] in that time period, but you will see that Serbs were for the most part being killed up until April 1. I also owe

И на ову ћемо се мапу вратити, и она ће показати, као што овде пише: "Ко је гинуо до 6. априла?" А за тај период мене Тужилаштво терети, а видећете да су до 1. априла гинули углавном само Срби. Но, ја дугујем захвалности и г. Изетбеговићу за отвореност и искреност којом ме ослобађа, на најдиректнији могући начин, скида са мене одговорност. Он је то рекао 1993. године:

> Ми смо направили наш избор, а могли смо врло лако да кренемо и другим путем. Цијена коју смо платили је висока, али је морала бити плаћена. Ако мене треба за то кривити, онда не треба Караџића. Могли смо да избегнемо овај конфликт да смо остали уједињени као Југославија, али ми смо желели независност. Крајем 1991. године, формирали смо Патриотску лигу итд.

Он је то витешки узео на себе. А мене аболирао, али Тужилаштво, по свој прилици, не жели Изетбеговићево витештво. Оно узима све што добије од Изетбеговића ако је то лукавство, трик, превара, итд. Витешко признање које потпуно чини излишним овај процес, нису ни запазили. Има неколико исправки за г. Изетбеговића.

Није Патриотска лига формирана крајем 1991. године него 31. марта 1991. године. Током овог излагања ћете видети да је формирана, значи, два месеца након што смо ми формирали заједничку владу. И још неколико исправки, али једна најкруцијалнија исправка, није само останак Босне у Југославији — и Муслимана босанских у Југославији обезбеђивао мир — него и наш останак у Југославији, а да Муслимани и Хрвати изађу

thanks and gratitude to Mr. Izetbegović for his candor and honesty because he absolves me of responsibility in the most direct fashion. He said that in February 1993:

> We made our choice, and we could have easily done things differently. The price we paid is high, but it had to be paid. If I am to be blamed for it, then Karadžić should not [be blamed for it]. We could have avoided this conflict had we remained united as Yugoslavia, but we wanted independence. Toward the end of 1991, we established the Patriotic League....[26]

He chivalrously took the blame upon himself. And he absolved me [of responsibility], but the OTP, taking this occasion as it sees fit, has no use for Mr. Izetbegović's chivalry. It takes everything it gets from Mr. Izetbegović at face value, even if it is cunning deceit, a trick, a con, etc. It ignores his chivalrous act of acknowledgment which renders this trial superfluous. There are quite a few corrections [to be made] to Mr. Izetbegović's [statements].

The Patriotic League was not established at the end of 1991 but on March 31, 1991. Over the course of my presentation, you will see that it was established two months after we formed a joint government. There are several other corrections to come, but one of the most crucial is not simply Bosnia remaining within Yugoslavia — and securing peace for the Bosnian Muslims in Yugoslavia — but even our remaining part of Yugoslavia, while the Muslims and the Croats could leave Yugoslavia according to the model of West Virginia. Afterwards came the Lisbon Agreement, namely, the Cutileiro Plan — by which we Serbs received only a fraction of what the Muslims and Croats had already enjoyed in the former Yugoslavia — so that we could receive in B-H a small portion of such protection and such rights. And, in that case, the

из Југославије по типу Западне Вирџиније. Затим, и Лисабонски споразум, односно Кутилеров план, по коме смо и ми Срби добили тек делић онога што су имали Муслимани и БиХ у Југославији, да ми добијемо у БиХ делић те заштите и тих права. И у том случају се избегавао рат. Тада би Срби у БиХ изашли на референдум, дали му легитимитет. Како год се гласало, дали би му легитимитет.

Мир се могао сачувати — и на овај начин — уприличен референдум за независност. Радован Караџић и Мухамед Ченгић, подпредседник СДА, на очиглед свих посланика постижу споразум у Скупштини да влада БиХ хитно изврши регионализацију, а да Срби изађу на референдум. Неко из посланичких клупа коме се не допада споразумевање са Србима упита Ченгића: "Ко те овластио да то предлажеш?" А чује се лепо на снимку, Ченгић каже: "Алија Изетбеговић, ако баш хоћеш да знаш."

Дакле, Алија Изетбеговић је овластио Мухамеда Ченгића да Србима понуди једно решење које спасава и Босну и мир. Срби га прихватају обема рукама, за петнаест дана ће бити доносени акти о реорганизација и Срби излазе на референдум, али ту опет постоји нека демонска сила која г. Изетбеговића, по стоти пут, натера да одустане и после паузе је тај договор Караџића и Ченгића пред целом Скупштином поништен.

Још једна исправка господина Изетбеговића. Захваљујући српској флескибилности, бројним концесијама који су Срби чинили, било је још више решења која су гарантовала мир, избегавање рата, и цене коју помиње г. Изетбеговић. А само једно решење, само једно једино решење је водило у рат. И муслиманско

war could have been avoided.[27] The Serbs in B-H would have then come out and voted in the referendum and they would have given it legitimacy.[28] Whatever way they may have voted, they would have conferred legitimacy upon it.

Peace could have been preserved — even in this fashion — by arranging a referendum on independence. On the eve of the Referendum on independence, Radovan Karadžić and Muhamed Čengić, the Vice President of the SDA,[29] in the full view of all the representatives, reached an agreement in the Assembly for the government of B-H to take urgent steps to regionalize the country, and for the Serbs to vote in the Referendum.[30] But someone from a group of representatives who were not pleased with the agreement with the Serbs asked Čengić: "Who authorized you to propose this?" And you can clearly hear on the videotape recording Čengić saying: "Alija Izetbegović, if you really want to know."

So it was Alija Izetbegović who authorized Muhamed Čengić to offer the one solution to the Serbs that would have both rescued Bosnia and secured peace. The Serbs accepted it whole-heartedly, and in fifteen days' time legislative acts were going to be adopted for regionalization, and the Serbs were going to vote on the Referendum, however, once again, for the hundredth time, some demonic force compelled Mr. Izetbegović to renege [on what he had promised], and after a recess, this agreement between Karadžić and Čengić was annulled before the entire Assembly.

One more correction for Mr. Izetbegović. Thanks to Serbian flexibility, and thanks to the numerous concessions that the Serbs had made, there were still more decisions [to be made] that would have guaranteed peace, avoided war, as well as the price [that had to be paid] mentioned by Mr. Izetbegović. But only one decision, only one single decision led to war. And the Muslim leadership, the SDA leadership, the conspiratorial core of the SDA composed of Young Muslims, firmly held to the decision that made war inevitable. And that decision proclaimed: "Sovereign and independ-

воћство, воћство СДА, завереничко језгро у СДА од Младих муслимана, чврсто се држало само тог решења које обезбеђује рат. А то решење гласи: "Суверена и независна Босна сто посто наша." То јест, оних Холбрукових «сто посто власти у сто посто Босне, не можете то добити.» А они баш то хоће. То је кључно место које је Тужилаштву промакло. Муслимани су хтели за себе, а то хоће данас, и то ће хтети увек, док се не кодификују границе ентитета у БиХ и ингеренција или се не разиђамо на миран начин, увек ће хтети ако имају шансу.

Неке силе их мрачне, а видећете и које, терају на то. Захтевају од њих да испоруче, да обезбеде један мостобран за те интересе у Европи. Који би се то српски удружени злочиначки подухват могао замислити или остварити или развијати да је г. Изетбеговић прихватио предлог који је био током целог рата на столу, предлог који је тек 1995. донео г. Холбрук? До 1995. су сви други доносили те предлоге, и Европска унија и Контакт група, и Венс и Овен, и Овен и Столтенберг. Сви су доносили тај предлог, и Срби су све те предлоге прихватали.

Имали смо пет конференција, Екцеленције. Пет конференција. Пет мировних планова. Од тих пет мировних планова, овај оптужени је прихватио четири. Који би удружени злочиначки подухват био могућ да је и друга страна прихватила један од та четири? И како је, молим вас, Тужилаштву могло пасти на памет онога трена када смо предали своју кризу у руке међународне заједнице? Од тога трена, није било дана кад није било конференције. Није било шансе за *fait accompli*.

Није било шансе за *uti possidetis juris*: што поседујеш, то ћеш задржати. Решење је морало бити политичко. И

ent Bosnia is one-hundred percent ours." That was the one hundred percent of the governing authority in one hundred percent of Bosnia that Holbrooke had said they could not obtain. But that was what they really wanted. This is the key area that has eluded the Tribunal. The Muslims wanted it for themselves, and they still want it today, and they will always want it until the borders of the entities and their jurisdictions in B-H are codified or until we separate in a peaceful manner, they will always want it as long as they stand a chance of getting it.

Certain dark forces, and you will see which ones, drove them to behave this way. They were demanding that they [the Bosnian Muslims] deliver and secure a bridgehead for their interests in Europe. What kind of joint Serbian criminal enterprise could have been imagined or realized or developed if Mr. Izetbegović had accepted the proposal that had been on the table throughout the entire war, the proposal that was finally submitted by Mr. Holbrooke in 1995? Up until 1995, everyone else submitted these proposals — the European Union and the Contact Group, Vance and Owen, then Lord Owen and Stoltenberg. All of them made this proposal, and the Serbs accepted each of these proposals.

Your Excellencies, we had five [peace] conferences. Five conferences. Five peace plans. Of these five peace plans, I, the Accused, agreed to four of them. What kind of joint criminal enterprise would have been possible if the other party had accepted one of those four? And how could the Prosecution have at all come up with this idea at the very moment we turned our crisis over to the International Community for resolution? From that moment on, there was not a single day that went by without a conference. There was no chance of a *fait accompli*.

There was no chance for *uti possidetis juris*:[31] What you possess, you may lawfully hold. The solution had to be a political one. And why should the Serbs now take territories that they could not validate through a peace conference? And why should the

зашто би Срби сада узимали територије које не могу да овере кроз конференцију? И зашто би Срби урадили нешто што на конференцији неће бити прихваћено? И зашто би Срби урадили нешто што ће морати да врате на све могуће начине? Значи, то је основно питање. Како је могуће да Тужилаштво не види да Срби прихватају све осим сто посто власти у сто посто Босне, и враћање у ропство из времена Отоманске империје, једног народа скромног, тихог, трпељивог који заиста трпи и чува своју веру и своју суштину и своју културу пет стотина година у најнеповољнији условима у Европи? Најнеповољнији услови за Босанске Србе, и ја се пред њима клањам овде пред вама — клањам се пред том њиховом судбином и они заслужују да им ми сви служимо, јер је то заиста нешто што се не може замислити.

Наравно, морам да вам кажем да су Срби прелазили на ислам најчешће у договору. Један брат пређе да штити другог и трећег брата. А онда већ њихова деца су далеко, а њихови унуци су непријатељи. Дакле, они први конвертити који су прешли на ислам нису били срећни што прелазе на ислам, али тако се то десило. Е, сада, онај део, онај брат који није прешао на ислам уз све трпње, све притиске, све невоље, чува све то и сада неко треба да га изда и неко да га поново врати у та стања.

Ја бих препоручио вашој пажњи позиве, апеле, истакнутих муслиманских првака г. Изетбеговићу да промени, односно, политику и да се другачије понаша. Рабија Шубић потиче из муслиманског круга, али је председница Социјалистичке партије БиХ била (и то је мултиетничка партија и није била фундаменталистички оријентисана) напротив. Она је написала писмо на самом почетку рата Изетбеговићу и рекла је, набројала:

Serbs do anything that would not be accepted at a [peace] conference? And why should the Serbs do anything that they would then have to undo by all possible means? That is the fundamental question. How is it possible for the Prosecution not to see that the Serbs would have accepted anything except for [the Muslims having] one-hundred percent of the governing authority over one hundred percent of Bosnia, a remission [of the Serbs] — a modest, peaceful, tolerant, and suffering people who did, indeed, endure, and preserved their faith, their essence, and their culture through five hundred years of the most unfavorable conditions in Europe — to the slavery [they endured] during the era of the Ottoman Empire? These were conditions most unfavorable to the Bosnian Serbs, as well — and I bow to them here before you — I bow to their destiny, and they are even worthy of having all of us serve them, because it [i.e., their destiny] has been unimaginable.

Of course, I must tell you that Serbs did convert to Islam, but most frequently it was based on an agreement. One brother converted to protect a second and third brother. And then their children grew distant from one another, and their grandchildren became enemies. Therefore, the first converts to Islam were not happy about the conversion, but that was how it happened. Well, now, this part of the population, the brother who did not convert to Islam, had to endure suffering, all the pressures [to convert], and all manner of misfortune to preserve all that [i.e., faith, identity, and culture], and now someone has to betray him and once again reduce him to such circumstances.

Appeals Made by Prominent Muslims to Izetbegović

I would like to call your attention to all the invitations and appeals that were made by prominent Muslims to Mr. Izetbegović to change his policy and to amend his behavior. Rabija Šubić, who hails from a Muslim background, but who was also the President of the Socialist Party in B-H (and that was a multi-ethnic party that was not oriented to fundamentalism), was one of his oppo-

Одбили сте формирање Вијећа народа у Скупштини. Већа народа у Скупштини Б-Х тражила је Српска страна.

(Лично овај оптужени и професор Кољевић, и још за време комунизма кад су прављени амандмани на Устав, Веће народа смо тражили које би могло да спречи било какав рат и било какво насиље. Добили смо уместо тога неки Савет за националну равноправност који није никад радио.)

Одбили сте историјски споразум са српским народом —

О коме ћете Ви овде чути.

Одбили сте Београдску иницијативу. Позивом за мобилизацију свих Муслимана и Хрвата. 4. априла сте иницирали рат. Покренули сте све своје везе у Исламског свету да до тога дође, итд.

На крају писма, Рабија Шубић каже:

Позивамо вас да приступите по примеру Власенице и Братунца, где су постигнути договори између Срба и Муслимана, и без испаљеног метка и насиља, без криминала и терора.

Е, видите. У Братунцу и у Власеници су према српским предлозима реорганизовали, постигли сагласност да реорганизују своје општине да на том простору постају две општине. Видећете и зашто. И да је то могуће. Ова цивилизована жена, европске оријентације, шеф мултиетничке партије, види ту ситуацију и види да је то решење. И у сличним

nents. She wrote a letter to Izetbegović at the very beginning of the war, in which she said, enumerating her points:

> You rejected the formation of a Council of Peoples in the Assembly, which the Serbian side sought.

(The Accused, along with Prof. Koljević, personally [sought such a Council]. And even during the Communist era, when amendments were made to the Constitution, we sought a Council of Peoples that would have prevented the outbreak of war or any other kind of violence. Instead, we got some sort of Council on National Equality that never functioned.)

> You rejected a historic agreement with the Serbian people.

Of which you will hear more during this trial.

> You rejected the Belgrade initiative. You started the war on April 4 by calling for the mobilization of all Muslims and Croats. You relied on all your ties with the Muslim world so it would come to that, etc.

At the end of her letter, Rabija Šubić says:

> We call upon you to act according to the examples set by Vlasenica and Bratunac, where agreements were reached between Serbs and Muslims without a single bullet having been fired, without any violence, and without criminals and terror.

There, you see. Bratunac and Vlasenica were reorganized according to Serbian proposals, and they reached an agreement to reorganize their county so that two counties now existed in that area. You will see why. And that it was possible. This civilized

ситуацијама су то видели и говорили и Адил Зул-
фикарпашић и Мухамед Филиповић и Фикрет Абдић
(који је био победник избора 1990.) и Нијаз Дураковић, и
многи други, па чак и неки Срби као Пејановић, који
заступа оних 1.5% Срба који су били за независну Босну
без ентитета. Ово подсећање —

СУДИЈА КВОН: Г. Караџић, ово ћете чути више пута.
Молим вас, успорите због преводилаца. Изволите,
наставите.

КАРАЏИЋ: Ово подсећање на споразум у Братунцу и
Власеници иницираће Странку демократске акције да
откаже те споразуме, који су такође чували мир у тим
општинама, и после шта се десило у Братунцу и у
Власеници — видећете и чућете — а Сребреница је
суседна општина — видећете и чути овде током овог
процеса. А све се то могло избећи овим што је гђа Рабија
Шубић идентификовала као споразум у тим општинама и
у свим општинама широм Босне су били вођени
преговори о административној реорганизацији тих
општина тако да се избегну тензије и свако води своје
послове.

Који би српски удружени злочиначки подухват у
овом тренутку био могућ кад се види шта је све у том
тренутку кад Рабија Шубић пише г. Изетбеговићу, шта
је све на снази, шта је све на столу?

Тужилаштво каже да се Југославија распала, и треба
сада заиста да посумњамо да ли се Југославија распала
— или је разбијена. Ове стране које су биле за разбијање
Југославије сасвим сигурно не би могле до тога довести
да није било утицаја са стране и то пресудног утицаја.
Ево, сада бисмо могли да видимо како су и шта су рекли

lady, orientated to Europe, the leader of a multi-ethnic party, saw the situation and saw that this was the solution. And in similar situations Adil Zulfikarpašić, Muhamed Filipović, and Fikret Abdić (who was the winner of the 1990 elections), and Nijaz Duraković, and many others, even some Serbs like Pejanović, who represented the 1.5% of Serbs who were in favor of an independent Bosnia without entities, saw and said this too. This is a reminder —

JUDGE KWON: Mr. Karadžić, you will be hearing this very often. Please slow down for the benefit of the interpreters. Please proceed.

KARADŽIĆ: This is a reminder that the agreement in Bratunac and Vlasenica prompted the SDA to cancel those agreements, which had secured peace in those counties, and what happened next in Bratunac and Vlasenica — you will see and hear plenty — and Srebrenica is the neighboring county — and you will hear about and see [what happened there] over the course of this trial. But all this could have been avoided if what Ms. Šubić had identified as the agreement in those counties, and there were negotiations taking place in counties throughout Bosnia on the administrative reorganization of those counties in order to avoid tensions, so that people could go about their business.

What Serbian joint criminal enterprise could have been possible at that moment when one can see everything that was going on when Rabija Šubić wrote to Izetbegović, when all those forces were exerting their influence, and when all these things were on the table?

Statements Made by
Prominent Authorities on the Break-Up of Yugoslavia

The Prosecution states that Yugoslavia disintegrated, but we must now, indeed, doubt that Yugoslavia disintegrated as the OTP suggests — or was it broken up? The parties that were in favor of the break-up of Yugoslavia certainly could not have brought it

54

истакнути ауторитети у међународној заједници о овој ствари.

Па су, значи, ја сам из прве руке видео како је неспособност и несналажљивост западне дипломатије убрзала распадање Југославије, и допринело жестоком насиљу и крвопролићу које је пратило дезинтеграције земље.... Ево пар примера: прерано признавање Хрватске пре него што су биле какве гаранције, грађанска и људска права дате српском становништву у Хрватској, која је због монструозних догађаја који су се тамо десили током Другог светског рата, створило то да грађански рат буде неизбежан....

Подстрекавање Алије Изетбеговића да повуче свој потпис са такозваног Лисабонског споразума и да настави са референдумом за независност БиХ за који су сви знали да ће довести до смрти и премештања десетине хиљаде људи.

Џемз Бисет,
канадски Амбасдор у Југославији

Највећа грешка је била признавање свих оних мали земаља које су почеле одлучивати да су независне. Срби су имали добрих разлога да се брину да ће се наћи у земљи под муслиманском доминацијом. Није то била само параноја.

Колин Пауел, амерички генерал

about unless there had been outside influences and unless those influences had been decisive. Now we can see what prominent authorities in the International Community had to say about this.

> I witnessed at first-hand how Western diplomatic ineptitude and clumsiness hastened the breakup of Yugoslavia and contributed to the dreadful violence and bloodshed that followed the disintegration of the country. Here are a few examples.... The premature recognition of Croatia... before any guarantees of civil and human rights were given to the Serbian population in Croatia which, because of the horrendous events that occurred there during the Second World War, made civil war inevitable....
>
> The encouragement of Alija Izetbegović to withdraw his signature from the so-called Lisbon Agreement and proceed with a referendum on independence in Bosnia, which everyone knew would lead to the death and displacement of thousands of people.[32]

> *James Bissett,*
> *the Canadian Ambassador to Yugoslavia*

> The greatest — biggest mistake was recognizing all these little countries when they started to decide they were independent. The Serbs had very good reason to be worried about being in a Muslim-dominated country. It wasn't just paranoia.[33]

> *Colin Powell, American General*

> The EC's premature recognition had destroyed the possibility of preventing an all-encompassing negotiated position for Yugosla-

Прерано признавање од стране Европске заједнице је уништило могућност за свеокупно договорно решење за Југославију и допринело је грађанском рату у Босни. Одговорност Немачке и Ватикана за разбуктавање кризе је огромна.

Ролан Дума,
француски министер спољних послова

Ја сам дубоко забринут да било какво рано селективно признавање може раширити постојећи конфликт и долити уље на ватру на експлозивну ситуацију, поготову у Б-Х.

Перез де Куејар

Награда обећана од стране Геншера је имала свој утицај. Хрватски сепаратисти су интензивирали своја оружана деловања. Блокирали касарне ЈНА, њихов приступ води и струји. Крвопролиће се наставило, и на крају године Немачка је исфорсирала признавање Хрватске. Б-Х, та дивна, мала Југославија, је гурнута у катастрофални грађански рат који је трајао више година.

Ралф Хартман,
Амбасадор Немачке у Југославији

Ми смо рекли, ако се Југославија не распадне мирно, биће страшан грађански рат. Прави проблем је то што је дошло до једностране декларације о независности и

via and contributed to the civil war in Bosnia. The responsibility of Germany and the Vatican for the escalation of the crisis is enormous.[34]

Ronald Dumas, French Foreign Minister

I'm deeply worried that any early selective recognition could widen the present conflict and fuel an explosive situation, especially in B-H.[35]

Perez de Cuellar

The prize promised by Genscher had its effect. The Croat separatists intensified their armed activities, blockaded the JNA barracks, their access to water and electricity. The bloodshed went on, and at the year's end, Germany pushed through the recognition of Croatia. B-H, the wonderful small-scale Yugoslavia, was driven into a disastrous civil war lasting several years.[36]

*Ralph Hartmann, the German
[GDR] Ambassador to Yugoslavia*

We said if Yugoslavia does not break up peacefully, there's going to be one hell of a civil war. The real problem was that there was a unilateral declaration of independence and a use of force to gain that independence rather than a peaceful negotiation of independence, which is the way it should have happened.[37]

*James Baker,
the U.S. Secretary of State at the time*

The premature recognition of Slovenia and Croatia was a guarantee that the break-up of Yugoslavia would not be resolved by peaceful means.

употребе силе да се добије та независност уместо мирних преговора о независности што је начин на који је требао да се одради.

Џемз Бекер, тадашњи
државни секретар Америке

Прерано признавање Словеније и Хрватске била је гаранција да се распад Југославије неће решити мирним путем. Још једном је западна интервенција погоршала, искомпликовала озбиљан Балкански проблем. Још једном је Немачка интервенција имала врло мало везе са стварним проблемима који су постојали на терену Југославије.

Џемз Бисет, такође
[канадски] амбасдор

Моје мишљење је било да тврдоглаво прихватање унутрашњих граница тих шест република у оквиру бивше Југославије, као граница независних држава, пре него што је постављено питање признања тих република, била је много већа глупост него само прерано признавање.

Дејвид Овен, посредник

Цимерман је рекао Изетбеговићу: "Види, зашто ти не сачекаш и не видиш шта САД може да учини за тебе," што је значило: Ми ћемо те признати, а затим помоћи тако да не настављаш са Лисабонским

Once again, Western intervention had exacerbated and complicated a serious Balkan problem. Again, the German intervention had little to do with the actual problem faced on the ground in Yugoslavia.[38]

James Bissett, [Canadian] Ambassador

My view has always been that to have stuck unyieldingly to the internal boundaries of the six republics within the former Yugoslavia before there was any question of any recognition of these republics as being the boundaries for independent states, was a folly far greater than that of premature recognition itself.[39]

David Owen, Mediator, Balkan Envoy

Zimmermann told Izetbegović the following: "Look, why don't you wait and see what the U.S. can do for you," meaning we will recognize you and then help you out, so don't go ahead with the Lisbon Agreement, don't accept the Cutileiro Plan and just hold out for some kind of unitary Bosnian state. So this is a major turning point in our diplomatic efforts.[40]

George Kenney, an official of the U.S.
State Department who worked on these matters

I don't know myself whether to read all these statements or whether they can be read on your screens. We have two or three more to go.

Anyway, this kind of American intervention guaranteed civil war in Bosnia and the death of thousands of people, and it acted as if the U.S.

споразумом, не прихватај Кутилеров план. Сачекај неку врсту унитарне Босанске државе. Ово је била велика прекретница у нашим дипломатским напорима.

*Џорџ Кени, званичник, Стејт департ-
мент, који је радио на овим питањима*

И ја не знам да ли све да читам или се може читати са екрана. Значи, имамо још два/три.

Ова Америчка интервенција је гаран-
товала грађански рат у Босни, и смрти, померања хиљаду људи. Деловало је као да су Сједињене Државе биле одлучиле да спроводе политику која је спречила реше-
ње конфликта на начин који није насилан.

Џемз Бисет, канадски амбасдор

Прерано признавање Словеније, Хрватске и Босне од стране Европске заједнице и Сједињених Држава је довела до рата који се сада води.

*Сајрус Венц, посредник, изасланик,
Уједињених нација за Југославију*

Немачка влада је форсирала признање против отпора других Европских земаља и резултат је био катастрофа.

*Наш домачин, Руд Луберз,
Премијер Холандије*

Једном, кад се г. Изетбеговић вратио из Немачке, готово скрхано је мени и професору Кољевићу, његовом колеги из Председништва, рекао да је добио такву по-

had decided to implement a policy which would prevent a solution to the conflict in a way which would not be violent.

James Bissett, Canadian Ambassador

The premature recognition of Slovenia, Croatia and Bosnia by the EC and U.S. brought about the war that is going on now.[41]

Cyrus Vance,
Mediator, UN Envoy for Yugoslavia

The German government was pushing for recognition against the resistance of other European countries and the result was a catastrophe.[42]

Our host,
Ruud Lubbers, Dutch Prime Minister

The Role of Germany in the Break-Up of Yugoslavia

Once, when Izetbegović returned from Germany, he, nearly heartbroken, told Professor Koljević and me that he had received an offer that he could not refuse and that he had to go for independence. I accuse, albeit with a heavy heart, those governments, some of which had even been friendly, that ignited the third conflagration in the Balkans in the twentieth century. The evidence will show that some of these governments — first and foremost Germany — had foreseen, even during the time of Josip Broz Tito, the outbreak of war, its brutality, its content, and its results, those which were advantageous for them, as well as those for which they did not wish. So, they were clairvoyant. One source of such clairvoyance I have already mentioned: there never was a war in our country without a civil war, a fratricidal war as a component. If there is going to be a war in the Balkans, then there is also going to be a civil war as a component and there is going to be internecine killing. How then can the Prosecution place the re-

нуду да не може да је одбије, и да мора да иде у независност. Мада тешка срца, ја овде оптужујем те владе, од којих су неке биле и пријатељске, које су запалиле трећи пожар на Балкану у двадесетом веку. Докази ће показати да су неке од тих влада — а пре свега Немачка — још за време живота Јосипа Броза Тита, предвиделе избијање рата, његову жестину, садржаје, исходе, који су за њих повољни, исходе које не желе. Дакле, биле су видовите. Један извор те видовитости био је овај који сам напоменио, да никад ниједан рат код нас није прошао без грађанске компоненте, без братоубилачког рата. Ако ће бити ратова на Балкану, биће и грађанска компонента, и биће међусобно убијање. Како онда може Тужилаштво да одговорност за садржај, избијање грађанског рата и садржај грађанског рата, које су западне владе и западне службе предвиделе, на готово видовит начин далеко пре него што су чули за Караџића и Српску демократску странку — како може да веже за овога оптуженог и да ставља њему на терет?

Други извор видовитости био је код тих влада што су тачно знале како су Југославије настајале и нестајале. Ово није била ни прва Југославија, ни прво настајање ни прво нестајање. О томе ћемо, ако стигнемо, говорити, али хоћу да вам кажем — Југославија је и настајала и нестајала искључиво из интереса западних сила. Када је после Првог светског рата Србија, као сила победница, могла да одреди каква ће изгледати Србија, онда су Хрвати и Словенци тражили да утрче у ту Србију, да се уједине, а Запад је видео шансу да оштети Немачку, да јој узме испод утицаја Словенију и Хрватску, и одбаци је од топлог мора, од Јадрана. Кад је Немачка превладала Западне савезнике 1941. године, Југославија се распала.

sponsibility for the content of the outbreak of civil war, and the content of the civil war which Western governments and Western [secret] services foresaw with such clairvoyance long before they had ever heard of Karadžić and the Serbian Democratic Party — how can it link this to the Accused and place the entire burden on him?

The second source of clairvoyance that these governments possessed was that they knew exactly how Yugoslavias came into existence and vanished. This was not even the first Yugoslavia, and it was neither its first appearance nor disappearance. We'll address that matter, if we get to it, in due course, but what I want to tell you is that Yugoslavia came into existence and then disappeared exclusively according to the interests of Western countries. After World War I, when Serbia was a victorious power that could determine what Serbia was going to look like, then Croats and Slovenes rushed into that Serbia and united with it; the West saw an opportunity to cause Germany damage by having Croatia and Slovenia come under Yugoslavia's influence, and thus evicting Germany from warm water ports in the Adriatic. When Germany prevailed over the Western Allies in 1941, Yugoslavia disintegrated. When the Allies conquered the Third Reich, Yugoslavia was renewed in 1945. When Germany conquered the Western Allies in 1991, Yugoslavia disintegrated. But now, in contrast to 1941, those who executed this Germany's intentions are our own World War II Allies. And this is just what makes the German victory complete and definitive, the fact that their World War II adversaries did the job for them, the job that Germany had not succeeded in finishing during World War II after it was defeated. This means those governments are responsible. Yugoslavia was just an arrow, an indicator, the hand of a clock pointing to the mood in Europe and the current relationship between Germany and other European countries instead of being a genuine need of its peoples. I would like to call to your attention that before the Croats, who,

Кад су савезници надвладали Трећи Рајх, Југославија је обновљена 1945. Кад је Немачка надвладала Западне савезнике 1991. Југославија се распала. Али, сада за разлику од 1941. извођачи радова те немачке намере су наши савезници из Другог светског рата. Е, то Немачку победу чини комплетном и дефинитивном, да њени противници из Другог светског рата обављају њене послове која она у Другом светском рату није успела да уради и била поражена. Значи, те владе су одговорне. Југославија је била пре игла, показатељ, казаљка стања у Европи и односа између Немачке и других европских земаља, него што је била генуина потреба тих народа. Хоћу вас да посетим да пре него што су Хрвате из својих интереса угурали у Југославију 1918. година, Срби и Хрвати нису били непријатељи. Није било никаквог разлога да буду непријатељи.

Да видимо шта је о тој ствари — да, то предвиђање је било још и за време Тита — да видимо шта Лорд Карингтон говори о мешању Европске уније — односно Европске заједнице — у том тренутку.

[ПОЧЕТАК видео клипа — Лорд Карингтон, посредник]

Да Европљани, Америка и УН нису интервенисали у Југославији, мање људи би страдало и било би мање етничког чишћења. Било би неких јако незадовољних људи који би сматрали да су ускраћени за државу... али ће на крају свега овога бити јако много незадовољних и несрећних људи. Поука свега овога је да треба бити јако обазрив прије него што се умијешате у грађански рат.

acting in their own interest, barged into Yugoslavia in 1918, the Serbs and Croats were not enemies. There was no reason for them to be enemies.

Now let's take a closer look at this — yes, such foresight existed even during Tito's time — let's see what Lord Carrington has to say about the meddling of the European Union — namely, the European Community — at that time.

[START — video clip of Lord Carrington]

> If the Europeans, the Americans, and the UN had not intervened in Yugoslavia, there would have been far fewer people killed, and there would have been far less ethnic cleansing. There would have been some extremely unhappy and dissatisfied people who felt that they had been done out of their country or their livelihood or whatever it might be, but there was going to be a very large number of dissatisfied and unhappy people at the end of all this. And perhaps the moral of the goal is that you should think very carefully before you intervene in a civil war.

[END — video clip of Lord Carrington]

Truth and reason always win in the end, and small nations can only hope to win at the beginning instead of at the end, when it's already too late for small nations.

Now I would like to call to your attention the interference by Western countries — not only in provoking the war but also in conducting it, prolonging it, ending it, and determining the outcome — was even confirmed recently by Ambassador Richard Holbrooke.[43] And all I can say to him is what the poet Njegoš, once said: "Effendi, this is how I thank you for such acknowledgment."

[КРАЈ видео клипа — Лорд Карингтон, посредник]

Истина и памет увек победе на крају, а мали народи могу само да прижељкују да побеђују на почетку, а не на крају, када је за те мале народе касно.

Е, сада, да, подсетио бих вас да је та умешаност западних земаља — не само изазивање него и у вођење рата, продужавање, завршетак, одређивање исхода — ових дана је потврђено и од стране амбасадора Ричарда Холбрука. И ја могу само да му кажем што би рекао велики српски песник Његош: "Ефендијо, овако ти хвала на овоме признању."

Показаће се тачним да су неке владе чак и квариле сваку шансу за споразумевање народа и страна у сукобу тамо.

Скупштину бих прескочио. Због преводилаца морамо спорије да —

Уважени противник г. Тигер у својој уводној речи каже да и чак површан поглед у документе на седницу, рецимо, из октобра, седницу Скупштине 15. октобра, на којој су се решавале круцијалне одлуке око будућности БиХ — да и површан поглед на тај транскрипт и на ту седмицу доказује српску кривицу, српску одговорност. Е, па ја мислим да је тај површан поглед наш највећи проблем у свему овоме. Одбрана се противи површном гледању ових ствари и чиниће све да ти погледи више не буду површни, него да се сагледа суштина.

Ово је седница, текст који видите на екрану. То је седница на којој муслиманска страна — односно СДА — на крају успела да на незаконит, неуставан начин донесе Декларацију о суверености — без српских посланика и без председника Парламента који је закључио седницу — и они су заказали нову без права на то. Дакле, потпуно,

It will be indisputably proven that certain governments even sabotaged each and every opportunity for agreements to be reached between political parties and ethnic groups.

I would like to skip the part relating to the Assembly. I have to speak more slowly for the benefit of the interpreters so that —

The October 15 Session of the B-H Assembly

My esteemed adversary, Mr. Tieger, even says in his opening statement — that a mere cursory glance at the documents from the October session, for instance, of the Assembly's session of October 15 at which crucial decisions were made about the future of B-H — that even a cursory glance at the transcript of the session demonstrates Serbian culpability and Serbian responsibility. But I think that such a cursory glance is our greatest problem in all these matters at hand. The Defense is opposed to casting a cursory glance at these matters and it will do everything in its power to avoid such superficiality and get to the heart of the matter.

This is the text from the session that you see on the screen.[44] This is the session at which the Muslim side — that is to say the SDA — finally succeeded in passing, unlawfully and unconstitutionally, the declaration on sovereignty without any Serbian representatives in the Assembly and without the Parliamentary Chairman [being present], who had closed the session — and they convened a new session without the right to do so. Therefore, all the barriers against the violation of the provisions of the Constitution, as well as of the law, were fully and absolutely removed. At that session, I delivered a speech which is the one most exploited by the Prosecution. This is the most serious charge they have against me. But that speech, Your Excellencies, is a pointedly anti-war speech in which the Serbian side is — in other words, I am — entreating and imploring [them] for alternatives that would keep the peace and that I would offer all possible concessions.

апсолутно је свака брана кршењу прописа устава, закона била уклоњена. На тој скупштини сам ја држао говор који је највише експлоатисани говор од стране Тужилаштва. То је најтеже што имају против мене. А тај говор је, Екселенције, један изразито анти-ратни говор у коме српска страна — односно ја — моли и преклиње за варијанте које чувају мир и нуди све могуће концесије.

Ако одбрани буде пружена уобичајена прилика и услови да доврши истраге, изнесе све релевантно, видећете како је оно што се дешавало на терену у хаосу грађанског рата обогаћено посебном врстом злочина, масовног убијања сопственог становништва усред Сарајева у реду за хлеб, у Улици Васе Мискина, у реду за воду, на игралишту у Добрињи, Маркале I и Маркале II. То су невероватни примери, дрска и невероватна иновација такозваног ратног лукавства на које су његови актери поносни.

Ако бацимо, што каже уважени г. Тигер, површан поглед на ово што имамо од материјала око Маркала, можемо да видимо како та ствар изгледа.

[ПОЧЕТАК видео клипа — Маркале]

Ово је нормални дан када има робе и када има и народа на тој пијаци. Ово је пијаца пре наводне експлозије српске мине. Подне је, зимско, фебруар 5. 1994. Ово је нога која је предвиђена да буде одбијена — да је српска мина одбије од тела нечијега — то је наравно вештачка нога, протеза. Нигде нема робе, нема људи, нема ничега. А ту треба да се нађе 300–400 људи од којих ће 200 бити закачено гелерима.

Ево је она протеза пошто је одбијена српском гранатом. Погледајте, Вашој пажњи препоручујем ове столове. Нигде робе нема. У ово зимско поподне једно

The Cunning of Warfare — Markale

Now, if the typical opportunities and conditions to conduct investigations, to present all the relevant evidence, are granted to me for my defense, you will be able to see that what happened on the ground in the chaos of a civil war that was enriched by its own particular kinds of crime: the mass killing of one's own population in the center of Sarajevo in a bread line; on Vasa Miskin Street in a line for water; on the athletic field in Dobrinja; and Markale I and Markale II. These are incredible examples, insolent and incredible innovations in the so-called cunning of warfare, of which the protagonists are proud.

If we reject what the esteemed Mr. Tieger says, the cursory glance cast upon the material we have concerning the Markale incident, we can see how this incident really happened.[45]

[START — video clip of Markale]

This is a normal day when there is a lot of merchandise on sale and there are plenty of people attending the market. [EXHIBIT II] This is the Market before the alleged explosion of the Serbian mortar shell. [EXHIBIT III] It is a wintery afternoon, February 5, 1994. This is a leg that was set up to be blown off — it was supposed to be a Serbian mortar shell that tore this limb from someone's body — it is, of course, an artificial limb — a prosthetic. [EXHIBIT IV] There is no merchandise anywhere, no people. There's nothing at all. But 300–400 people are supposed to have been there, of whom 200 were supposed to have been hit by shrapnel from a mortar shell.

And here's that same artificial limb that was supposed to have been blown off by a Serbian mortar shell. [EXHIBIT V] Now, I call your attention to the tables. Take a close look at them. There is no merchandise. It was a dark winter afternoon, an uninviting place, and there was no merchandise or anything at

мрачно место, непријатно, без робе, без ичега, скупило је 300-400 људи. Шта су они ту радили?

Како Тужилаштво очекује да му искусне судије прихвате ово подметање?

У судници ћемо видети да је оваквих — ево, то су лешеви погинулих бораца, које су они посејали одређени број — ево, овај, овај најлон — на том најлону је донесен овај погинули борац. А ово је леш који има укоченост мртвачку и стар је ко зна колико — и борац, наравно!

Видите да нема робе.

[КРАЈ видео клипа — Маркале]

Ево, да чујемо шта шеф...

[ПОЧЕТАК Видео клипа — Пуковник Демуренко]

Желим да се представим. Ја сам Пуковник Демуренко. Ја сам начелник штаба сектора Сарајева. Ја ћу објашњавати детаље истраге који су дати за такозвану експертизу УН-а. Као професионалац, не могу да се сложим са аргументима специјалиста УН-а о разлозима и изворима овог гранатирања. Овај је материјал — то је само дио цијелог материјала специјалиста УН-а о гранатирању, али са врло чудним закључком у којем су идеје о томе да је гранатирање било са српске стране. Једна мала слика која описује угао. Ово је правац ватре, а ово је место експлозије. И у складу са истрагом, правац ватре, паљбе је био 176 степени. А данас на темељу

all when 300 or 400 hundred people suddenly gathered. [EXHIB-IT VI] What were they doing there?

How does the OTP expect experienced judges to accept such fabricated evidence?

We will see in the courtroom that such — there, those are the corpses of — dead soldiers — of which they scattered a predetermined number. Here, take a look at this plastic [body] bag — the dead soldier was brought here in that plastic [body] bag. [EX-HIBIT VII] And this is a corpse in which *rigor mortis* has already set in, and who knows how long he has been dead — and he's a soldier, of course!

You see that there is no merchandise.

[END — video clip of Markale]

The Testimony of Colonel Demurenko

Let's hear what the Chief....

[START — video clip]

I would like to introduce myself. I am Colonel Demurenko, Chief of Staff, Sector Sarajevo. I want to explain any details of [the] investigation which was provided by so-called UN expertise. As a professional man, I cannot agree with [the] argument of UN specialist about [the] reasons and sources of this shelling. This is a material — maybe one portion of whole [*sic*] material of UN specialist about this shelling, but with [a] very strange conclusion: include [the] idea about the shelling was from [the] Serbian side. [A] small picture which explained [the] angle. This is the line of fire, this is [the] place of explosion. And in accordance with [the] investigation, [the] direction of fire was 176 degrees.

истраге — врло мале специјалистичке групе, међу којима је било неколико официра — били смо на овим мјестима — пјешке смо ишли — и могу апсолутно потврдити, ван сваке сумње, да су ова мјеста неприхватљива и непогодна за избацивање минобацачке гранате.

Према томе, закључак ове истраге је био погрешан. Говорим само о овом терену гдје се налазе српске трупе. Они су радили истрагу само о углу и правцима ватре, и аутоматски су размишљали о такозваној српској агресији на цивилно становништво Сарајева. А мислим да то није исправно.

Зауставимо их! Зауставимо лажне изјаве о српској агресији на Сарајево. Треба обавити апсолутно коректну истрагу са пуном аргументацијом или је зауставити.

[КРАЈ видео клипа — Пуковник Демуренко]

СУДИЈА КВОН: Господине Караџић, кад год вам је згодан тренутак за паузу.

КАРАЏИЋ: Ако допустите само да завршим свој поглед на ову ствар. Ово је једно ратно лукавство које је довело до кажњавања Срба као ратујуће стране и њене војске. Кажу да је у рату и у љубави све дозвољено. Ја не мислим ни да је у рату, ни да је у љубави све дозвољено. Али сасвим сигурно, ако је у рату дозвољено овакво ратно лукавство, поставља ми се питање да ли је оно дозвољено у судовима? Како се усуђује Тужилаштво да ово вама понуди да то прихватите као истину? А нема

Today, personally, with my special — not special — very small investigation group, including upper [*sic*] officers — we was [*sic*] on this place — this place, this, this and this. Really by my foot [*sic*]. And I can affirm absolutely without, beyond any doubts. This is place unacceptable or unsuitable for [the] firing position [of a] mortar shell.

For conclusion of material of [this] investigation was wrong. Now I said [*sic*] only about terrain where is located Serbian troops. They investigate only angles and directions and [are] automatically thinking about Serbian so-called aggressions against [the] civilian population in Sarajevo. But I think it's not correct.

Let's stop them! Stop false and falsehood and lie[s] about Serbian aggressions in this area. Please! Or investigate it absolutely correctly with full argumentation or stop it.

[END — video clip]

JUDGE KWON: Mr. Karadžić, whenever you find it convenient.

KARADŽIĆ: If you permit me, I would just like to conclude my views on this particular matter. This was an act of wartime cunning which led to the punishment of the Serbs and their Army as warring parties. It is said that all is fair in love and war. I don't think that all is fair in either love or war. But it is certain that if such cunning is permissible in warfare, I must pose the question whether it is also permissible in a court of law? How dare the Prosecution present this to you as if it were the truth? And there is not one single element, there is not a single artilleryman who can, with a single shell from a mortar — which is indirect fire — hit

ниједног елемента, нема тога нишанџије који ће једном гранатом минобацачком — која је индиректна ватра — погодити ту пијацу, на којој нема људи, на којој нема робе, на којој се одједном појављује двеста погођених — и хајмо рећи бар стотину није погођено. Јесу ли они столови заштили некога?

Е, ја мислим да је то врхунац да се ово донесе у суд и да се ту у суду може десити врхунски злочин који се зове неправда. Јер правда и неправда станују у истој згради, у палатама правде. Хајмо у ратно лукавство, у реду. Преварили сте нас, шта сте све урадили, али Тужилаштво наставља то ратно лукавство на страни мојих ратних противника и доноси то овде да осуди једног генерала на доживотни затвор, јер то је било у време генерала Галића. И сада покушава да и мене осуди као његовог врховног команданта за ствар коју нисмо урадили.

Једно Веће је добило за ту варијанту. У том Већу је било код Галића једно изузето мишљење. Али је на жалбеном добило — пет судија је ово Тужилаштво уверило да су ово Срби урадили. А злочин — поред тога што је злочин неправде, злочин над злочинама већи од овога, и још већи од овога је злочин уверити муслиманске масе да су им ово Срби урадили. Како се очекује помирење Срба и Муслимана ако Муслимани верују да су им ово Срби урадили? А нису урадили. Види се да нису урадили. И можемо да докажемо да нису урадили. И ово и све инциденте масовних страдања у Сарајеву, то ћемо овде доказати да нису Срби урадили.

Ето, Екселенције, мислим да је о овом инциденту за уводну реч довољно, али морам да препоручим Вашој пажњи трикове ратне које је Тужилаштво преузело и наставља с њима као да рат није завршен. Тиме Тужи-

this market where there aren't any people, where there isn't any merchandise, where all of a sudden two hundred wounded appear — let's say that at least a hundred people were not hit. Did those market stalls protect anyone?

Supreme Injustice of the ICTY

I think it is a supreme injustice that this [case] was brought to trial, and that here in court a capital crime could be committed, which is called injustice. Because justice and injustice dwell in the same edifice in the palace of justice. Let's return to the subject of wartime cunning. You [i.e., Muslims] deceived us with everything you have done, but the Prosecution is continuing this wartime cunning on behalf of my wartime adversaries and introduces it here to convict a general to life imprisonment — I'm talking about the trial of General Galić.[46] And now the Prosecution is trying to convict me as his supreme commander for something we did not do.

One Trial Chamber already succeeded with this tactic. In the Galić Trial Chamber, there was an instance of exceptional thinking. However, the OTP won on appeal — the OTP convinced five appellate judges that this crime was committed by the Serbs. But the crime — besides the crime of injustice, a crime greater than all others, even this one — and the even greater crime of convincing the Muslim masses that Serbs did this. How can one expect a reconciliation between Serbs and Muslims if the Muslims believe that the Serbs did this to them? But they didn't do it. It is evident that they didn't do it. And we can prove that the Serbs didn't do this. We are going to prove that the Serbs were not responsible for this as well as all the other instances of mass killing in Sarajevo.

There you have it, Excellencies. I think that this will suffice as far as the opening statement is concerned with respect to this particular incident, but I must call your attention to these wartime tricks that the OTP simply adopted and continues to use as if the war were not over. In this fashion, the OTP becomes a participant

лаштво постаје учесник у рату и оно покушава и овај суд да учини учесником у рату у корист једне од зараћених страна.

Можемо на паузу, Екцеленције, ако ви одлучујете.

СУДИЈА КВОН: Направићемо паузу од 20 минута.

ГОСПОДИН ТИГЕР: Часни Суде, опростите, али ако бих могао врло кратко да поменим једну потенцијалну тачку разјашњења пре паузе. Мој ранији захтев у вези са мером опрезности, предлог који је поднет 13. фебруара, верујем, није био о упозорењу — опростите — оптуженоме у погледу наставка суђења, што је била једна ранија тема, него о предлогу за упутство у вези са прихватљивошћу поднесака. То је можда било јасно, али сам ипак хтео да разјасним јер је код мене позивање Суда на претходну дискусију изазвало забринутост да Судско Веће сматра да сам ја мислио на могућност упозорења о наставку, а не предлог за упутство о прихватљивости исказа.

СУДИЈА КВОН: Прихватљивост поднесака.

ГОСПОДИН ТИГЕР: Од поднесака, часни Суде, тачно. И то је био предлог поднет 23. фебруара. Верујем да је одбрана реаговала указујући да немају став о томе.

СУДИЈА КВОН: Погледаћемо за време паузе.

Двадесет минута.

— Пауза почела у 10.29.

in the war, and it is trying to draft this Chamber and this Tribunal into the war as a participant for the benefit of one of the warring parties.

We may pause now, Excellencies, if this is convenient.

JUDGE KWON: We'll break for 20 minutes.

MR. TIEGER: Your Honor, excuse me, but if I could raise one potential point of clarification before you break very quickly. My earlier request in connection with a cautionary measure, that is the motion filed on February 13, I believe, was not about a warning — excuse me — to the Accused concerning the continuance of trial, which was the earlier subject, but instead to the motion for an instruction regarding admissibility of submissions. It may well have been understood but I wanted to clarify that because the Court's reference to previous discussion caused me some concern that the Bench may have been thinking I was referring to the possibility of a warning about continuance rather than the motion for an instruction regarding the admissibility of statements.

JUDGE KWON: Admissibility of submissions.

MR. TIEGER: Of submissions instead, Your Honor, yes. And that was a motion filed on February 23rd. I believe the Defense responded by indicating they had no position on that.

JUDGE KWON: We'll take a look over the break. Twenty minutes.

— Recess taken at 10:29 a.m.

— Наставак у 10.53.

СУДИЈА КВОН: Господине Тигер, ми смо прегледали предлог који сте споменули и Веће је закључило да је у овој етапи довољно истаћи да оптужени даје своју изјаву у складу са правилом 84, а да ће остатак бити разматран после његове изјаве.

ГОСПОДИН ТИГЕР: Схватам, часни Суде, а ја нисам оспоравао Суд на било који начин. Само сам се плашио да постоји могућност забуне. Хвала.

СУДИЈА КВОН: Хвала вам. Господине Караџићу, молим вас наставите.

КАРАЏИЋ: Желео бих сада да видимо шта Лорд Овен, који је био посредник у тражењу мира, говори о Маркалама.

[ПОЧЕТАК видео клипа]

Лорд Овен, бивши шеф Британске дипломатије, представља Европу као ко-председник Конференције о бившој Југославији заједно са г. Столтенбергом, представником Уједињених нација. 12. фебруара, увече, дванаесторица министара спољних послова су примили извештај, који смо ми фотокопирали, а посебно параграф 7 који се односи на атентат 5. фебруара у Сарајеву. Лорд Овен пише, цитирам: "Место са којега је испаљен овај пројектил налази се на један до један и по километар унутар територије под контролом Муслимана, измерен од демаркационе линије која га дели од Војске Републике Српске."

— On resuming at 10:53 a.m.

JUDGE KWON: Mr. Tieger, we looked at the motion you referred to, and the Chamber found it sufficient to note that [at] this stage that it is pursuant to Rule 84 that the Accused is making his statement, and then the remainder will be taken care of after his statement.

MR. TIEGER: I understand, Your Honor, and I wasn't disputing the Court in any way. I just was concerned about the possibility of some confusion. Thank you.

JUDGE KWON: Thank you. Mr. Karadžić, please continue.

Lord David Owen's Observations
KARADŽIĆ: I would now like for us to see what Lord Owen, who was a mediator in the search for peace, has to say about Markale.

[START — video clip]

Lord Owen, the former chief of British diplomacy. He represents Europe as Co-Chairman of the Conference on the former Yugoslavia together with Mr. Stoltenberg, a representative of the UN. On the evening of February 12, a dozen or so foreign ministers received reports, which we have photocopied, specifically Paragraph 7 which is related to the Sarajevo attack on February 5. Lord Owen wrote, I quote: "The position from which this shell was launched is located one to one-and-a-half kilometers inside Muslim-held territory, as measured from the line of demarcation which separates this territory from that held by the Army of Republika Srpska."

[END — video clip]

[КРАЈ видео клипа]

Видећете, Екселенције, у овој судници мноштво сличних жалосних инсценација, које је супротна страна чинила своме народу, а видећете и зашто је у њиховој идеологији то је записано као обавеза.

Сад бих препоручио Вашој пажњи још један такав трик који је нама тамо нанео значајне штете, а ево Тужилаштво покушава да из њих извуче још неки бенефит:

[ПОЧЕТАК видео клипа]

"Нема смисла претварати се да овде има невиних, да је једна страна чиста док је друга агресорска. То није тако."

Лорд Дејвид Овен је дошао у БиХ у августу 1992. године да би заменио Лорда Карингтона као посредника Европске заједнице. Он је дошао са репутацијом жестоког критичара Босанских Срба. Али, Овен је брзо схватио да Муслимани често измишљају инциденте да би покренули јавно мњење против Срба. Медији су, на пример, оптужили Србе за гранатирање болнице Кошево у Сарајеву.

"Посматрачи УН-а су видели групу војника у униформама муслиманске војске како уносе минобацаче у болницу и испаљују гранату у правцу где су биле српске снаге. После тога су се јако брзо спаковали и отишли. Стигле су ТВ екипе неколико минута касније и то је све сним-

Excellencies, you will see in this courtroom a multitude of similar sorrowful incidents that the other side committed against its own people, and you will see why this has been written into their ideology as an obligation.

Now I'd like to call your attention to yet one other such trick that caused us serious damage, and now the Prosecution is trying to extract some further benefit from it.

> [START — video clip]

> "There is no use in anybody pretending that there are innocents in this business, and that there is one side that is pure white, the victims, and other side pure-on black, the aggressors. That is not the case."

> Lord David Owen came to B-H in August of 1992 to replace Lord Carrington as mediator for the European Community and with a reputation as a hardline critic of the Bosnian Serbs. But Owen quickly learned that Muslim forces routinely staged incidents to turn world opinion against the Serbs. Media reports, for instance, had accused the Serbs of targeting Koševo Hospital in Sarajevo.

> "The UN monitors actually saw a mortar bomb, a mortar crew come into the hospital in Bosnian government military forces uniform and fire over the Koševo Hospital into an area, presumably Serb. The mortar was packed up pretty quickly. A television crew arrives, set up on the grounds of the hospital. A few minutes later, retaliatory fire from the place where the mortar came and, of course, landed on the hospital, all filmed on television."

љено, и неко време касније су пале гранате са српских положаја."

Овен је чуо да је влади Алије Изетбеговића, командант УН снаге у Сарајево, Генерал Филип Моријон, послао изузетно оштро писмо. У њему је писало: "Један конкретан доказ од сведока овог гнусног чина. Морам да вас упозорим на последице које може имати овакво очигледно кршење Женевске конвенције."

Јер, Генерал Моријон је мислио да је то тако. Кад сам питао Генерала Моријона, он ми је рекао у сваком погледу: "Зашто нисте објавили ово писмо?" Он је само слегнуо раменима и рекао: "Морамо да живимо овде."

Лорд Овен и посредник УН Сајрус Венс су схватили да су њихови напори да постигну компромис стално саботирани пропагандним ратом, намењеним Америчкој публици.

"У Америци још увек имају представу да су то каубоји и Индијанци, добри и лоши момци. Они воле да виде ствари на једноставан начин. Ту је била од користи и жестока пропаганда и то је био истовремено и пропагандни и прави рат. Било је спектакуларних догађаја."

[КРАЈ видео клипа]

Owen learned a strongly worded letter had been sent to the government of Alija Izetbegović by the UN commander in Sarajevo, General Philippe Morillon, stating: "I have concrete evidence from witnesses of this disreputable and cowardly act. I must point out to you the harm that such blatant disregard for the Geneva Convention does to your cause."

Then I said to General Morillon, who is, I think, an exceptionally able soldier in every way: "Why don't you make all this public?" He shrugged his shoulders in a sort of Gallic way and he said: "We have to live here."

Lord Owen and UN mediator Cyrus Vance found that their efforts to negotiate a compromise to end the conflict were undermined by the propaganda war that targeted U.S. public opinion.

"In America they have a press and a television presentation that is still Cowboys and Indians, good and bad guys. They like to see things in simple terms. There's no doubt about that, and it has been helped by some very strongly motivated propaganda. It's a propaganda war as well as an actual physical war. There were spectacular events."

[END — video clip]

Propaganda War

Yes. What His Lordship calls a propaganda war. This propaganda war could not have been waged or imagined, and all this cunning could not have been booked against the Serbs if it were

Да. Ово је, што каже Његово Лодство, пропагандни рат. Тај пропагандни рат се није могао водити и замислити и сва ова лукавства нису могла да се књиже као српска кривица и српска одговорност, без помоћи свих оних који су били тамо у име међународне заједнице. Видећете у овој судници током времена, током процеса, како су ниско пале хуманитарне организације, па чак и неке од највиших и неке од досада потпуно неспорних, преко неких опскурних, који су без икаквих граница — и добар им је назив, они су заиста без икаквих граница — које су упропастиле и саму идеју хуманитарности. Бавиле се класичним шпијунским радом за своје земље у корист једне зараћене стране. Креирале лажи у својим извештајима. Лагале у јавним саопштењима, посуђивале своја привилегована возила припадницима националних оружаних снага неких земаља које су тамо биле на незаконит начин присутне, пролазиле наше линије под фирмом тих организација и заштићених кола. А после, када наши војници то посумњају и почну контролу, онда ми добијамо оптужбе да смо непријатни према тим организацијама. Шверцовали су оружје у тим колима. Шверцовали су борце супротне стране. Једном речју, били су ратујућа страна.

А када се наша војска легитимно почне бранити од тих диверзантских акција, незаконитих акција појединих организација хуманитарних, које, или то раде саме, или дадну своја заштићена возила, онда имамо прљави рат против нас из свих оруђа у медијима, ово што је Лорд Овен рекао, такође, то не би могло бити без медија.

Видећете током овог периода, током овог процеса, како су лажни новинари упропастили идеју новинарства. Објективно. Како су ти лажни новинари произвели смрти многих новинара широм света по ратиштима. И

not for the assistance of all of those who were there on behalf of the International Community. In due course during this trial, you will see in this courtroom the low level to which humanitarian organizations have fallen, from some of the most esteemed, some of which up until now had been incontestable, to other obscure ones that, unimpeded by borders — and that's a good name for them because they are not restricted by any borders — destroyed the very essence of humanitarianism.[47] They performed classic espionage work for their countries on behalf of one warring party. They concealed lies in their reports. They lied in press releases. They lent their protected vehicles to members of armed nationalist forces of some countries who were present illegally, who also crossed our lines under the aegis of those organizations by means of their protected vehicles. And later, when our soldiers became suspicious and began conducting inspections, we were then charged with being hostile to such organizations. They smuggled weapons in those vehicles. They smuggled in enemy combatants. In short, they were a warring party.

When our troops legitimately began defending themselves from these acts of sabotage, illegal acts committed by individual humanitarian organizations, whether they were doing this on their own or whether they were simply lending their protected vehicles, then we had this dirty war being conducted against us [which utilized] all the media tools, and as Lord Owen said, it could not have happened without the media.

You will see during this period of time, during the course of these proceedings, how fake journalists ruined the very idea of journalism. Objectively. How these fake journalists brought about the deaths of many [genuine] journalists in many theatres of war throughout the world. And they did ruin the idea of im-partial journalism, and they abused this sacred position of impar-tiality, of not being a warring party, and they [abused their privi-

јесу упропастили идеју о непристрасности новинара и злоупотребили су ту свету позицију да нису пристрасни, и да нису ратујућа страна, и да им треба бити приступ отворен свуда, као што смо им ми отворили свуда.

Као што смо, рецимо, екипу једне британске телевизије довели својим авионом на повратку са конференције у Лондону. Отворили им земљу да иду где хоће, а онда су направили једне друге Маркале — то је било 1992. године. Видећете сада у овом видеу из Трнопоља за које ћемо доказати да није био логор, него је био прихватилиште којим су управљале саме избеглице. Ево како се појавила она слика са бодљикавом жицом у свету.

[ПОЧЕТАК видео клипа]

Село Трнопоље. Центар су користили људи који су били у пролазу, који су хтели да се склоне од борби.

".... Низашта. Зашто се ја борим? Ја сам — имао сам срећу — дош'о са малом дјецом, било претеже мале деце. Ту низ поље. Није нико нас малтретирао. Није нико нас ни дирао. Ја сам потпуно [неразумљиво] у село ...."

Избеглички Центар у Трнопољу је имао и лекарске просторије. Муслимански доктор је тамо радио.

"Од првог дана смо овде били заједно. Са овог терена су добровољно долазили. Вероватно из несташице хране."

Госпођа Маршал је одлучила да не снима ово. Уместо тога, она и њена екипа су се

lege of having to] have open access everywhere, just as we gave them unrestricted access anywhere they wanted to go.

Penny Marshall's Mendacious Documentary for ITN

Just as we, for instance, brought a UK TV crew on our own plane on our way back from the London Conference. We allowed them to go anywhere in the country they wanted to go, and then they perpetrated a second Markale. That was in 1992. You will now see this video footage from Trnopolje which will prove that it was not a concentration camp; it was, instead, a refugee shelter that was run by the refugees themselves. This is how that picture with the barbed wire was broadcast throughout the world.[48]

> [START — video clip of *Judgment*]
>
> The village of Trnopolje. The center was mainly used by people in transit. They were trying to get away from the fighting, and needed a place to stay during their travels.
>
> "We have nothing to fight for. I came with children, young children, here down the field. Nobody harassed us. Nobody laid a finger on us. I stayed in the village."
>
> The refugee center in Trnopolje included a medical facility. The Yugoslav and ITN crews interviewed Dr. Merdžanić, Idris, a Muslim doctor there.
>
> "We have been here from the very first day. People came here of their own free will, probably because of food shortages."
>
> Ms. Marshall chose not to set up her cameras and film in this open area. Instead, she and her crew maneuvered into a partly enclosed space

померили у део које је служио за складиштење. Ставила своје камере и снима у овом отвореном простору. Уместо тога, она и њена екипа су ушли у делимично затворен простор који је био коришћен као складишни простор за колица и слично. Оронула ограда је имала жичану ограду при дну и неколико редова бодљикаве жице на врху да се спречи крађа. Наша екипа је снимала ИТН људе док су они улазили у тај ограђени простор кроз рупу у оронулој огради. Неко из групе избеглица је рекао, 'Ево, овај говори енглески,' показујући на господина Мехмета."

"Ја мислим да је овде веома безбедно."

Ево овде имате један дијаграм који показује, који доказује да су ИТН људи означени плавом, а ови други црвеном бојом.

[Неразумљиво]

Пени Маршал је поставила своје камере иза бодљикаве жице. Она је где треба бити. Сада тражи у гужви човека који има изглед који њојзи треба. Треба јој звезда за ову причу коју ће продати широм света.

[КРАЈ видео клипа]

Екселенције, доказаћемо помоћу доказа које Тужилаштво покушава да употреби против нас. Доказаћемо оно што ми хоћемо да кажемо.

Ово је био прихватни центар. Био је то логор, пролазно место, за људе који нису због борби имали где.

used as a storage area for wheelbarrows and the like. The dilapidated fence had chicken wire on the bottom, a few strands of barbed wire on top to discourage theft. Our crew filmed the ITN people as they maneuvered into this area through a hole in the broken-down fence. Someone in front of the crowd of refugees said, "Here, this one speaks English," pointing to Mr. Mehmet [phonetic spelling].

"I think it's very safe."

Here is a little diagram showing the position the position of the two crews. [EXHIBIT VIII] The ITN people are the blue circle on the left; we're the red circle on the right.

[Unintelligible]

Penny Marshall had set up her cameras behind the barbed wire. She was in position. Now she searched the crowd for that perfect look. She wanted a star for the story, the story she would sell the world.

[END — video clip of *Judgment*]

Your Excellencies, we will prove this with the aid of evidence that the Prosecution has been trying to use against us. We will prove what we are trying to say.

This was a refugee center. It was a camp, a temporary shelter for people who had nowhere to go because of the fighting. This will clearly demonstrate that even the evidence that the Prosecution is trying to use against us — but we are going to use it in our own defense.

The TV crew that you saw went into the area where tools were stored. It was surrounded by barbed wire. They enclosed

То ће вам зорно показати и докази које Тужилаштво покушава да употреби против нас — али ћемо ми то употребити у нашу одбрану.

Екипа коју сте видели ушла је у место где се чува алат. То место је ограђено бодљикавом жицом. Они су себе затворили у бодљикаву жицу и снимали су слободне људе. Кроз ту бодљикаву жицу, та слика је обишла свет. Ми смо жестоко патили због тога. Ми смо кажњавани на стотине начина због ове слике, и молим вас, не занима ме како спава госпођица Пени Маршал после тога шта нам је нанела овом сликом. Али вас молим, да ли то сме да дође у суд? И да се у суду наставља ратно лукавство и напросто од тога ствара слика о Србима, и Срби оптужују и осуђују.

Спомињао сам овде да смо учинили све што смо могли да се склопи мир, да се избегне рат. Подсетићу вас да је 1991. године било много тензија: рат је у Хрватској; у Босни су неспоразуми. Онда ова мања муслиманска странка, МБО (Муслиманска-бошњачка организација) коју су водили Зулфикарпашић и Филиповић, дошла код нас и рекла: "Ово не ваља. Није добро шта се дешава. Хоћете ли ви да одустанете од ових реорганизација, од Српских аутономних области?" Од свих оних мера које смо ми предузимали искључиво као одговор на мере које је СДА против нас употребљавала. Ми смо прихватили. Ево шта сведочи један од вођа, потпредседник те странке, који су смислили и пред- ложили историјски Српско-муслимански споразум по коме се рат избегава, и све се сређује, да Муслимани и Срби живе сасвим добро, и можемо да замислимо сада где би били Срби и где би били Муслимани. Колико би било виши живих и колико би било мање сиромашних, и колико би било боље да је овај споразум прихваћен. А

themselves in barbed wire, but were videotaping people who were free. This image went through that barbed wire and then traveled all over the world. We suffered bitterly because of this. We were punished a hundred different ways for these images, yet please note that I am unconcerned as to how Ms. Penny Marshall sleeps at night after all the harm she inflicted on us with those images. But I ask you, is it permissible to admit such things [as evidence] in court? And to have this wartime cunning continued in a court of law simply to create an [fake] image of Serbs in order to condemn and indict them?

The Historic Serbian-Muslim Agreement

I have said here that we had done everything in our power to achieve peace and to avoid war. Let me remind you that there was a great deal of tension in 1991: there was a war going on in Croatia; there were misunderstandings in Bosnia. Then this junior Muslim party, the MBO [the Muslim-Bosniak Organization], led by Zulfikarpašić and Filipović, came to see us and said: "This is bad. What's going on is no good. Will you abandon the idea of the reorganization of Serbian autonomous counties?" And all those other measures that we undertook exclusively as a response to the measures undertaken against us by the SDA. And we accepted [their proposal]. Here is the testimony of one of their leaders, the Vice President of the party which designed and proposed the historic Serbian-Muslim Agreement by which the war would have been avoided, and had arranged everything so that Muslims and Serbs could live alongside each other very well, and we can now only imagine where the Serbs would be and where the Muslims would be [i.e., if that agreement had been implemented]. How many more people would still be alive and how many fewer impoverished people there would be had this agreement been accepted.[49] And, as I said, we abandoned all the measures that we had employed as a response to the illegal conduct undertaken by the SDA and the HDZ, as a response to the violations of our constitu-

ми смо, подсећам, све мере које смо донели као одговор на незаконито понашаање СДА и ХДЗ, као одговор на кршење наших уставних права и законских права и права по основу међународних аката који и нас штите, све смо то напустили онога трена када су дошли Зулфикарпашић и Филиповић да предложе ово.

Е, сада је ту тренутак да укажемо на једну илузију коју Тужилаштво хоће да створи, јер без тога не може, без те илузије, без те метонимије, без тог трика, не може нас да оптужи, не може оптужница против мене. Они кажу да Срби неће да живе са Муслиманима. А ми чинимо све да Муслимани остану с нама у Југославији. Срби хоће да живе са Муслиманима; Срби неће да живе под Муслиманима. Срби неће да живе, и никада то неће, и то је наше право. Никада нећемо живети под тим режимом који би нас лишио наших основних права.

Дакле, оптужница би морала одмах да падне кад утврдимо да Срби хоће да живе са Муслиманима. Да су све учинили да их задрже у Југославији, били би други народ по бројности. Неко време би били други. Можда би ускоро били и први. Али, имали сву заштиту — шта би Муслимани у Југославији имали? Имали би заштиту као народ и имали би заштиту у својој републици. А када Муслимани кажу: "Хоћемо да изаћемо из Југославије," онда ми кажемо: "У реду. Дајте нама што ви имате у Југославији. Дајте нам нашу конституитивну јединицу у Босни, и ми излазимо из Југославије." Само да имамо неку заштиту. Не може сто-посто власти у сто-посто Босне.

А ево сада говора који је највише експлоатисан зато што кад се сакати и узме се само једна реченица — тај говор је познат — јер је највише експлоатисан против мене. Молим вас, препоручујем вашој пажњи да поглед-

tional rights, lawful rights, based on international covenants that protected us, the moment Zulfikarpašić and Filipović made this proposal.

Now is a good time to point out the illusion that the Prosecution wants to create, because without such an illusion, without such metonymy, and without such trickery they cannot indict me, and charges against me are impossible. They claim that Serbs would not live with Muslims. On the other hand, we were doing everything possible to keep the Muslims with us in Yugoslavia. The Serbs want to live with Muslims, but they don't want to live under Muslim rule. The Serbs will not live [under such conditions] and they will never accept it, and this is our right. We shall never live under such a regime that would restrict our fundamental rights.

Therefore, once we have established that Serbs were willing to live with Muslims, the Indictment should collapse immediately. That the Serbs had done everything in their power to keep them in Yugoslavia, and if they had remained in Yugoslavia, they would have been the second largest people by population. They would have remained the second largest population. And perhaps over time they would have become the most numerous. Meanwhile, they [the Muslims] would have had complete protection [of their rights] — what would the Muslims have had in Yugoslavia? They would have enjoyed protection as a people, and they would have enjoyed the protection of their own republic. But when the Muslims said, "We want to leave Yugoslavia," then we just said: "Fine. Give us what you had in Yugoslavia. Give us our own constituent unit in Bosnia and we'll leave Yugoslavia, too." Just so we could have some protection. Impossible. One-hundred percent of the governing authority in one hundred percent of Bosnia.

94

амо тај говор и да га онда да оценимо. Ради се о 15. октобру, дефинитивном насилном усвајању Декларације о независности, о сувераности.

[ПОЧЕТАК видео клипа]

Јер ово што ви предлажете задире у интегритет Југославије, а интегритет Југославије се може пореметити, мада не може ни то, али може ако се договорите у Савезној скупштини и савезним институцијама. Овде се мијешају многи планови. Позивате се на законе кад вам треба, а кад вам не треба, онда идете са политичким прокламацијама. Срби у БиХ могу да спрече и Хрвате и Муслимане, ако је стани-пани, да изађу из Југославије. Али, ми нећемо да вас спречавамо. Ми нећемо да вас спречавамо. Јер смо суверени народ. Господо, нисам ја овде наступио као бог рата, као што како ме неко почастио епитетом из Хрватске демократске заједнице, него вам кажем по стоти пут, у нашим разговорима сам то рекао, не креира Српска демократска странка вољу српског народа. Она је тумачи. Ми бисмо вас крваво слагали кад бисмо рекли да ви ово можете да изгласате и да можете са овим нешто да урадите у Европи.

Ево господе из СДА-а. Ми три месеца говоримо о другим стварима. Разговарамо слободно и отворено о посебној и другачијој организацији БиХ, где ће мож-

Radovan Karadžić's October 15 Speech before the Assembly

Now, here is a speech which has been exploited to the greatest possible extent, because when it is butchered and when one sentence is taken [out of context] — this speech is well known — because it was exploited to the greatest possible extent to my prejudice. Please, I would like to call your attention to this speech in order to examine it and then assess it. It was delivered on October 15, and it concerns the definitive and forcible adoption of the Declaration of Independence, of sovereignty.

[START — video clip]

Because what you are proposing encroaches upon the interests of Yugoslavia, and the integrity of Yugoslavia could be undermined, even though that is not possible, but it is possible if it is agreed upon in the Federal Parliament and other federal institutions. Many plans are being mixed up here. You resort to laws when it suits you, but when it doesn't suit you, you come out with political proclamations. Serbs in B-H can prevent the Croats and Muslims, if push comes to shove, from leaving Yugoslavia. But we will not prevent you from doing so. Because we are a sovereign people. Gentleman, I did not come here as a god of war, as someone from the Croatian Democratic Party has honored me with this epithet, but I am telling you for the hundredth time, which I spoke of in our negotiations, that the Serbian Democratic Party does not create the will of the Serbian people. It interprets it. We would be telling you a bloody lie if we had said that you could pass this as legislation and that you could do something with this in Europe.

да нека тростепеност омогућити да Босна остане цела, и да у Југославији буду Срби кол'ко они хоће, Муслимани кол'ко они хоће, а Хрвати кол'ко они хоће. То је једно тростепено решење, јер би се суверенитет народа, као што је господин Бјелобрк тачно прочитао, остваривао не само на нивоу републике и нивоу савезне те државе, него и на нивоу области или аутономије, како смо ми предлагали. Ако нећете то, можемо се договорити да ми вас не спречавамо да изађете из Југославије, плебисцитом народа, али истим плебисцитом и по истом праву, ми ћемо спријечити вас да ви нас изведете из Југославије. Ми не бранимо да ви поднесете иницијативу и да се промијени устав БиХ, али то не иде овако. То мора да иде кроз уставну комисију, па на Вијеће грађана, па да се тамо о томе гласа.

Ја покушавам на најмирнији начин и то да вам кажем. Српски народ зна шта ви хоћете. Ви хоћете у Хагу да постигнете да је ово трећа или четврта република која неће да живи у Југославији, а то не можете, јер ми хоћемо да живимо у Југославији. То можете да кажете за себе. Суверени народи у БиХ могу да кажу за себе; не могу за други народ. Чак смо такав закључак донијели на овој Скупштини. Ми ћемо вас онемогућити пред домаћом и свјетском јавношћу да извршите насиље над српским народом —

Here are the gentlemen from the SDA. We have been discussing other matters for the last three months. We are freely and openly discussing a different and special organization of B-H, where some kind of a three-tiered approach would enable Bosnia to remain united and for Serbs, Muslims and Croats to remain in Yugoslavia as long as they want to. This is one three-tiered solution, because the sovereignty of the peoples, as Mr. Bjelobrk correctly stated, would be exercised not only at the level of the republic and the federal state, but also on the regional level or autonomy, as we had proposed. If you don't want this, we could agree not to prevent you from leaving Yugoslavia by means of a plebiscite, but we have the same right to resort to the same plebiscite in order to prevent you from taking us out of Yugoslavia. We do not forbid you to submit an initiative to change the constitution of B-H, but it cannot be done this way. It must go through a constitutional commission, then a civil council of citizens, and then it would be put to a vote.

I'm trying to explain this to you in the calmest possible way. The Serbian people know what you want. You want to make a successful case in The Hague that this is the third or fourth republic that does not want to live in Yugoslavia, but it is impossible because we want to live in Yugoslavia. You can speak for yourselves. All the sovereign people of Bosnia can speak for themselves, but they cannot speak for other peoples. We have even reached such a conclusion in this Assembly. We will prevent you in national and international

уставно насиље. А након уставног насиља
следе сва друга насиља. Ми се више не
питамо са ситуацијом. То је овде такође,
за овом говорницом сто пута речено. Не
питамо се са ситуацију ако доспијемо у
стање у које су доспијеле Словенија и
Хрватска, нарочито Хрватска. С тим што
би у БиХ, тај пакао био хиљаду пута тежи,
и не би било начина да се заустави.

Ја вас још једанпут молим — не пријетим
— него молим, да озбиљно схватите
тумачење политичке воље српскога
народа коју овде заступа Српска
демократска странка и Српски покрет
обнове, а понеки Србин из других стра-
нака. Молим вас да озбиљно схватите, ово
није добро што ви радите. Ово је пут на
који ви хоћете да изведете БиХ, иста она
аутострада пакла и страдања којом су
пошли Словенија и Хрватска. Немојте да
мислите да нећете одвести БиХ у пакао, а
муслимански народ можда у нестанак, јер
муслимански народ не може да се одбрани
ако буде рат овде.

Молим вас, нека су велике ријечи. Велике
ситуације захтијевају велике ријечи. Како
ћете ви спријечити да свак' свакога не
убија у БиХ? Како се може спријечити
рат у Хрватској, поготово тамо у рубним
крајевима где су на додиру Срби и
Хрвати? Чије су се двије политичке воље
судариле, а нису реализоване на један

public opinion from committing violence against the Serbian people — constitutional violence. Constitutional violence breeds all other kinds of violence. We are no longer wondering about the situation. This has been repeated at this rostrum a hundred times. We won't be wondering about the situation if we find ourselves in the same condition as Croatia and Slovenia, especially Croatia. Because in B-H such a hell would be a thousand times worse, and there would be no way to stop it.

I ask of you once again — I am not making a threat — rather I am pleading that you take seriously the political will of the Serbian people as represented here today by the Serbian Democratic Party, the Serbian Renewal Movement, and some Serbs from the other political parties. I am making a plea that you seriously understand that what you are doing is not good. You want to lead B-H down this path, the same highway to hell and suffering that Slovenia and Croatia have already taken. Do not think that you will not lead B-H to hell, and the Muslim people perhaps into extinction, because the Muslim people will not be able to defend themselves if there is a war here.

Please, let these important words stand. Serious situations demand important words. How are you going to prevent people from killing each other in B-H? How can the war in Croatia be prevented, especially in border areas where Serbs and Croats are in contact with each other?

правни начин, на један начин на који се једино може реализовати.

[КРАЈ видео клипа]

Још сам на делу који се овде не види рекао: "Морамо спречити хаос. Ред је у нашим рукама, а ми смо у рукама хаоса. Ми не можемо управљати хаосом."

Док држимо ред, дотле можемо да управљамо. То је у нашим рукама. Е, сада, видите када узмемо све у обзир, када видимо шта су рекли о овој ситуацији изузетни ауторитети светски, оно што смо видели о признању, итд., можемо онда да се питамо, шта је то мала српска заједница у БиХ могла да уради? Шта је, осим да одустане од себе и да се преда? Дакле, ми имамо овде прилику да разлучимо да ли је ово било законито понашање са стране ХДЗ-а и СДА? А Срби су кршили њихова права и њихове законе? Или су они прекршили, а Срби су се бранили минималним средствима, сталним попуштањима, концесијама, итд.

Видели сте да се крши Устав када је потребно, а да скршен Устав не постоји, позива.

И сада, што би рекао хрватски писац Крлежа, ова криза се у овој фази одвијала по типу гашења светла у балканској крчми, и онда ко шта ухвати, ко шта постигне, и онда, после тога, ће се упалити светло и наставиће се са поштовањем реда и закона. Срби то нису могли себи да дозволе. А опет, подсећамо да је подела БиХ туђа идеја, пре свега идеја г. Изетбеговића, који је био заинтересован, а то ће потврдити и сви његови сарадници и овај разговор који ћете сада чути. Њега је занимало да има мању БиХ, а да у њој постигне исламски квалитет живота, какав су од њега очекивали његови арапски и исламски пријатељи.

Their political wills have clashed, but have not been realized in a legal fashion, which is the only way they can be realized.

[END — video clip]

I also said in a segment not shown here: "We must prevent chaos. We hold order in our hands, but we are in the hands of chaos. We cannot manage chaos."

We can manage things to the extent we can keep order. It is in our hands. So, now you see that when we take all this into consideration, when we see what eminent authorities throughout the world have said about this situation, about recognition, and other issues, we may then ask ourselves what could this small Serbian community in B-H have done? What could they have done except give up and surrender? Therefore, we now have the opportunity here to determine whether this was lawful conduct on the part of the HDZ and the SDA or not. And whether or not the Serbs were violating their rights and laws or whether they were violating the rights of Serbs, who were defending themselves by minimal means, by continually making accommodations and concessions, etc.

You have seen that the Constitution was violated when it was necessary, and the Constitution thus violated does not exist; it issues a challenge.

And now, as the Croatian writer Krleža would say, this crisis developed into this phase in much the same way as when the lights are turned off in a Balkan tavern, when who grabs what or who gets whatever, and after everything is over, the lights are turned back on and law and order is respectfully reintroduced. The Serbs couldn't allow that to happen. Then again, let us recall that the division of B-H was someone else's idea, first and foremost the idea of Mr. Izetbegović, who was quite interested, and this will be confirmed by all of his associates as well as these intercepts that

Е, сада, ја вас молим да чујемо овај разговор између Караџића и Милошевића, који није намењен јавности, где се аутентично и искрено говори.

[ПОЧЕТАК аудио снимка]

КАРАЏИЋ: Прексиноћ изашао сам са једним, и после тога ручао са њим. Потпуно изненађење. Изетбеговић је говорио јасно и отворено, и никад није био отворенији, да подијелимо Босну. Ја, ми смо се запањили, па како то? О томе нисмо размишљали. Ја мислим да он не би желио да се удружи са Хрватском, него хоће да помоћу Хрватске да изађе из Југуславије, јер би он хтео једну енклаву овде у долине реке Босне — исламску. Ја мислим да му она треба за арапски свијет. И још мислимо да би била штета да се Босна цијепа — то је наш начелан став.

МИЛОШЕВИЋ: Па неће, неће ти Муслимани да раде шта Алија Изетбеговић ради. Ја ти кажем.

КАРАЏИЋ: Добро, а сад је — Бога ми ова ситуација, мислим — и он је врло лукав. Он не говори оне ултима потезе. Он је последње потезе ове, оне последње потезе своје о исламској републици. Него, он се сад заклања иза државе грађана.

[КРАЈ аудио снимка]

Е, сада, имајући приступ свему овоме, Тужилаштво покушава да ме окарактерише као вођу који је формулисао и реализовао злочиначки план да се створи

you will now to hear. He was only interested in having a smaller B-H, while establishing in it a Muslim way of life, as his Arab and Muslim friends were expecting him to do.

The Intercepted Telephone
Conversation between Karadžić and Milošević

Can we now please listen to this conversation between Karadžić and Milošević, which was not intended for public consumption, but a candid and authentic conversation took place.

[START — audiotape]

KARADŽIĆ: That evening the day before yesterday, I went out with one of them and then we had lunch. It was a complete surprise. Izetbegović spoke clearly and openly, and he was never more explicit about dividing up Bosnia. I was — we were shocked. So how did this come up? We hadn't thought about it. I don't think he [Izetbegović] wanted to unite with Croatia; instead, he wants Croatia's help to leave Yugoslavia, because what he'd like is to have an Islamic enclave in the Bosna River Valley. I think he needs it for the Arab world. We still believe that it would be very bad if Bosnia were torn apart — that is our fundamental position.

MILOŠEVIĆ: They won't — those Muslims won't do what Alija Izetbegović is doing. I'm telling you.

KARADŽIĆ: Fine, but now — for Christ's sake, I think — he is quite cunning. He's not talking about his ultimate moves. Those ultimate moves — his final moves are for an Islamic republic.

засебан етнички ентитет сада на великим деловима територије БиХ. А то се није десило док нас нису натерали да узмемо шта дају, да спасавамо главу.

Кажу, Караџић је врховни вођа. Када би Тужилаштво познавало српски народ, морало би да каже — Караџић је врхунски слуга свог народа, а то, уствари, и треба да буде тако, и тако пише у Јеванђељу: "Ко хоће да буде први, да вам служи."

Други део реченице није само споран, него је нетачан, и сличан је оном ставу Тужилаштва из параграфа број 11, каже Тужилаштво: "Како се Југославија распадала, републике су кренуле према независности." Ово је прилично лукаво, нема шта! Републике су кренуле ка независности зато што се Југославија распада. Ја вама, и свима који се баве овом оптужницом препоручујем једну забаву. Све што Тужилаштво каже против мене и против Срба само окрените другачије. И видећете да је тачније, и видећете да је забавно.

Ову наглавачке, *upside-down* логику треба вратити. Онда би овај параграф изгледао овако: "Када су републике кренуле ка независности, Југославија је почела да се распада." И то је тачно, а не оно што Тужилаштво каже. Прво су републике кренуле у незаконите, нелегалне једностране сецесије. Чули смо од велики светских ауторитета, светске политике и науке, да је то било тако, али Тужилаштво овде хоће да вас убеди да је *the other way around* — обрнуто. И онда, наравно, у том случају се може говорити о српској кривици, али у првом случају, када је јасно да није се Југославија распала, па се спасавале републике, него су републике кренуле у независност и тако угрозиле опстанак ове државе. На страну чињенице да се Југо-

Instead, he's now hiding behind the citizens of
the state, the citizenry.

[END — audiotape]

Now, having access to all this, the Prosecution is trying to re-characterize me as a leader who formulated and implemented a criminal plan now to create a separate ethnic entity on large parts of the territories of B-H.[50] But this did not happen until they forced us to take what was offered in order to save our lives.

They say Karadžić was the supreme leader. If the Prosecution knew the Serbian people properly, they would then have to say that Karadžić was the supreme servant of his people, and that, in fact, must be so, and it is thus written in the Gospels: Let him who wishes to be first [among you] serve you.

The ICTY's Upside-Down Logic

The second part of this sentence is not only debatable but it is also inexact, and it is identical to the position taken by the Prosecution in Paragraph 11,[51] where the Prosecution says: "As Yugoslavia disintegrated, republics moved toward independence." This is rather cunning. No doubt about it. The republics were moving toward independence because Yugoslavia was disintegrating. I advise you, as well as everyone else who is dealing with this Indictment, to perform this entertaining task. Just invert everything the Prosecution says against me and the Serbs. And you will see it's more accurate, and that it's entertaining.

This inverted, *upside-down* logic must be rectified. Then, this numbered paragraph would read as follows: "When the republics moved toward independence, Yugoslavia began to disintegrate." And this is accurate; what the OTP claims is not. First the republics moved toward illegal, unilateral secession. We heard this from prominent authorities in world politics and academia that this was so; however, the OTP here wants to convince you this took place *the other way around* — the inverse. And

славија није распала, иако се цео свет на њу навалио, него је разбијена. Босна се распала, иако је цео свет хтео да је сачува, али њени народи нису то хтели. Дакле, Босна се распала, а Југославија се није распала. Југославију су разбили.

Како је могла Босна да се упути ка независности без Срба и против воље Срба? Када будете видели мапу распореда где све Срби живе од вајкада, видећете како та ствар изгледа. Овде ћемо доказати да СДА није требала Србе у Босни. Него је требала тих две трећине српске територије у Босни. Значи, Тужилаштво каже, Срби су једна трећина становништва, на то ћемо доћи како се то десило да Срби, који су увек били већина, већинско становништво у Босни, постане једна трећина, али та једна трећина живи на две трећине риторје у БиХ.

Е, да је СДА хтела српске територије, а не Србе, Тужилаштву је било доступан доказ прворазредан, захваљујући хрватском председнику Туђману са којим сам имао доста разговора, а ово сам добио од Тужилаштва. Ево дела транскирпта разговора председника Туђмана са америчком делегацијом, врло високом. "Као што су ми Муслимани једном казали, да ћемо их све истријебити (што се Срба тиче). А ја их питам, како ћете истјерати милион и по Срба из Босне?" И следећи део: "Према томе и у оквиру муслиманског водства," каже председник Туђман, "које није јединствено, да ће имати те разборитости да не могу више рачунати на рат до истеривања Срба из Босне. Него да се мире, да је њима, Муслиманима, не преостаје ништа друго него да се ослоне на Хрватску, а да ће Срби прије или касније отићи из Босне."

then, of course, in that case, one can speak of Serbian culpability; however, in the first instance, when it is clear that Yugoslavia did not disintegrate, which led to the republics saving themselves; instead, the republics moved to independence, and in this fashion they threatened the existence of the state. It is a fact that Yugoslavia did not disintegrate, even though the whole world had ganged up against it — it was broken up, instead. Bosnia disintegrated, even though the whole world wanted to save it, but its peoples did not want this. Therefore, Bosnia disintegrated but Yugoslavia did not disintegrate. They broke Yugoslavia apart.

How could Bosnia embark on the road to independence without the Serbs and against the will of the Serbs? When you look at the map and the layout of the areas where Serbs have been living since time immemorial, you will see the matter clearly. We're going to prove here that the SDA had no need of Serbs in Bosnia. They instead needed two thirds of the Serbian territories in Bosnia. The OTP says that the Serbs constitute one-third of the population, but we shall come to that, how it turned out that the Serbs, who had always formed the majority of the Bosnian population, became only one-third, but that one-third of the population lives on two-thirds of the territory of B-H.

Well, that the SDA wanted Serbian territories without the Serbs, first-class evidence is available to the OTP, thanks to Croatian President Tuđman with whom I had plenty of talks, but this I obtained from the OTP. Here is part of a transcript of a conversation between President Tuđman and a high-ranking American delegation:[52] "As the Muslims once told me, we're going to exterminate all of them [i.e., the Serbs]. I asked them — how are you going to expel one and a half million Serbs from Bosnia?" And in the next part Tuđman says: "Accordingly, and in the framework of the Muslim leadership," says President Tuđman, "which is not unified to possess such reasonableness, it can no longer count on a war that will result in the expulsion of the

Ово Тужилаштво мене оптужује да сам хтео да Муслимани оду из Републике Српске. А Муслимани на које они мисле, СДА Муслимани, Млади муслимани, фундаменталисти, хтели су да сви Срби оду из Босне. И сада видимо колика је искреност и кол'ко је витешки потез г. Изетбеговића, председника СДА, када је рекао: "Ако мене за ово треба оптужити, онда не треба Караџића." И, у једном другом тренутку рекао: "Ја узимам то на себе," потпуно ме ослабађујући, аболирајући ме од сваке одговорности.

Председник Туђман је г. Изетбеговића сачувао у овом рату. Он га је сачувао од пораза, мада, ми нисмо хтели његов пораз, а ми смо хтели његов политички пораз, пораз његове идеје "сто посто власти у сто посто Босне," и ово је потпуно аутентичан доказ.

Тужилаштво даље иде по истој погрешној стази и каже у једном параграфу да је Караџић учествовао у преговорима у циљу стварања заједничке државе и истовремено припремајући органе и услове за присилно раздвајање по етничкој основи, стварање српске државе на једном делу територије БиХ, слично процесу који је већ започео у Хрватској. Какво стварање заједничке државе, кад је та заједничка држава већ постојала?

Али, даље у параграфу каже Тужилаштво: Срби у Хрватској, пошто она сада веже, одредили су подручја која су сматрали српским, створили засебне српске институције ради пружања отпора хрватским властима, прогласили аутономију, а по том и независност, и силом преузели власт над приближно једном трећином хрватске територије.

Е, па видите како. Видели смо да је Хрватска сецесија нелегална, и тој нелегалности Срби у Хрватској пружају отпор. Па, то је потпуно легимитно. Али, за

Serbs from Bosnia. Rather than making peace, the Muslims have no other choice than to rely on Croatia, and [hope] that the Serbs will leave Bosnia sooner or later."

The OPT has charged me with wanting the Muslims to leave the Republika Srpska. But the Muslims they are referring to, the SDA Muslims, the Young Muslims, the Fundamentalists, wanted all Serbs to leave Bosnia. And now we see just how sincere Mr. Izetbegović, the President of the SDA, was and how valiant his move, when he said: "If I must be accused of this, then you don't have to accuse Karadžić." And at another moment, he said: "I take it upon myself," completely absolving me, acquitting me of all responsibility.

President Tuđman protected Mr. Izetbegović during this war. He protected him from being defeated even though we did not want his defeat, but we did want to see his political defeat and the defeat of his idea of having one-hundred-percent rule in one hundred percent of Bosnia, and this is completely authentic evidence.

The Prosecution then continues further along the same erroneous path and states in one paragraph[53] that Karadžić participated in negotiations with the intent of creating a joint state and that at the same time he prepared the organs and conditions for forcible ethnic division, the creation of a Serbian state on a part of the territory of B-H, identical to the process that had already begun in Croatia. What kind of creation of a joint state are you talking about when such a joint state already existed?

But further in the paragraph, the Prosecution states: The Serbs in Croatia, since they are now consolidating [their territories], have determined what territories they consider to be Serbian; have created separate Serb institutions in order to resist Croatian authority; have declared autonomy and then even independence; and they, according to such independence, have forcibly taken control of approximately one-third of Croatian territory.

Тужилаштво, то није легитимно. Али због оваквих ствари, Тужалаштво више личи на портпарола мојих противника ратних, него на Тужилаштво овога суда. Нигде ниједна научна или правна инстанца није утврдила да је Хрватска поступила законито и да Срби нису имали право да пруже отпор тој назаконости.

Да вас мало подсетим шта је са Србима у Хрватској. Срби у БиХ су најстарије становништво. Сва територија је била њихова. Срби у Хрватској су дошли пре 350 година и добили су Крајину не од Хрватске, него од Аустро-Угарске — Аустрије. Они су тамо били борци, Војна Крајина, добили су привилегије, аутономне привилегије, аутономна права. Добили су ту територију. Да је речено било Србима у Крајини 1918. године да ће једног дана изаћи из те заједничке државе и бити у Хрватској, Крајина не би била у Хрватској, а можда би Хрватска била у Југославији, и опет бисмо били пријатељи. Или, да је 1945. године Крајишницима речено да ће та Хрватска, у коју они уносе Крајину као мираз, једног дана отићи, узети мираз, а њих истерати, Крајина не би била у Хрватској.

ПРЕВОДИЛАЦ: Преводиоци вас моле да успорите.

КАРАЏИЋ: Значи, Крајишници су преварени. Добили су Крајину од Аустрије, зарадили су је борбама, одбраном целе Европе од турске најезде, од турског таласа, а онда су ушли у ту Хрватску, и када су у 1945. године ушли у Хрватску и унели Крајину као мираз, добили су у Уставу да је Хрватска двонародна република. Двонародна држава, Срба и Хрвата, Хрвата и Срба. А 1990. године, прва ствар коју је ХДЗ урадио у Хрватској, избацио је Србе из Устава и претворио их у националну мањину, да би могао да им узме Крајину.

Well, you see how [this goes]. We have seen that Croatian secession was illegal, unlawful; the Serbs in Croatia resisted this illegal act. Well, that's completely legitimate. But as far as the Prosecution is concerned, it is not legitimate. But, because of such things, the Prosecution rather resembles a spokesman for my wartime opponents instead of the Prosecution of this Tribunal. Not one single instance of jurisprudence or scholarship has ever established that Croatia acted lawfully or that the Serbs had no right to resist such illegality.

A Brief History of Serbs in Croatia
Let me call to your attention what happened to Serbs in Croatia. The Serbs in B-H are the oldest [indigenous] population. The entire territory was theirs. The Serbs in Croatia arrived 350 years ago and they were granted Krajina not by Croatia but by Austro-Hungary — Austria, in fact. They served as soldiers [i.e., for the Austro-Hungarian Empire] — on the Military Frontier [i.e., Vojna Krajina] and they were granted privileges, autonomous privileges and rights. They were given the territory. And if, in 1918, the Serbs of Krajina had been told that one day they would have to leave this joint state and live in Croatia, Krajina would not have been in Croatia, but Croatia might still be in Yugoslavia and we would be friends again. Or, if in 1945 the people of Krajina had been told that the Croatia to which they were bringing Krajina as a wedding dowry would one day be taken away from them and that they would be expelled, Krajina would not have been in Croatia at all.

INTERPRETER: The translators kindly request that you slow down.

KARADŽIĆ: This means the people of Krajina were deceived. They received Krajina from Austria, they earned it by defending the whole of Europe in battles against the Turkish invasion, the Turkish onslaught, and then they entered that Croatia, and when

Ево, можемо да видимо шта професор Антонио Касезе, вама познат, каже о овим незаконитим потезима:

> Хрватска, за које Тужилаштво спречава Србе из Крајине да се одупру као да су те мере законите.

Тужилаштво нама ставља на терет неки етноцентризам и каже да смо са етничким мотивима хтели да створимо своје просторе и у Хрватској и у БиХ. Молим вас лепо, искључиво етнички мотиви били су на страни Словенаца, Хрвата и Муслимана да изађу из Југославије. То нису били ни политички, ни економски, ни расни, ни верски — то су били етнички мотиви. А Србима се оспорава право да при налету туђих етничких интереса своје етничке интересе заштите. Етнички мотивисане су биле све могуће кризе после Другог светског рата, нарочито од 1968–1971 у Хрватској, кад је Тито посмењивао цело хрватско руководство етничко. Караџић је сада, после 1968., био ван политике, јер је учествовао у студентском покрету и после тога био врста дисидента, у струци и без икаквог политичког деловања.

Етнички национализам је 1990–1991. довео до свега овога што се дешавало, а Срби одговарају.

Да вас подсетим да у Хрватској Срби нису гласали у већини за Српску демократску странку, него за мулти-етничку странку реформисаних комуниста Ивице Рачана. Хрватска је имала много странака, и имала много мултиетничких странака, али су Хрвати гласали за ХДЗ, за најетничкију. А Срби су гласали за најмање етничку, која потпуно, уопште не може да се сматра српском. А ти Срби у Хрватској су оптужени од овог

in 1945 they entered Croatia and brought Krajina as their dowry, they received the right, as expressed in the Constitution, that Croatia was bi-national republic, a bi-national state composed of Serbs and Croats, of Croats and Serbs. Whereas in the 1990s, the first thing that the HDZ did in Croatia was to throw the Serbs out of the Constitution and to turn them into a national minority so that they could then take Krajina away from them.

Now let's see what Professor Antonio Cassese, whom you know well,[54] says about these unlawful steps:

> Croatia, for which the Prosecution prevents the Serbs from Krajina from resisting, as if these were legal measures.

The Prosecution is charging us with some kind of ethnocentrism, and it states that we, being ethnically motivated, wished to create our own territories both in Croatia and in B-H. Please, exclusively ethnic motives were [expressed] on the side of the Slovenes, Croats, and Muslims in order to leave Yugoslavia. These were neither political nor economic nor racial nor religious motives — these were purely ethnic motives. Whereas the Serbs, facing an onslaught of other ethnic interests, are being denied the right to protect their own ethnic interests. Ethnic motivations were the source of each crisis after World War II, especially the 1968–1971 period in Croatia when Tito ethnically replaced the entire Croatian leadership. Now, Karadžić, after 1968, had not been involved in politics since he took part in the student movement; he was the kind of dissident who worked as a professional without being involved in politics.

Ethnic nationalism in 1990 and 1991 led to everything that took place, but the Serbs are held responsible.

Allow me to call to your attention that a majority of the Serbs in Croatia did not vote for the Serbian Democratic Party, but for the multi-ethnic party of Ivica Račan's reformed Com-

Тужилаштва, наравно, заједно у пакету и ми са њима, да смо ми етноцентристи или шта све не.

Е, сада, ако имамо времена, ја бих Вам показао шта су Срби у Хрватској и Срби у БиХ — јер Босна је била у саставу Хрватске током Другог светског рата — шта су могли да очекују. Па ћемо видети шта о Јасеновцу, који је преко пута нас, преко Саве, каже Визенталов Центар. Усташе, које су основане 1930. године, по том центру, убили су 500,000 Срба, протерали 250,000, и 250,000 покрстили — то је теорија од три трећине Миле Будака, хрватског писца и идеолога. Три трећине: трећину ћемо покрстити, трећину ћемо протерати, а трећину ћемо побити. А када један Србин у БиХ каже то као алегорију, односно, као утук на утук, Тужилаштво то стави у оптужницу као српски став. А то је опште позната ствар да ће бити три трећине, али Тужилаштво нема добре сараднике на терену да им каже шта значи пренесени говор.

Ево шта каже немачки — ово је још Визентал, је'л тако? — шта каже један немачки обавештајац? Скрећем пажњу вашим Екселенцијама да видите да је до 17. фебруара 1942. године — прецизна процена немачког обавештајца да је већ до тог тренутка — 300,000 православних Срба убијено, искасапљено садистичким методима. Овај број до краја рата није могао опадати; он је само могао расти. Почео је да опада тек када су комунисти дошли на власт. Опадати, опадати, опадати док није дошло до 80,000, као да је 80,000 мало, а тих 80,000 Хрватска би радо признала. А сигурно је више од 500,000, јер ако је за годину дана 300,000, то је морало само даље да расте. Визенталов Центар тврди да је око милион Срба из Хрватске и Босне било убијено.

munists. Croatia had many political parties and it had many se-
cessionist parties, but the Croats voted for the HDZ, the most
ethnically oriented party. The Serbs, however, voted for the least
ethnically oriented party, which cannot be considered Serbian at
all. And those Serbs in Croatia were then accused, of course, by
the Tribunal as a group, and they throw all of us into a package
with them as ethnocentrics or goodness knows what else.

And now, if we have time, I would like to show you what the
Serbs in Croatia and the Serbs in B-H — because B-H had been
united with Croatia during World War II — could expect. We're
going to see what the Wiesenthal Center has to say about Jaseno-
vac, which is just across the Sava River. The Ustaše, founded in
1930, killed 500,000 Serbs, expelled 250,000, and converted
250,000 others [to Roman Catholicism] — this was Mile Budak's,
a Croatian writer and ideologue's, theory of the three thirds.[55]
Three thirds: We're going to convert one third, expel one third,
and kill one third. And when a Serb in B-H says this allegorically,
namely, in an endless dispute, the OTP puts it in the Indictment as
a Serb position. But this is common knowledge that there would
be three thirds, however, the Prosecution does not have good advi-
sors in the field to inform them of what this figurative speech ac-
tually means.

Now, this is what the German — this is still Wiesenthal on
the screen, isn't that so? — let's see what a German intelligence
officer says.[56] And I'd like to call Your Excellencies' attention to
the fact that the German intelligence officer made an accurate
appraisal, according to which 300,000 Orthodox Serbs had al-
ready been killed, butchered by sadistic methods, by February
17, 1942. This figure could not have fallen during the course of
the war; it could only have risen. The figure began to fall only
when the Communists came to power. And they fell and they fell
until they reached 80,000, as if 80,000 were an insignificant fig-
ure, but Croatia would happily acknowledge 80,000 [deaths].

Е сада, ово што мени ставља Тужилаштво на терет лажном оптужницом. Ја покушавам да формирам праву оптужницу оном малом игром, да све остане исто, а само да заменимо актере и место. Уместо српских вођа, хрватски или муслимански вођа. Ево, погледајте, рецимо, како то изгледа.

"Туђман или Изетбеговић у периоду 1990–1995. руководио формулисање и реализацију злочиначког плана да се створи засебан етнички ентитет на великим деловима територија СФР Југославије." Или, "Туђман и Изетбеговић учествовали су у преговорима са циљем очувања заједничке државе — и јесу заиста — и истовремено припремајући органе, ентитете и услове за присилно раздвајање по етничкој основи и стварање хрватске (односно муслиманске) државе од једног дела територије Југославије, слично процесу који је већ започео у Словенији, односно Хрватској, у односу на БиХ."

Даље, параграф 13, све је исто. Само су замењени актери. Хрвати (односно Муслимани) у БиХ су одредили подручја Југославије, која су сматрали хрватским (односно муслиманским), створили засебне хрватске (односно муслиманске) институције ради пружања отпора властима Југославије да очувају целовитост земље, прогласили независности силом, преузели власт на великом делу југословенске територије, на којима југословенско становништво није прихватило такве одлуке.

Екселенције у Већу, уважени у Тужилаштву, господо у владама, које подржавате овакав пројекат, суђење Србима, моја варијанта ових параграфа претпретресног поднеска Тужилаштва је далеко уверљивија и тачнија него оно што мени Тужилаштво ставља на терет. Овим

But the figure is certainly more than 500,000 because, if over the course of one year it was 300,000, then the number could have only risen. The Wiesenthal Centre claims that about a million Serbs from Croatia and Bosnia were killed.

A Genuine Indictment

Now, what the OPT is charging me with in this false indictment. I am trying to create a genuine indictment with that little game [I showed you earlier], in which everything remains the same except that the locations and perpetrators are switched. Instead of a Serbian leader, a Croatian or Muslim leader would stand accused. Here, let's see what that looks like.

"As the paramount leader of the Croats (Muslims) from 1990–1995, Tuđman (Izetbegović) led the formulation and implementation of a criminal plan to create an ethnic entity on large portions of SFR Yugoslavia."[57] Or: "Tuđman (Izetbegović) engaged in negotiations to secure a common state" — they did, indeed — "while simultaneously preparing the organs, entities and conditions for the forcible ethnic separation and creation of a Croat (Muslim) state carved out of Yugoslavia, similar to the process that had started in Slovenia."[58]

From there on in, everything in Paragraph 13 remains the same. Only the actors have changed roles.[59] Croats (or Muslims) earmarked territories considered Croatian (or Muslim), created separate Croatian (or Muslim) institutions in order to resist Yugoslav authorities who strove to preserve the unity of the country, forcibly declared independence and took control of a large part of Yugoslav territory, where the Yugoslav population did not accept such decisions.

Now, Excellencies of the Trial Chamber and gentlemen of various governments who support this project, the prosecution of Serbs, my variant reading of these paragraphs in the Pre-Trial Brief [summarizing the] criminal charges is far more credible and exact than what the Prosecutor has charged me with. To these my

параграфима мојим би требало још додати да су ове вође Хрвата и Муслимана још — што нама не могу да ставе на терет — они још радили, формирали тајне службе, тајне републичке армије, наоружавали се јавно и тајно, кршећи резолуције Уједињених нација, правили планове за обнову империја. Хрватска и Средња Европа сањају о обнови Хабзбуршког царства, а видећете како и Босна муслиманска и Турска сањају о повратку Турске на Балкан, који је наводно за време Турске окупације петсто година процветао и био стабилан. Стабилан јесте био, био стабилан као што је гробље стабилно. Нико ништа не ради, нема мрдања, али је српска култура, која је до доласка Турака била водећа у Европи, а Стефан Лазаревић био водећи владар, песник, витез, омиљени код својих пријатеља у Европи — све је то стало кад је Турска дошла.

Е, сад Турска поново хоће из уста најодговорнијих турских државника од 1990. да се то чује од Тургут Озала, до неки дан, Министра Давутоглуа, да је Босна турска и Турска босанска. Ми смо једно и ми ћемо поново да дођемо. Имамо интерес за обнову Отоманске империје. То Срби не прихватају.

Да има више времена, показао бих Вам како је ритам ужасних промена у Хрватској одмах после избора био. Сваког месеца једна шокантна мера против Срба. Прво, амандмани којима их избацују из Устава, онда Устав у коме су они сведени на националну мањину. Онда друге мере: наоружавање тајно, онда протеривање, убијање, и по градовима и по српским крајевима где су Срби већина, и тада ми већ имамо колоне избеглица, отпуштање са посла на етничкој основи у Хрватској. Све то Тужилаштво зна. Све је то чак и говорено у овом

paragraphs, we should add that these leaders of the Croats and Muslims — and they can't accuse us of this — worked to set up secret services, clandestine republican armies; armed themselves openly and secretly; violated United Nations resolutions; and made plans to revive an empire on this territory. Croatia and Central Europe are dreaming of reviving the Habsburg Empire, and you will see how the Muslim populations of Bosnia and Turkey are dreaming of Turkey's return to the Balkans, which, during the five-hundred-year Turkish occupation, allegedly flourished and remained stable. Yes, it was stable, alright, just as a cemetery is stable. No one does anything, there is no room to move at all, but Serbian culture which, until the arrival of the Turks, was a leading culture in Europe, while Stefan Lazarević[60] was a leading ruler, a poet, a knight, cherished by his friends in Europe — all this ended once Turkey came on the scene.

Well, now Turkey — and you could hear such things (straight out of the mouths of the most responsible Turkish statesmen of the 1990s) from [Minister] Turgut Özal and as recently as a few days ago from [Foreign Minister Ahmet] Davutoglu — [who said] that Bosnia is Turkish and Turkey is Bosnian. We are all one and we are coming back again. We are interested in reviving the Ottoman Empire. The Serbs do not accept this.

Shocking Measures Taken against Serbs in Croatia

If there were more time, I could show you the rhythm of the horrifying changes in Croatia immediately after the elections. Every month there was a shocking new measure taken against the Serbs. First of all, the amendments that expunged them from the constitution, then a constitution in which they were reduced to a national minority. Then other measures were taken: [the Croatians] arming themselves secretly, then expulsions, killings both in towns and in Serbian territories where Serbs were in the majority, so, by then, we already had columns of refugees, people who

суду од стране одређених сведока. Ја сам лично могао видети како изгледају те избеглице.

Видите, председник Туђман је рехабилитовао НДХ, и ми смо мислили да је то, јер он није био усташа — он је био партизан — мислили да он то хоће да навуче сарадњу усташа. Међутим, усташе су му дошле на власт. Он их је поставио на високе положаје. И све је резултирало већ 1991. године огромним бројем избеглица које смо ми дочекали у Босанској Крајини и у Бања Луци. Тужилаштво хоће да каже да то није имало утицаја на стање свести босанских Срба. Да виде најбогатије домаћине у Европи како са завежљајем леже на поду спортске хале, и немају више ни села, ни прошлости, ни будућности.

Једна од тих мера је била одмах увођење усташких симбола, инсигнија из усташке државе, и Тужилаштво мисли да то није од значаја, а да видимо шта каже Лорд Овен од каквога је то значаја:

"За Србе у Хрватској је било веома провокативно то што је Туђманова влада за заставу независне Хрватске усвојила исти симбол који је користио Павелић, црвено-белу шаховницу." Под овим инсигнијама су Срби страдали. Онај милион Срба је страдао у Другом светском рату. Ово су луцидна и тачна запажања Његовог Лордства, али са малим додатком. Ово није било провокативно; ово је било застрашујуће и за Србе и за Јевреје, и потпуно одговара насловну књиге једног хрватског Јеврејина, Голдштајна, "1941. година, која се враћа."

Али, да Тужилаштво не каже: "Немојте обраћати пажњу на инсигније. То је празна геста, и иза тога не стоји ништа." Да видимо шта стоји иза тога. Да видимо шта кажу Министри [Мартин] Шпегељ и [Јосип]

had been fired from their jobs on an ethnic basis in Croatia. The Prosecution knows all about it.[61] We have even heard testimony about it from subpoenaed witnesses in this very courtroom. I was personally able to see what those refugees looked like.

You see, President Tuđman rehabilitated the NDH,[62] and that was what we thought it was, because he was not an Ustasha himself — he was a Partizan — we thought that he wanted to do this in order to draw Ustaše [into his party]. However, the Ustaše came to power through him. He appointed them to high-ranking positions. And by 1991, it all resulted in a vast number of refugees whom we took in in Bosanska Krajina and Banja Luka. [EXHIBIT IX] The Prosecution wants to say that this did not influence the state of mind of the Bosnian Serbs: to see the wealthiest householders of Europe lying on the floor of a sports arena with a hastily wrapped bundle at their side, with no village, no past, and no future.

And one of those measures was the immediate introduction of Ustaša symbols, insignias from the Ustaša state, and the Prosecution considers this to be insignificant, but let's see what Lord Owen[63] has to say about what significance it did have.

"It was extremely provocative," he says, "for the Serbs in Croatia that Tuđman's government adopted the independent Croatian (NDH) flag with the same symbol used by Pavelić, the red and white checkerboard." Serbs were killed under this insignia. That is the million Serbs who were killed during World War II. His Lordship's observations are lucid and accurate, but a small addendum is in order. This was not merely provocative; this was terrifying for both Serbs and Jews, and it entirely suits the title of the book written by [Slavko] Goldštajn, a Jewish Croatian, *1941: The Year That Is Returning*.

The Špegelj Tapes

But in order to prevent the Prosecution from saying: "Don't pay any attention to insignias. It is just an empty gesture, and

Бољковац, Министар одбране и Министар унутрашњих послова.

[ПОЧЕТАК видео снимка]

МАРТИН ШПЕГЕЉ: Има ту војних службеника и музичара и шта ја знам. То је све 9.000 и 18.000 војника на цијелој територији Пете војне области: Словеније, целе Хрватске и део Босне. А ми имамо сад наоружано 80.000 са калашњиковима. Па нек' је само 10.000 њих наоружаних. А Книн ћемо ријешити на тај начин што ћемо покасапити. У томе имамо међународно признање за то, онда ћемо их покасапити, поготово сада када је ова курва побједио у Србији.

САГОВОРНИК: Милошевић?

МАРТИН ШПЕГЕЉ: Да. Сад нам Американци, други дан када је он побједио, понудили су помоћ, а до тада су све спекулирали, би не би. Кажу сад овако: Хиљада комада транспортера оклопних, оваквих, онаквих, те аутомобиле, шта ја знам. За 100.000 војника комплетно наоружање. Бес-платно.

[КРАЈ видео снимка]

СУДИЈА КВОН: Да ли чујемо превод? Можемо ли да зауставимо видео снимак?

КАРАЏИЋ: Зашто то није преведено? То би требало да буде превод уживо. Ове речи Министра Шпегеља сад се

123

there's nothing to it." Let's take a look and see what stands be-
hind this insignia. Let's see what Ministers [Martin] Špegelj and
[Josip] Boljkovac, the Ministers of Defense and of the Interior,
respectively, [of Croatia] have to say.[64]

[START — video clip]

MARTIN ŠPEGELJ: You've got military employ-
ees and musicians, and I don't know what else.
That's 9,000 of them and 18,000 [JNA] soldiers
in all of Region 5: Slovenia, Croatia and parts of
Bosnia. But now we've got 80,000 people armed
with Kalashnikovs. So what if there are only
10,000 of them. We'll solve the problem in Knin
the same way, by slaughtering them. This is how
we'll get international recognition, and then
we'll slaughter them, especially now since this
whore won [the election] in Serbia.

INTERLOCUTOR: Milošević?

MARTIN ŠPEGELJ: Yes, two days after he won,
the Americans offered us help, but up until then
they had only been speculating whether to go
ahead with it nor not. They now say it's going to
go like this: 1,000 armored transport vehicles of
one kind or another, and automobiles, who
knows what else. And they will completely arm
and equip 100,000 soldiers. No charge.

[END — video clip]

JUDGE KWON: Are we hearing the interpretation? Can you
stop the video?

јасно понављају. И то би трабало превести уживо — симултано.

СУДИЈА КВОН: Претпостављам да је оно што смо чули је био превод онога што је рекао Министар Шпегељ. Идемо даље.

[ПОЧЕТАК видео снимка]

ШПЕГЕЉ: Армија нема шта да тражи, биће посјечена до Бога... и сви ће бити посјечени још код куће. Убијати на лицу мјеста, на улици, усред круга касарне, било где другде, само пиштољ у стомак... Нема милости ни према коме. Ни према жени, ни према дјеци. У стан, једноставно — бомбе у стан породични. Физичку ликвидацију. Дође у стан курир, појави се на вратима и дум, дум и сиђе доле степеницама.... Иде се код другог, односно истовремено. Који су најопаснији могу бити убијени на вратима. Није у питању нити жена нити дјеца, ништа то. То се не пита.

Ми ћемо употребити сва средства. Ми ћемо употребити оружје и Срби у Хрватској више никада неће бити оно што су били, њихова супремација и хисторија.

[КРАЈ видео снимка]

КАРАЏИЋ: Верујте, Екселенције, да су све урадили и горе од овога што су најавили крајем 1990. године док су били дубоко у Југославији. Били су у Југославији. А спремили су делу свога становништва српске националности касапљење, које су на крају и извели. И

KARADŽIĆ: Why isn't it being translated? That should be a live translation. Minister Špegelj's words are being represented here clearly and they should be translated live, simultaneously.

JUDGE KWON: I take it that what we heard is the interpretation of what was just heard now. Let's proceed.

[START — video clip]

MARTIN ŠPEGELJ: The Army will be useless. It will be decimated, plus, all of them will be killed at home. Kill them on the spot, on the street, in the barracks, anywhere else they may be, just a pistol in the stomach ... show now mercy to anyone. Not even to women and children. When they're at home, it's simple — a bomb in the family home. Physical liquidation. A messenger comes to the home, shows up at the front door, and bang bang and he goes back down the stairs.... Then [another messenger] goes to another home simultaneously. The most dangerous ones can be killed right on their own doorsteps. You can forget about the women and the children. Nothing there. Forget about it.

We will use all means. We will use weapons and Serbs in Croatia will never again be what they once were. Their supremacy is history.

[END — video clip]

KARADŽIĆ: Believe me, Your Excellencies, that they did all this and worse from the moment they announced it at the end of 1990, when they were still deeply involved in Yugoslavia. They were still in Yugoslavia. They were setting up part of their population, Serbs, to be massacred, which in the end they carried out. And then what was promised, for example, at the inauguration of

ово што је тада обећано као што је, рецимо, на оснивању Странке демократске акције, Далибор Брозовић, обећао да ће се Хрватска бранити на Дрини, као у Другом светском рату — и рецимо неки несрећни Шиме Ђогдан српског порекла, хрватски екстремиста, рекао да ће се изнад Сарајева на једној српској планини вијорити ова шаховница за пет година. Е, за пет година се није вијорила, али за пет година је дошло до потпуног понављања онога што је било у Другом светском рату, и до избацивања оних колона које сте видели како беже из Хрватске.

То је све доступно и Тужилаштву и целом свету. Сви знају и кад се то дешавало и како је то завршило и колико је било аутентично и тачно. Али, Тужилаштво тврди да сам ја посматрао шта се дешава Србима у Хрватској и да сам на основу тога босанске Србе упозоравао и мобилисао, подстицао да буду опрезни и да се бране, итд.

Дакле, ја сам без основе, без разлога узнемиравао крајишке Србе, односно, од њих учио шта се може њима и босанским Србима, као њихов лидер, предочавао шта им се може десити и шта треба да ураде да им се то не деси. Тужилаштво каже да је то било без основа. Без увреде, а ово је заиста — овај претпретресни поднесак против мене морао бити бољи или ове оптужнице није требало бити.

Ако мине, гранате, мноштво избеглица, и оваква обећања од два министра силе у Хрватској, Министар унутрашњих послова и Министар одбране, нису опасност за Србе у Хрватској и опасност за Србе у БиХ, онда значи, требало је да ми будемо у дубокој анестезији и да не радимо ништа док нас не покасапе као книнске Србе. Ево како Тужилаштво то квалификује.

the SDA by Dalibor Brozović,[65] who vowed that Croatia would defend itself along the Drina River as it had done during World War II — and, for instance, the unfortunate Šimo Đodan, a Croatian extremist of Serbian descent, who said a checker-board flag would be fluttering atop a Serbian mountain above Sarajevo in five years' time. Well, five years have passed and it's still not fluttering up there, but over the course of those five years, there was a complete repetition of what had taken place during World War II, even including the expulsion of those columns of people whom you saw fleeing Croatia.

All of this is available to the Office of the Prosecutor as well as to the entire world. [EXHIBIT X] Everyone knows this happened and how it ended and how authentic and accurate it is. However, the Prosecution claims that it is I [alone] who observed what was happening to the Serbs in Croatia, on the basis of which I warned the Bosnian Serbs, mobilized them, urged them to defend themselves, etc.

Therefore, I, without having the grounds to do so, unreasonably agitated the Krajina Serbs and allegedly taught them and the Bosnian Serbs, as their leader — foresaw what would happen to them and what had to be done[66] in order for them to avoid it. The OTP says this is groundless. But really — no insult intended — this Pre-Trial Brief against me should have been better or there should have been no indictment against me in the first place.

If shells, grenades, waves of refugees and such pledges from the Ministers of Violence in Croatia, the Ministers of Defense and of the Interior, were not dangerous for the Serbs in Croatia and Serbs in B-H, then that means that we ought to have been in a deep state of anesthesia and that we ought to have done nothing while they butchered us like the Serbs in Knin. Here is how the OTP qualifies this.

А ево како би — када се то преокрене, само заменом имена и актера. Ово је права оптужница.

Караџић и руководство босанских Срба били су упознати са природом и сврхом хрватске кампање наоружавања, формирање илегалне војске кроз хипертрофију полиције, и збора народне гарде, као и отпуштање Срба са посла на етничкој основи, убистава по градовима, уставних амандмана које је још комунистичка Скупштина донела и отежала положај Срба. Били су упознати да хрватски Срби живе у страху због повратка познатих усташа из емиграције на високе положаје у Хрватској, због незадрживих припрема за једнострано оцепљење Хрватске од Југославије, због будућег положаја Срба у тој оцепљеној републици, која тај положај већ назначава променама устава на штету Срба. Караџић је био упознат са бригом крајишких Срба због чињенице да нова хрватска власт као најхитнији посао сматра промене уставног положаја Срба. Отпуштање Срба са посла, гомилање нових полицијских станица и снага у српским крајевима.

Караџић је крајишке Србе подржао у њиховом настојању да осигурају своју безбедности и наводио их као пример понашања за случај да Босна крене истим путем којим је кренула и Хрватска.

A Genuine Indictment II

And here's how [things would look] if we were to turn things around just by switching the names and protagonists. This is the genuine indictment.[67]

> Karadžić and the Bosnian Serb leadership were aware of the nature and purpose of the Croat armament campaign, the formation of an illegal army through the creation of an illegal army by means of a hypertrophied police force, the assembly of a national guard, as well as the dismissal of Serbs from their jobs on ethnic grounds, killings in [Serbian] towns, constitutional amendments which the Communist Assembly introduced to exacerbate the position of Serbs. They were well aware of the fact that Croatian Serbs were living in fear: because of the return of notorious Ustaša émigrés and their appointment to high official positions in Croatia; because of the unrestrained preparations for Croatia's unilateral secession from Yugoslavia; because of the future position of the Serbs in that torn off scrap of a republic, whose status has already been designated by alterations to the Croatian Constitution that were disadvantageous for Serbs. Karadžić was well acquainted with the concerns of the Serbs from Krajina because the new Croatian government considered changes in the Constitution with respect to the status of Serbs as its most urgent task. They fired Serbs from their jobs; they clustered new police stations and forces in Serbian areas.

То је права оптужница, али Тужилаштво неће да је потпише. Оно мене оптужује зато што сам био одговоран, као што сам морао, јер сам био на одговорној функцији.

Ево параграф 15 и 16, како то изгледа.

Видите како по новом Уставу Хрватска изгледа. Установила се као национална држава хрватског народа и држава припадника аутохтоних националних мањина Срба, Чеха, итд. А Срби су се удружили у Хрватску заједно са Крајином која је њихова и коју су добили од Аустрије, а не од Хрватске. Министар Бољковац, кога смо чули на почетку кризе 1990. односно у јануару 1991. сада има један став, моралнији, покајничкији. Нису ни Југославија ни Срби напали Хрватску, него је било обрнуто. А да видите како је то изгледало, војник у Сплиту, Сашо Гершовски, Македонац у својој земљи служи, у мају 1991. године.

[ПОЧЕТАК видео снимка]

... напади, њихове породице су изложене свим врстама притисака да их натерају да се иселе из Словеније и Хрватске. Сећате се да су први напади на припаднике Војске били напади разбеснелих цивила, националиста, на војнике који су служили војни рок у Сплиту. Том приликом војник Саша Гершовски је убијен. Овде су само неки од злочина почињених на официрима у Задру од стране усташких Црних легија.

[КРАЈ видео снимка]

Бјеловар, Сплит, војска у својој земљи, и овако гине. Ово су нечија деца, такође. Сашо Гершовски има родитеље, има породицу у Македонији.

Karadžić supported the Krajina Serbs in their effort to exist and to ensure their security and he cited their exemplary conduct in case Bosnia chooses [to follow] the same path as Croatia had.

That is the authentic indictment, but the OTP will not sign it. It is indicting me because I was responsible, as I had to be because I held a position of responsibility.

Now, here is what Paragraphs 15 and 16 look like.

Croatia's New Constitution

You see what Croatia looks like according to its new Constitution. It established itself as the national state of the Croatian people and the state of the members of autochthonous national minorities, Serbs, Czechs, etc.[68] But the Serbs joined Croatia together with Krajina, which belongs to them, which they received from Austro-Hungary — and not from Croatia. Minister Boljkovac, whom we have heard at the very beginning of the crisis in 1990 — January 1991 — has now taken a more moral and penitent position.[69] Neither the Serbs nor Yugoslavia attacked Croatia — it was the opposite. And in order for you to see what that looked like, a solder, Sašo Geršovski, a Macedonian conscript who was doing his [obligatory] military service in his own country, in Split, in May 1991. [EXHIBIT XI]

[START — video clip]

... attacks, their families are being exposed to all sorts of pressures to compel them to move out of Slovenia and Croatia. You remember the first attacks on members of the Army were made by infuriated civilians, nationalists, on soldiers who were doing their military service in Split. On one such occasion, soldier Sašo Geršovski was killed. Here are only some of the atrocities

А да видимо шта каже Ворен Цимерман, који није био Србима баш нимало наклоњен, шта каже о овој ситуацији. "ЈНА је била легитимна сила војска своје земље." А Тужилаштво мени ставља на терет да сам подржавао одазивање на мобилизацију и одлазак регрута у једину легитимну војску. И налази везу између Српске демократске странке и војске.

Рећи ћу вам, Екселенције, војска је на Српску демократску странку, као на некомунистичку, гледала исто као на СДА и ХДЗ. Док нису видели да не смеју заноћити у местима где влада СДА и ХДЗ, тек тада су схватили да морају своја оружја и све изместити у српске крајеве — не ради Срба. Овде ће Тужилаштво да вас уверава како су то они урадили ради Срба. Не. То су били комунистички генерали који нас нису волели. Али су видели да не смеју ни заноћити, ни они ни њихова опрема, тамо где влада СДА и ХДЗ. И због себе су — и једино смо ми попуњавали ту војску целу годину дана. Хрвати и Муслимани нису ишли у војску. Повукли су и официре, и стварали своје армије. Тужилаштво ће Вам после да каже како се ЈНА претворила у војске Републику Српске. Све војске у Југославији, у свим републикама, настале се од ЈНА. Само што су остале настајале постепено, јер су они стварали своје оружане формације у дугом периоду, а Срби су одбили да стварају своје оружане формације док није наређено да се војска Југославије, као њихове домовине, повуче из Босне. Тада су, нормално, ти људи пришли свом народу.

Ево погледајте како је Немачка и 1991. као и 1941. честитала својој савезници Хрватској. Морам да кажем нашим западним савезницима из Првог и Другог светског рата да можда морамо Хрватима да завидимо на "савезницима." Немачка се показује као много по-

committed on officers in Zadar by the Ustaša Black Legions.[70] [EXHIBIT XII]

[END — video clip]

Bjelovar, Split: the Army is in its own country, and this is how they died. These are somebody's children, as well. Sašo Geršovski has parents; he has a family in Macedonia.

And now let's see what Warren Zimmermann, who was not at all friendly to the Serbs, had to say about this situation.[71] "The JNA was a legitimate force in its own country." But the Prosecutor is charging me with supporting a call for mobilization and the conscription of recruits who went into the only legitimate army [that then existed]. And it finds a connection between the Serbian Democratic Party [SDS] and the Army.

I shall tell you, Excellencies, that since the SDS was a non-Communist Party, the Army viewed us the same way as they did the SDA and the HDZ. It was only when they realized that they did not dare spend a single night in areas controlled by the HDZ and the SDA, only then did they realize that they had to move their weapons into Serbian areas — and not for the Serbs' sake. Here the OTP will assure you that they did this for the Serbs' sake. No. Those were Communist generals who did not like us. But they understood that they couldn't even dare spend a night with their equipment in areas controlled by the HDZ and the SDA. And for their own sake they — and it was only we Serbs who filled the ranks of the Army for an entire year. Croats and Muslims did not join the Army. They withdrew their own respective officers and created their own armies. The OTP is then going to tell you that the JNA turned into the Army of the Republika Srpska. All the armies in all the republics of [the former] Yugoslavia originated with the JNA. Except that the others came into existence gradually because they created their own respective armed formations over a longer period of time; whereas the Serbs refused to create their

узданији савезник него наши савезници из Првог и Другог светског рата, који су се окренули против Срба и нанели нам много бола. Дакле, и то показује да је Немачка победа 1991. потпуна и дефинитивна.

Е, сада видите шта Тужилаштво мени ставља на терет. Кажу да је основни грех наш што смо хтели да имамо политику — значи, мој грех је што сам оснивао и одржавао континуитет СДС и државних структура. Дакле, оснивање политичке партије код Срба је кривично дело.

Подсетићу вас да су Срби последњи формирали политичку странку, етничку у БиХ. Четири месеца пре избора. Пре тога су сви други формирали. И где су показали шта су програми тих странака — и много су забринули Србе који су онда захтевали да добију своју странку. Значи, све што су Срби урадили, формирали странку, формирали Скупштину, учествовали на изборима — све су то радили, према Тужилаштву, са намером да једног дана направе своју државу у Босни и да истерају из те државе Муслимане и Хрвате. Уместо да Тужилаштво изолује неко кривично дело које је овај оптужени направио, оно криминализује комплетан један народ и сваку његову активност, легалну, легитимну, политичку активност, проглашава за удружени зло-чиначки подухват, било шта што су Срби хтели.

А хтели су и понашали су се не како су они хтели. Срби нису имали *акције*; Срби су имали *реакције*. Тужилаштво пропушта да то схвати у контексту и пропушта да закључи шта би било да није било акције. Да ли би била таква српска реакција?

Ко може да каже: "Овде смо чули на прошлој [неразумљиво], да је легитимна била акција војске Републике Српске на Жепу и Сребреницу"? Па како

own armed formations until the order had been given for the Yugoslav Army, as the army of their homeland, to withdraw from Bosnia. These individuals naturally joined their own people.

Now, I urge you to see how Germany congratulated its ally Croatia in 1991 just as it had done in 1941.[72] I have to say to our Western Allies from the First and Second World Wars that perhaps we ought to be envious of the Croats for their "allies." Germany proved to be a far more reliable ally than our allies from the First and Second World Wars, who turned against the Serbs and who inflicted a great deal of pain on us. This, therefore, demonstrates that the German victory in 1991 was complete and definitive.

Now, you see what charges the OTP has brought against me. They say that our fundamental transgression was the fact that we wanted to have a policy of our own — that means my sin was establishing and upholding the continuity of the [SDS] and state structures.[73] Therefore, establishing a political party is, for Serbs, a criminal act.

The Serbs Were the Last to Form an Ethnic Political Party

I would like to remind you that the Serbs were the last to form an ethnic political party in B-H. Four months before the elections. All the others formed their own parties well before that. And wherever these political parties went to promote their political programs, it caused great concern among the Serbs who then demanded the formation of their own party. This means everything that the Serbs did, forming a political party, establishing an Assembly, participating in elections — everything that they have done, according to the OTP, was with the intention of one day creating a state of their own in B-H and expelling from that state Muslims and Croats. Instead of isolating a particular crime that was committed by the Accused, the OTP is criminalizing an entire people, and each and every legal and legitimate activity in which they engaged, as well as political activities,

онда може да се извуче закључак да би Срби дошли до кривичних дела, да није било легитимних акција, да нису биле провокације? Овде се узима да је Српска демократска странка формирана са намером да уради оно што јој никад није пало на памет. Нити је у том тренутку то уопште изгледало да ће се нешто радити. Овде су на основу напора овог Тужилаштва осуђени изванредни људи које ја добро знам. Господин Крајишник, двадесет година робије као да је водио банду разбојничку. Осуђен је по законима који су мафијашки, а он је водио једну демократску скупштину. Осуђени су генерали — сјајни, дивни људи — као да су насртали на мирно становништво, а не као да су насрнули на троструко бројнију армију у којој је било таквих стравичних бестијалности и убица.

Ево, зна се име овога момка чија је глава — овде. То је у Босни. И то је армија против које су се борили моји генерали само на својим територијама, бранећи те територије против оваквих бораца који су били спремни да ово раде и да се сликају.

Али, Тужилаштво се држи као да су Срби, уместо што су се суочили са разјареним биком, да су насрнули на умиљато јагње и наносили му бол и наносили му штету.

Основни проблем Тужилаштва је да је постајала Српска демократска странка. Кажу централистичка, кажу вођа оштар, вођа аутократа, итд.

А погледајте зашто прво се код Срба не може без војске и полиције, и једне партије, бити аутократа. Не може. Они су врло протестни. Немогуће Србима владати ако не насилно. А погледајте за што се тај вођа залагао.

which have all been proclaimed a joint criminal enterprise, regardless of what the Serbs wanted.

They [the Serbs] did not act and behave the way they wanted to. The Serbs did not act; they reacted. The Prosecution fails to understand this in context and it fails to determine what would have happened had no such actions occurred to begin with. Would the Serbian reaction have been the same?

Who can say: "We heard on the last [unintelligible] that the Army of the Republika Srpska acted legitimately with respect to Žepa and Srebrenica"? So how could a conclusion be drawn that the Serbs committed crimes, that these actions were not legitimate, and that there were no provocations? It is held here that the Serbian Democratic Party was created with the intention of doing something that had never crossed its mind. Even at that time, it did not look as though it would happen. Here, on the basis of the efforts made by the OTP, outstanding individuals, whom I know well, have been convicted. Mr. Krajišnik was sentenced to twenty years in prison as if he had been leading a gang of thieves. He was sentenced according to mafia-like laws even though he had led a democratic parliament. Generals — wonderful men — have been sentenced as if they had attacked peaceful inhabitants instead of having attacked an army that was three times larger than their own, and one that had committed horrible bestial acts and killings.

We know the name of this young man whose head — is here. [Exhibit XIII] This is in Bosnia. This is the army against which my generals fought exclusively on their own territory, and defended those territories from such combatants, who were prepared to do such things and then pose to have their pictures taken.

But the OTP maintains that the Serbs, instead of having confronted a raging bull, had attacked an adorable lamb and had inflicted pain and irreparable harm on it.

Потреба Тужилаштва да мене прикаже као монструма потиче због тога што они немају доказа, па ће се лакше веровати ако се оптужени прикаже као монструм, него ако се прикаже као реална личност.

Веома је значајно признање Тужилаштва да ја лично нисам направио ниједно кривично дело. Али, ја мислим да је то и веома рискантно. Рискантно са становишта интереса Тужилаштва. Ако ја нисам направио ниједно кривично дело, него су то направили они који су са мном делили исте вредности, онда се мора постављати питање зашто су они то направили. Они су то, према становишту Тужилаштва, направили да би се постигли одређени циљеви. Али, апсолутно је апсурдно и парадоксално да се српској страни приписује понашање које је директно супростављено тим циљевима. Тим понашањем се не могу постићи ниједни српски циљеви, па чак нити криминални, које Тужилаштво приписује српској страни.

Етничко чишћење. Српска демократска странка и Радован Караџић и српски народ у БиХ су учинили све, све, све што се могло учинити да се рат избегне.

Овде ћемо, Екселенције, поставити ствари на своје место. Поставићемо хронолошки шта се дешавало, шта је био узрок, шта је била последица, шта је из свега проистицало, па ћемо онда видети да таква хронолошка анализа која ће доказати каузалност, секвенцијалност, опције које су стајале. Да видимо да ли су Срби могли нешто друго да ураде са тим истински —

СУДИЈА КВОН: Г. Караџић, молим вас.

КАРАЏИЋ: Имам пет секунди, Екселенције.

Тада ћемо видети да ова оптужница није смела да се појави, јер је све у самој ствари, у самој кризи, у самом

The OTP's basic problem is the existence of the Serbian Democratic Party. They claim it was a centralist party, that the leader was harsh, that the leader was an autocrat, etc.

I invite you to see why, first of all, one cannot be an autocrat among Serbs without the army and the police, and one party [rule]. It's impossible. Serbs are quick to go out and protest. It is impossible to rule Serbs without force.[74] And take a look at what this leader advocated.

The OTP Needs to Present Karadžić as a Monster

The OTP needs to present me as a monster because it doesn't have any evidence, so it would be easier for it to make its case if it portrays the Accused as a monster rather than a real person.[75, 76]

It is significant that the OTP has admitted that I personally committed not one single crime.[77] But I think that is quite risky. Risky from the standpoint of the Prosecution's interests. If I did not commit one single crime, but crimes had, instead, been committed by those who shared the same values as I did, then the question must be posed: Why did they do such things? They, from the OTP's standpoint, set it up that way in order to achieve predetermined objectives. However, it is positively absurd and paradoxical to ascribe such behavior to the Serbian side, which had been directly opposed to such goals. Not one Serbian goal could have been achieved by such conduct, not even the criminal objectives that the OTP ascribes to the Serbian side.

Ethnic cleansing.[78] The Serb Democratic Party and Radovan Karadžić and the Serbian people in B-H did their utmost — everything, everything that could have been done to avoid war.

Here, Excellencies, we are going to put things in their proper place. We are going to present what happened chronologically, what was the cause, and what was the effect, and what resulted from this, and then we are going to see that such a chronological analysis is going to demonstrate causality, sequentiality, and the

140

рату постоје потпуна објашњења за све која потпуно искључују српску одговорност. Али то је, захваљујући таквом приступу Тужилаштва замагљено и нажалост у неким већима ово Тужилаштво успело да придобије, да увери неке судије да је онако како они кажу.

СУДИЈА КВОН: Идемо на паузу од пола сата.

— Пауза почела у 12.02 часова

options that were then available.[79] Let us see whether or not the Serbs could have truly done anything else —

JUDGE KWON: Mr. Karadžić, please.

KARADZIĆ: I have five seconds, Your Excellencies.

Then we are going to see that this Indictment should never have been issued in the first place because there is ample explanation in the events themselves, in the crisis, in the war itself, for which they have determined the Serbs to be held responsible. But thanks to such obscurantist acts by the Tribunal, the Tribunal has, unfortunately, succeeded in some Chambers to win over and convince some judges that things stand just as they portrayed them.

JUDGE KWON: We will break for half an hour.

— Recess taken at 12:02 p.m.

— Наставак у 12.33 часова

СУДИЈА КВОН: Да, господине Караџићу.

КАРАЏИЋ: Хвала, Екселенције. Мало смо ишли у Хрватску, јер је Тужилаштво увело Хрватску. Ја немам ништа против, јер је то један народ и један крај и једна криза.

Да мало погледамо, да вас мало подсетим како све укупно ово изгледа са почетком. Значи, 1990. година почиње пропашћу Савеза комуниста Југославије. Они не успевају да заврше свој четрнаести Конгрес. Распадају се на националне савезе комуниста. Дакле, поново етнички се деле. У том тренутку Караџић је дисидент већ од 1968. године. Право да вам кажем, живим са својим пријатељима, породично, и радим и не верујем да ће комунисти икад отићи са власти. А они, очигледно, иду са власти, и одобрава се стварање вишепартијског система.

27. марта, 1990. године, група Младих муслимана, познатих по вишегодишњим робијама у више процеса, објављује да ће формирати муслиманску партију, која је отворена и за друге, али је то муслиманска партија са циљевима муслиманским, и то Србе не забрињава, јер у програму пише да неће ни да разговарају са странкама које су против Југославије. Али, већ сутрадан, на старој српској цркви, осванули су графити против Срба, на дому ЈНА против Срба. Дакле, то је већ једна — за бригу. Ствара се муслиманска партија, а непријатељи ће бити ЈНА, Дом војске, је ли, и Срби.

15. маја 1990. године, формира се Форум за заштиту индивидуалних и традиционалних права Муслимана. Већ су били избори у Хрватској 22. априла. ХДЗ, као најетничкија и најекстремнија политичка партија која је

— On resuming at 12:33 p.m.

JUDGE KWON: Yes, Mr. Karadžić.

KARADŽIĆ: Thank you, your Excellencies. We briefly revisited Croatia because the OTP had introduced Croatia. I have nothing against it because it involves one people, one region, and one crisis.

An Overview of the Events of 1990

Let us take a closer look, so that I may call to your attention how all this looks cumulatively from the beginning. In 1990, the League of Communists began to disintegrate. They failed to conclude their Fourteenth Convention. They disintegrated along national lines within the League of Communists. Therefore, they were divided once again along ethnic lines. At that time, Karadžić had been a dissident since 1968. To tell you the truth, I was living with friends, my family, and I was working, and I didn't believe that the Communists would ever leave power. But, obviously, they relinquished power, and the creation of a multiparty system was permitted.

On March 27, 1990, a group of Young Muslims, who were known to have served lengthy prison sentences resulting from various trials, announced that they were going to form a Muslim party that would be open to non-Muslims, but it was going to be a Muslim party with Muslim objectives, and this did not overly concern the Serbs because their program stated that they were not even going to hold talks with anti-Yugoslav parties. However, the very next day, graffiti targeting Serbs appeared on the Old Serbian Church and on the JNA building. So, this was already one cause for concern. A Muslim party was being created and its enemies were going to be the JNA, the Army Headquarters, and the Serbs. Isn't that so?

On May 15, 1990, a Forum for the Protection of Individual and Traditional Rights of Muslims was established. The Croatian

144

веома вешто асимиловала политику Правашких странака које су и довели до усташа, али су асимиловали и победили су.

Сад смо до 26. маја. СДА, Странка демократске акције, има своју оснивачку скупштину која је најављена 27. марта. Срби ни не помишљају да имају било какву политичку странку.

Рекли смо да је на тој седници, на тој оснивачкој скупштини — да је Далибор Брозовић рекао да ће се Хрватска бранити на Дрини, а нико их није напао, нити се најављује ишта. То је мај 1990. то је месец дана — мање од месец дана — од избора у Хрватској. Тек 28. јуна, Срби у Сарајеву и у Босни, једна јака заједница, обнавља рад забрањене Просвете. То је српско просветно културно друштво Просвета, познато још из времена Аустро-Угарске, забрањивано и током Првог светског рата, и одмах након Другог светског рата, и нажалост, морам да кажем, да су се по српском питању комунисти врло често слагали, односно налазили сагласност и са усташама и немачким нацистима. Што је сметало њима, то је сметало и комунистима.

Тек 12. јула, Српску демократску странку формира група интелектуална, елитна, научна елита српска, натерана од народа који не зна шта ће сада. Мораће да гласа за реформисане комунисте, јер ови сви — ХДЗ се већ прелио у Босну. Победио је у Хрватској, делује у Босни, вежу заставе ХДЗ и СДА на митинзима, заједно наступају као једна коалиција, а Срби немају ништа, и захтев је према интелигенцији српској да се формира српска странка. 12. јула се формира Српска демократска странка. Изетбеговић долази, поздравља, каже да смо требали раније, да су очекивали партнера из српског народа. На питање из публике како гледа на Југославију,

elections had already taken place on April 22. The HDZ, which was the most ethnically oriented and extremist party, had successfully assimilated the policies of the *Pravaška strana*[80] which led directly to the Ustaše, yet they did manage to assimilate their policies and win elections.

Now we come to May 26. The Party of Democratic Action [SDA] held its Inaugural Assembly, which had been announced on March 27. The Serbs, at that moment, had not even entertained the notion of establishing any kind of political party.

We have said before that at this meeting — the Inaugural Assembly — Dalibor Brozović said that Croatia was going to defend [i.e., its alleged border] on the Drina River even though no one had attacked it, and even though no one had announced any plans to do so. That was in May 1990, a month — less than a month — after the elections in Croatia. It was only on June 28 that the Serbs in Sarajevo and Bosnia, a strong community, resumed the operation of *Prosveta*,[81] which had been banned. *Prosveta* is a Serbian educational and cultural society that had been well known since the days of the Austro-Hungarian Empire, and that had been banned both during World War I and immediately after World War II, and I have to say, unfortunately, that when it came to the Serbian question, the Communists very often acted in unison — i.e., found agreement — with the Ustaše and the German Nazis. Whatever bothered them also bothered the Communists.

It was only on July 12 that a group of intellectuals — a scholarly elite — formed the Serbian Democratic Party as a result of pressure from the people, who did not know what they were going to do next. They would either have to vote for the reformed Communists because all the others — the HDZ had already spilled over into Bosnia. It had already won elections in Croatia and was active in Bosnia. They were hoisting the ban-

он је рекао, "Ја сам за разумну федерацију," што и пише у његовом програму. И тиме је г. Изетбеговић поставио основе за нашу пост-изборну коалицију, уверивши нас да нема разлика у нашим програмима.

Тужилаштво пропушта да изнесе — а иначе трага за елементима *mens rea* из карактера ових актера и вођа Српске демократске старнке и српског народа, али пропушта да нам представи ко су ти оснивачи Српске демократске странке. Да ли су то екстремисти, лузери, пробисвети, или су то просто људи из универзитета, писци по неколико књига, филозофи, научници, који ће после, жртвујући све и живећи три-четири године у планинама и у пустоши, служећи своме народу, представљати једну од најобразованијих влада у Европи. Ниједна влада у Европи није имала толико не-политичких, непартијских личности које су биле — са високим знањима, и моралним ауторитетом, и стручним знањима, водили једну малу заједницу у најтежим временима.

То не одговара Тужилаштву, зато неће да изнесе такву ствар.

Трагајући за *mens rea*, уважени против-Југословен Тигер сеже чак до Цара Душана. Нема између Цара Душана и мене ништа, што би се могло ставити на терет, него се налази у пример код Цара Душана да сам ја хтео што је и Цар Душан имао, етнички чисту српску државу, итд. Цар Душан је имао титулу Стефан Душан, Цар Срба, Грка, и Арбанаса. Српска држава је у време Цара Душана, четрнаести век, била мултиетничка држава. И Србија је данас најмултиетничкија држава у источној Европи, а можда у Европи. Нема нигде толико мањина колико живе и раде и напредују и интегрисане су али нису асимиловане, него се чува њихов идентитет,

ners of the HDZ and SDA at rallies, and they were acting together as a single coalition, whereas the Serbs had nothing, and the Serbian intelligentsia faced the necessity of establishing a Serbian political party. The Serbian Democratic Party was established on July 12. Izetbegović came to the rally, greeted us, and said that we ought to have founded the party sooner; that he was awaiting a partner from the Serbian people. He fielded a question from the audience about his views on Yugoslavia, and he said, "I'm in favor of a reasonable federation," which had been written into his [party's] platform. And Izetbegović thereby laid down the foundations for our post-election coalition by convincing us that there were no major differences between our political platforms.

The Prosecution omitted stating — although it was searching for elements of *mens rea*[82] from the character of the protagonists and leaders of the Serbian Democratic Party as well as from the Serbian people — but it omitted stating who the founders of the Serbian Democratic Party were. Whether they were extremists, losers, good-for-nothings or whether they were simply university professors, authors, philosophers, and scientists who would subsequently, after having lived for three or four years on mountains and in wastelands [i.e., during WWII] and had survived to serve their people, represented one of the most educated administrations in Europe. Not one single government in Europe had so many non-political personalities independent of party affiliations as did the SDA — with a very high level of knowledge, moral authority, and specialized expertise, who were leading a small community in very difficult times.

This does not suit the Prosecution, and that is why they disregarded this matter.

In his search for *mens rea*, the esteemed anti-Yugoslav Tieger reaches [far into the past] all the way back to Tsar Dušan.[83] There is nothing that Tsar Dušan and I share that could be added

нигде као у Србији. Цар Душан није пример за етнички чисту државу.

У првим наступима, као политичар, овај оптужени о југословенској кризи најавама сецесија, предлаже скандинавизацију. Сви знамо — све су владе већ објављивале, и пре Титове смрти да ће — ако се Југославија распада, пре свега Босна настрадати. И пишем и писмо и Милану Кучану и предлажем свима да се изврши скандинавизација. Скандинавске земље су се 1905. године договориле да се разиђу. Мирно су договориле границе, оставиле су шест месеци оптантима да се одлуче у којој земљи ће да живе, и данас су те земље и срећне, и богате, и веома блиске.

Истовремено се овај оптужени залаже против цепања БиХ. Кад је кренуо сецесионизам у БиХ, Караџић се залаже за швајцаризацију, и назива је: "Нека Босна буде јужна Швајцарска." Где год има тридесет/педесет хиљада једних, других, или трећих, нек направе себи кантон. Не морају кантони да имају континуитет територијални, јер није било рата у том тренутку. Важно је да свако обавља своје послове и администрира и да се међусобно не сукобљавају око перманентних покушаја доминације и експлоатације и злоупотреба.

Морам да кажем да је питање кантонизације први пут поменуто у једним новинама у Загребу, али смо ми то одмах прихватили као спасоносно ако ће Босна већ нешто да чини.

Када се Тужилаштво, у потрази за *mens rea* намерама Српске демократске странке, кад хоће да докаже да се Српска демократска странка формирала да би извела рат и да би извела формирање српске државе и да би отерала друге, итд., онда се не позива ни на шта, него на

to the charges against me, but, in the example of Tsar Dušan, one may find instead that I wanted what he had achieved, an ethni-cally pure Serbian state, etc. Tsar Dušan held the title Stefan Dušan, Tsar of the Serbs, Greeks, and Albanians. The Serbian state during Tsar Dušan's reign in the fourteenth century was a multi-ethnic state. Even today, Serbia is the most multi-ethnic state in Eastern Europe, perhaps even in Europe. Nowhere else are there so many minorities who live and work and advance themselves and who have integrated but who have not assimilated, who instead have preserved their identity in Serbia as they have nowhere else. Tsar Dušan is not an example for an ethnically pure state.

In his initial actions as a politician, the Accused, in response to the Yugoslav crises caused by the announcement of secessions, proposed Scandinavian-ization. We all know — all of our previous governments had made it public even before Tito's death — that if Yugoslavia were to fall apart, Bosnia would be at the forefront as a victim. I even wrote to Milan Kučan and proposed for one and all to carry out [a plan of] Scandinavian-ization. The Scandinavian countries agreed to part ways in 1905. They agreed to their borders peacefully; they gave counties six months to decide in which country they wanted to live, and to this today all these countries live happily, prosper, and remain close.

At the same time, the Accused came out against the break-up of B-H. When secessionism began in B-H, Karadžić was in favor of Helveticizing Bosnia, and he said: "Let Bosnia be the southern Switzerland." Wherever there might be thirty/fifty thousand of one or the other, or a third, let them create a canton. The cantons did not need territorial continuity because there was no war going on at the time. It was important for everyone to go about their business and administer the country and avoid internal clashes over permanent attempts to dominate, exploit, and mistreat.

150

ствари које су се десиле по логици грађанског рата, а не по намери Српске демократске странке. На изборима, Српска демократска странка је добила скоро све гласове српског народа, као уосталом и друге, остале националне странке, 98 и нешто посто — један и по посто било за неке друге странке. То је огромна одговорност. Добили смо то на демократском програму из кога Тужилаштво не може да прикаже ниједан елеменат наше одговорности, или ниједан елеменат на коме би почивали догађаји који су дошли. Не може да нађе у тим нашим програмима, документима, не може да нађе повод за то.

А требало би Тужилаштво да не гледа шта је неки посланик рекао у љутини, или негде, него да узме документе и да каже: "Ево шта је хтела Српска демократска странка!"

Ми смо власт поделили у БиХ и направили смо једину коалицију коју је било могуће направити. Српска демократска странка, у име српског народа којег је представљала, добила је, узела је, и прихватила је место председника Скупштине. То није извршна власт. Муслимани су добили председника Председништва, Хрвати председника владе, иако су они седам-наест/осамнаест посто, али није битно. Колико је год, они су равноправни и конститутивни народ. У подели министарстава, Српска демократска странка не тражи ни Минстарство унутрашњих послова ни Министарство одбране. Срби траже Министарство пољопривреде, јер видећете на мапи када она дође, и видећете да је — ево, ово су, Екценленције, ово су простори — плави простори где Срби су и данас после разних геноцида, већинско становништво. Зато Српска демократска странка тражи Министарство пољо-привреде.

I must say that the issue of cantonization was mentioned for the first time in one of the Zagreb newspapers, but we accepted it immediately as beneficial if Bosnia were going to do something.

When the OTP, in its search for *mens rea* in the intentions of the Serbian Democratic Party, wants to prove that the SDS was formed in order to start a war and form a Serbian state and to expel others in the process, etc., it cites absolutely nothing except what unfolded according to the logic of the civil war, but not the intentions of the SDS. After all, just as other national parties, the SDS won nearly all the votes of the Serbian people, around 98% of the vote — the remaining 1½ percent voted for other parties. That was an enormous responsibility. We won on a democratic program in which the Prosecution is unable to show one single element of our responsibility or one single element on which subsequent events were based. It can't find one in our program, our documents — the OTP is unable to find any motive for that.

The OTP ought not take into consideration what a representative said somewhere in a fit of anger; instead, it ought to have taken documents and said: "Here, this is what the SDS wanted!"

We shared power in B-H, and we created the only coalition that was possible to create. The Serbian Democratic Party, in the name of the Serbian people that it represented, won, assumed, and accepted the post of the Presidency of the Assembly. That is not the executive branch. The Muslims won the Chairmanship of the Presidency,[84] and the Croats won the Prime Minister's post, even though they constituted only 17% or 18% [of the population], but that did not matter. Regardless of their number, they are a constituent people who possess equal rights. In the allocation of ministerial positions, the SDS did not seek either the Ministry of the Interior or the Ministry of Defense. The Serbs sought the Ministry of Agriculture, because you will see on the map

Кад смо већ код ове мапе, хтео бих да подсетим и Веће и Тужилаштво, да ли овај народ, коме је ово домовина од вајкада, безначајни фактор у Босни, да се може против њега и мимо њега доносити одлука о његовој судбини? Зато што је неком стало да прекрши Устав и законе и да чак ни по основу бројчане премоћи једноставно, и кад нема услова да демократски донесе такву одлуку, овај народ на овим просторима треба да прогута и да прихвати диктат друге две стране? Ми смо узели Министарство науке, ми смо узели Министартство информисања. Једноставно, није било ни једног министарства, ничега што би било потребно за рат.

А, одмах након избора, овај оптужени је због тензија у друштву, изашао са предлогом да се формира експертска влада, да се страначки људи не упуштају у власт. Све су то дугогодишњи дисиденти. Немају искуства у вршењу власти. Код комуниста нису били омиљени. Да се узму експерти. Овај оптужени такође се нигде није кандидовао, јер је својим страначким колегама препоручио да страначки људи не иду у власт, него да иду технократе. Друге две партије нису то прихватиле, али Српска демократска странка је остала при томе. Један једини министар српски био је члан Српске демократске странке — Министар информисања. Сви остали су били — неки су били за време комуниста — двојица су били министари за време комуниста. Узели смо Министарство правде, узели смо ово што сам рекао, финансија, пољопривреде, итд.

ПРЕВОДИЛАЦ: Љубазно молимо оптуженог да говори спорије да омогући превођење и вођење записника.

when it appears, you will see — here, there they are, Excellencies — these areas, these blue areas [EXHIBIT XIV] are where the Serbs remain a majority of the population even today after various genocides. That is why the SDS sought the Ministry of Agriculture.

Since we already have the map before us now, I would like to call the attention of the Chamber and the Prosecution [to this question]: Is this people, whose homeland this has been since time immemorial, such an insignificant factor in Bosnia that decisions may be made about their fate against their will or by circumventing them? Because someone was determined to violate the Constitution and laws simply to overwhelm them with statistics when there were no conditions to democratically render such a decision which these people in these areas had to swallow and had to accept as the diktat of the other two parties? We took the Ministry of Science and the Ministry of Information. Simply put, there was not one single ministry in our hands that would have been necessary for war.

The Formation of a Government of Experts

Immediately after the elections, the Accused, on account of social tensions, came out with a proposal to form a government of experts, and to disallow party members in government. Those were all people who had been dissidents for many years. They did not have experience running an administration. They were disliked by the Communists. Let's get experts. The Accused likewise did not put himself forth as a candidate, because he and his party associates proposed that party members should not be in the government but proposed, instead, to go with technocrats. The other two parties did not accept this, but the SDS stood by its position. Only one Serbian minister was a member of the SDS — the Minister of Information. All the rest were — some had been ministers during the Communist era — two were ministers who had served during the Communist era. We took the Minis-

КАРАЏИЋ: Дакле, како Тужилаштво може да превиди та настојања Српске демократске странке, и како може намере за рат које сежу од јула 1990. године, с којим циљем је и формирана Српска демократска странка? Како може да саобрази са избором министарстава и са понашањем Српске демократске странке да власт препусти технократама?

Исто Тужилаштво упада у једну замку због непознавања, незнања језика.

Па када Српска демократска странка уочи самог рата, у уочи највеће кризе, а у склопу конференције, где је добила право на конститутивну јединицу, на полицију, на националну гарду, да ће добити владу, речи овога оптуженога:

> Ово смо договорили. Идите на терен.
> Узмите власт у своје руке. Будите одго-
> ворни, итд.

Тужилаштво преводи као "преузмите." Један од главних ствари у овој оптужници је како су Срби преузели власт у општинама. А погледајте, Екселенције, ову мапу. Срби нису имали потребе да преузимају власт, него само да врше одговорно власт коју су добили на изборима. Зашто би преузели? Од кога да преузму, кад су тамо већ на власти? На овој мапи видите где су све Срби били на власти.

Од кога бисмо ми у Бијељини преузимали власта? А Бијељина ће се овде појавити као насилно преузета општина, а ми смо тамо, као уосталом и свуда. Али то непознавање језика. Када неко преузима неки алат, онда то је његов алат па га ја преузимам. А када неко узима алат, то узима свој алат, који ту стоји, и узима га. Дакле,

try of Justice, we took what I said before, Finance, Agriculture, etc.

INTERPRETER: The Accused is kindly asked to slow down for the benefit of the translation and the record.

KARADŽIĆ: Therefore, how is it possible that the Prosecution overlooked these efforts made by the Serbian Democratic Party, and how can [it impute] an intention to wage war, the purpose for which the SDS was [allegedly] established, that goes back to July 1990? How can it conform this with the SDS's choice of ministries, and its conduct in turning the government over to technocrats?

The Prosecution also falls into a trap because of its lack of knowledge, its ignorance of the language.

So when the SDS, on the eve of the war, on the eve of the most serious crisis, obtained in accordance with the Conference the right [for Serbs] to have their own constituent unit, their own police force, their own National Guard, and their own government, in the words of the Accused:

> This is what we agreed to. Go into the field.
> *Take* the administrative duties into your own
> hands. Act responsibly, etc.

The OTP translates this as *take over*. One of the principal charges in this Indictment is the claim that the Serbs *took over power* in municipalities. But, Excellencies, please look at this map. There was no need for Serbs to *take over power* but simply to assume in a responsible manner the administrative duties that they had won in the elections. Why would they *take over*? From whom? From whom would they *take over power* when they were already in office in these areas? You can see it on this map where all the Serbs were in office.

From whom would we *take over power* in Bijeljina? But Bijeljina will be depicted here as a county that was *taken over* by

драстична је разлика. А реч је свега — "пре" — једно "пре" се разликује. И она је довела до ове оптужнице.

Дакле, не само да нисмо узели Министарство унутрашњих послова, него ни на нижа места у министартсву унутрашњих послова на регионалном нивоу заменика министра, итд. Нисмо довели ни једну једину личност која већ није била у полицији. Нисмо довели ниједног криминалца.

Ја сад препоручујем Вашој пажњи — интерцепт, снимљен разговор овога оптуженога са замеником министра, који ће овде бити сведок, где се добија потврда, где коначно и тај заменик министра није био члан СДС-а.

[ПОЧЕТАК аудио сминка]

КАРАЏИЋ: Вито, ми нисмо довели ниједног криминалца. Нисмо—

ЖЕПИНИЋ: Ја говорим за њих.

КАРАЏИЋ: Гледајте, молим вас. Ми смо чистог образа. Ми нисмо довели ниједног човека који већ није био у МУП-у. Њихов интерес је, Вито, да доводе одане људе. Слушајте мене добро. Одане људе они су довели. И јесу нас они прешли, и они су нас прешли док смо ми довели стручне људе и поштене људе који немају никакве везе са странком.

ЖЕПИНИЋ: Ја ћу то питати и упутити отворено писмо онај секретару СДА и председнику странке: Да ли је у интересу муслиманског народа да доводе криминалце?

force, but we have always been there, just as, after all, we were everywhere else. But this is a result of not knowing the language. When a person *takes over* [преузима] a tool, that tool belongs to another person, so I'm taking over possession of it. But when someone *takes* [узима] a tool, he is taking something that belongs to him. Therefore, there is a drastic difference. And it all hinges on the word [i.e., prefix] *pre* [пре] — one single prefix differentiates them. And it led to this Indictment.

The SDA Brings Criminals into the MUP[85]

Therefore, not only did we not take the Ministry of the Interior, we didn't even have any ministers or deputies at the regional level there, etc. We did not bring one single person into the police force who had not already been a member. We did not bring one single criminal [into the police force].

I would now like to call your attention to the intercept of a recorded conversation between the Accused and a Deputy Minister, who will testify here, and it will be confirmed by this Deputy Minister that he was not a member of the SDS.

[START — telephone intercept]

KARADŽIĆ: Vito, we haven't appointed one single criminal. We haven't —

ŽEPINIĆ: I'm talking about them.

KARADŽIĆ: Look, please. We have nothing to be ashamed of. We haven't brought in one single man who wasn't already in the MUP. It is in their interest, Vito, to appoint people dedicated to their cause. Pay attention to what I'm saying. They appointed people dedicated to their cause. They deceived us, and they deceived us while we were bringing in experts and honest people who had no party connections.

КАРАЏИЋ: Постављали смо људе, бирали смо најпоштеније и најспособније и ми смо их постављали. И молим лијепо, сад смо дошли у ћорсокак. Они су поставили најоданије људе; ми смо послали најспособније људе.

[КРАЈ аудио сминка]

Ово је била основна разлика у приступу Српске демократске странке и српске заједнице, и овог фундаменталистичког језгра СДА, разлика у моралном приступу друштву и друштвеном животу, довела је до тога да је полиција у БиХ кренула у масивне злоупотребе државне функције против српског народа, а на ратном програму Странке демократске акције. Овај господин који са мном разговара је постављен на српско место заменика министра. Није био члан СДС-а. Једноставно ми то нисмо радили. А они су променили крвну слику полиције. Све криминалце су довели, и они су почели са наоружавањем народа и са наоружавањем Странке демократске акције, видећете, са наоружавањем Патриотске лиге, која је тако рано формирана, 31. марта, два месеца после успостављања заједничке владе.

То је, значи, неколико доказа имамо из овога интерцепта где други човек МУП-а потврђује и да они доводе криминалце, и да ми не доводимо криминалце. Држимо се и даље да стручни људи морају да буду и поштени, а не страначки људи у власти.

Е сада, било би јако корисно када бисмо видели шта г. Изетбеговић каже у овим околностима. 27. фебруара до 15. јануара је био за Југославију. 27. фебруара исте године, месец дана након склапања коалиционе владе, г.

ŽEPINIĆ: I'm going to send an open letter to that secretary of the SDA and to the President of the party and ask them: Is it in the best interest of the Muslim people to appoint criminals?

KARADŽIĆ: We nominated people, we chose the most honest and the most capable people and we appointed them. Now, mind you, we wound up in a dead end. They were appointing the most devoted party loyalists; we were appointing those who were most capable.

[END — telephone intercept]

This was the basic difference in approach between the SDS and the Serbian community and this fundamentalist core of the SDA — the difference being in the moral approach to society and common public life, and it resulted in the police force in B-H massively abusing state functions and turning them against the Serbian people, which was in accordance with the SDA's program for war. This gentleman with whom I was speaking had been appointed as Deputy Minister in a slot reserved for a Serb. He was not a member of the SDS. We simply did not do such things. And they altered the fundamental composition of the police force. They appointed nothing but criminals, and they started off by arming the people, the Party of Democratic Action and, as you will see, the Patriotic League, which was formed early, on March 31, only two months after a coalition government had been established.

This means we have a lot of evidence in this intercept in which the number-two man in the MUP confirms that they were appointing criminals and that we were not. We still maintain that professionals must be honest people, and not party loyalists appointed to public office.

And now, it would be most beneficial if we were to see what Mr. Izetbegović had to say in these circumstances.[86] From Janu-

Изетбеговић каже да ће: "Жртвовати мир за независност Босне," за сувереност Босне, а неће "жртвовати суверену Босну за мир." Дакле, потпуна одлучност да иде до краја без обзира на то да ли имао право или немао, и да ли овај свет који живи на две трећине БиХ — јесте једна трећина, али једна трећина становништва су Срби ради тога што је геноцидом тај број редукован и смањен.

Дакле, Тужилаштво сугерише да би Срби требало да прихвате да Муслимани и Хрвати експлоатишу резултате геноцида против Срба, да извуку из тога корист. Јер сада се њима ставља, предочи: "Шта ви хоћете? Нема вас више од једне трећине." Али се види где су били већина кад су били већина. На две трећине територије БиХ су били, јесу увек били до геноцида Другог светског рата већинско становништво.

Ко су ти људи с којима смо ми направили коалицију, и који су условили наше понашање у потпуности? Сад ћемо да видимо шта је идеологија те групе људи, пошто Тужилаштво трага за *mens rea* свих нас. Да видимо с ким смо ми имали посла. Да ли су то била умиљата јагњад, или смо се суочили са нечим на шта смо морали да реагујемо? И са чим смо морали да се —

Г. Изетбеговић је 1970. године објавио — заправо написао и дистрибуирао тајно *Исламску декларацију*. Г. Изетбеговић је 1941. 42. 43, итд., био члан организације Млади муслимани, и тада се он определио за увођење фундаменталистичког исламског режима свуда где живе Муслимани. Свуда где живе Муслимани! Основа за тај програм је *Исламска декларација* коју је он написао 1970. године. Он је и после Другог светског рата наставио да делује тајно и конспиративно и субверзивно, и осуђен је на три године после Другог светског рата.

ary 15 to February 27, he was for Yugoslavia. However, on February 27 of that same year, just one month after the coalition government had been formed, Mr. Izetbegović said that he would: "sacrifice peace for an independent Bosnia," for a sovereign Bosnia; but that he: "would not sacrifice a sovereign Bosnia for peace." So, he was completely determined to go to the bitter end regardless of whether he had the right to do so or not, and whether the people living on two-thirds of the territory of B-H — it is one-third — one-third of the population is Serbian because genocide had reduced and diminished its numbers.

Therefore, the Prosecution suggests that Serbs accept the fact that the Muslims and Croats are exploiting the results of the genocide against Serbs in order to benefit from it. Because now they [the Serbs] are being confronted by the question: "What do *you* want? You don't make up more than a third of the population." But we can see where the Serbs were a majority when they were a majority. They were on two-thirds of the territory of Bosnia, and they always were the majority population until the genocide during World War II.

Alija Izetbegović and the *Islamic Declaration*

Who are these people with whom we entered into a coalition government and who are completely responsible for causing us to behave as we did? Now we're going to see what the ideology of this group of people was, since the Prosecution is seeking *mens rea* for all of us. Let's see who we were dealing with.[87] Were they adorable lambs or were we up against something to which we had to react the way we did? And with whom we had to —

Mr. Izetbegović published in 1970 — actually, wrote and clandestinely distributed — the *Islamic Declaration*. Mr. Izetbegović was in 1941, 1942, and 1943, etc., a member of the *Young Muslims*, and at that time, he became determined to introduce a fundamentalist Islamic regime wherever Muslims lived. Wherever Muslims lived! The basis of that program was

Пошто је изашао из затвора — то је једна од личности којој треба скинути капу због упорности и непопустљивости у погледу програма за које се определио. И нема никаквих промена у том погледу.

А току Другог светског рата, он и његови сарадници, браћа Бехмен, примали су овог човека који је на слици са Хитлером. То је Велики Муфтија Јерусалемски ел-Хусеини, који је био у Сарајеву неколико пута — најмање два пута — а код Хитлера је био небројано пута. Сваки пут кад је дошао у Босну, то је резултирало формирање СС-Вафен дивизије, која се назвала Ханџар дивизија, и која је била најсуровија, да ни Немци нису могли да замисле такве суровости. То је била најсуровија јединица. Е, то је Хитлеров пријатељ и гост код Бехмена и код Изетбеговића.

Дакле, после тог рата, г. Изетбеговић је у затвору био, и 1970. је написао *Исламску декларацију*, која је у ствари програмски акт Странке демократске акције. Наравно, ми смо се надали да то није, али се показало да јесте. Јесам ја у јесен 1991. тражећи начина да спасимо Босну, тражио да Изетбеговић каже да се одрекне *Исламске декларације*, да нас увери да она није политички програм Странке демократске акције. То нисмо добили, јер је он заиста у том погледу био чврст.

Тужилаштво не само да није трагало ко су наши партнери који су условљавали наше понашање, него погрешно тумачи наше речи. Па каже, када ја говорим на неком састанку — мислим да је скупштина била или страначка — каже да:

> Ми Муслимане контролисати не можемо у тој унитарној држави. Ми добро знамо где дође фундаментализам да се ту више живети не може — нема толеранције.

the *Islamic Declaration* which he wrote in 1970. After World
War II, he continued his clandestine, conspiratorial, and subver-
sive activities, and he was sentenced to three years in prison after
World War II. After he was released from prison — he was one
of those individuals who merits a tip of the hat because of his
pertinacity and unrelenting efforts with respect to the program on
which he had set his mind. And he never changed his views.[88]

During World War II, he and his collaborators, the brothers
Behmen, received this man who is pictured here with Hitler.
[EXHIBIT XV] This is the Grand Mufti of Jerusalem, [Amin] al-
Husseini, who also visited Sarajevo several times — at least
twice — but who had visited Hitler on countless occasions. Each
time he came to Bosnia, it resulted in the formation of the most
brutal of Waffen SS Divisions, the *Handžar* Division.[89] Not
even the Germans could imagine such cruelty. It was the most
vicious unit. So, that was Hitler's friend, and he was a guest of
Behmen and Izetbegović.

So, after that war, Mr. Izetbegović received a prison sen-
tence, and in 1970 he wrote the *Islamic Declaration*, which is, in
fact, the Party of Democratic Action's tactical and strategic pro-
gram. Of course, we hoped that this was not the case, but that's
what it turned out to be. In 1990, when I was trying to save Bos-
nia, I wanted Izetbegović to renounce the *Islamic Declaration* to
assure us that it wasn't the political program of the SDA. We did
not get those assurances because he did, indeed, stick firmly to
his position.

Not only has the Prosecution not attempted to find out who
our partners were, those who established the conditions for our
conduct, but it has also erroneously interpreted our words. So, it
says, when I'm speaking at a meeting — I think it was a session
of the Assembly or a party meeting — that I said:

> We cannot control the Muslims in such a unitary
> state. We know very well that wherever funda-

О чему се ради? Шта је Тужилаштво овде урадило? Оно је откинуло део говора. Оно је донело зависну реченицу, а није донело главну реченицу. Теза је, која ће се често провлачити, и показати као тачна да Запад није дао формирање Републике Српске или евентуално остајање Срба у Југославији, ради тога што није хтео да омогући Муслиманима да буду тако изразита већина и да формирају исламску државу у Европи. Теза је да Срби и Хрвати треба да остану у Босни да би контролисали исламски фактор за рачун Европе. Радован Караџић сматра да то није добро. Прво: Срби не пристају да њихови животи буду потрошени на контролу исламског фактора; друго, у целој тој унитарној Босни, немогуће је да ми њих контролишемо; и треће, много је мирољубивије да Срби издвоје своју судбину испод тог фундаменталистичког пројекта, него да се супротстављају том пројекту. Нека са том пројекту супроставља Европа. Зашто би Срби поново били «чувари капије», као што постоји једна позната књига о Србима као чуварима европске капије.

Е, значи овде Тужилаштво покушава да каже како ми желимо да контролишемо Муслимане, а ми управо кажемо обрнуто, да ми не желимо. То нам није циљ. Нећемо да потрошимо своје животе на то. Исто тако, речи једног другог посланика који каже — ми смо одређени да будемо џелати Муслимана у Босни. И ми то нећемо, итд. Тужилаштво преводи и узима, као да смо ми рекли: ми смо се определили да будемо њихови џелати. А у питању је пасив, и рекао тај човек: "једна институција стара седамсто година," вероватно мислећи на Ватикан, "одредила је нас да ми будемо џелати," а ми то одбијамо. А то се употребљава против нас. По мом мишљењу то је недопустиво, јер да није било тих фал-

mentalism turns up, life there is impossible —
there is no tolerance.

What is this about? What has the Prosecution done here? It
edited out part of my speech. It quoted the subordinate clause but
omitted the governing clause. The thesis, which will be repeated
often, and will prove to be correct, is that the West neither permit-
ted the creation of the Republika Srpska nor allowed the Serbs to
remain eventually in Yugoslavia because the West did not want to
enable the Muslims to become a clear majority and to create an
Islamic state in Europe. The thesis is that Serbs and Croats must
remain in Bosnia to control the Islamic factor for Europe's benefit.
Radovan Karadžić does not consider this to be good. First: the
Serbs do not agree that their lives must be spent controlling the
Islamic factor; second, it is impossible to control them throughout
the territory of a unitary Bosnia; and third, it would be much more
peaceful for the Serbs to withdraw from this fundamentalist pro-
ject rather than to oppose it. Let Europe oppose this project. Why
should the Serbs once again be the guardians of the gate, which is
the title of a well-known book, which depicts the Serbs as the
guardians of the gates of Europe?[90]

Well, this means the Prosecution is here trying to say that
we, in fact, want to control the Muslims, whereas we were stat-
ing quite the opposite, that we didn't want to do that. That was
not our goal. We don't want to spend our lives doing that. Like-
wise, the words of another representative in the Assembly who
said that we were appointed to become the executioners of the
Muslims in Bosnia. We do not want that, either, etc. The Prose-
cution translates and selects [text] as if we had said just such
things: that we were determined to be their executioners. But, the
passive voice is in question and this person said: "A seven-
hundred-year-old institution" — probably with the Vatican in
mind — "has cast us in the role of executioners," but we reject
that. And this is being used against us. To my mind, this is im-

сификата, не би било никакве оптужнице. То су проста читања. Једноставно треба видети шта је тај човек рекао. «Нас су определили», а не «ми смо се определили». И ми одбијамо тај задатак који нам стављају.

Даље, Тужилаштво у свом параграфу 23 претпретресног поднеска каже да ја сам без основа рекао нашем народу да стојимо пред истим плановима, истим злочинцима, и да су испред истих планова и злочинаца исте жртве као у Другом светском рату, и да сам инсистирао на томе да Муслимани желе исламску државу, да припремају законе којима ће нас Србе да потчине и да нас доведу поново у ропство. А шта ако је ово тачно? А то је Тужилаштву била дужност да утврди да ли је тачно. Тужилаштво наступа као да ово није тачно. А лако ћемо доказати да јесте тачно.

А зашто губимо време и новац и шта све радимо са овим процесима? Да је истражни судија ово радио уместо Тужилаштва, закључио би, Караџић је у праву. Има мноштво доказа. Превише доказа да је то тачно. Да видимо, дакле, да ли је то тачно, и како је то тачно.

Г. Изетбеговић је творац једне организације која траје преко педесет година. Значи од 1939. године па надаље, која има овакву заклетву.

> Нека је слава и хвала Алаху господару свих светова, као припадник организације—

Ово први део је нормално.

> — као припадник организације заклињем се свемогућим Алахом да ћу се, између осталог, бескомпромисно борити против свега неисламског; да ћу жртвовати на

permissible, because if it weren't for these falsifications, there would not have been any indictment at all. These are simple readings. One simply has to see what the man actually said. They assigned us this role, but we did not choose it. And we reject the assignment they have given us.

Furthermore, the Prosecution states in Paragraph 23[91] of its Pre-Trial Brief that I told our people, without any reason for doing so, that we faced the same master plan, the same criminals, and that, facing such plans and criminals, our people would be victims just as they had been during World War II, and that I had insisted that the Muslims wanted an Islamic state and that they were preparing laws that would subjugate Serbs and once again reduce us to a state of slavery. But what if this is true? It is the Prosecution's duty to confirm whether or not this is true. The Prosecution acts as if this were not true. But we will easily prove that it is.

Why are we wasting time and money and what are we doing by holding such trials? Had an investigating magistrate been in charge instead of the Prosecution, he would have concluded that Karadžić was in the right. The evidence is abundant. In fact, there is too much evidence that it is true. So, let's see whether it is true, and how true it is.

Mr. Izetbegović is the founder of an organization which has existed for more than fifty years. That means from 1939 on, it has had this as its oath:[92]

> Praise and thanks to Allah, Master of all worlds,
> as a member of the organization —

This first part is normal.

> — as a member of the organization, I swear to Almighty Allah that I, among other things, will fight uncompromisingly against everything non-Islamic; that I will sacrifice everything on God's

Божијем путем све од себе, па и свој живот, ако то буду захтевали интереси Ислама. Устрајно ћу се борити за величину, моћ и сјај Ислама. Молим свемогућег да ми да воље, снаге, храбрости, истрајности на овоме путу џихада.

ПРЕВОДИЛАЦ: Преводиоци вас љубазно моле да мало успорите.

КАРАЏИЋ: [Дакле, морам то] успорити.

Дакле, ово је заклетва те муслиманске омладине.

Е, сада да видимо шта каже г. Изетбеговић у својој *Исламској декларацији*. Шта су задаци Ислама, односно Муслимана? Дакле:

Муслимани морају бити покрет, а тај покрет треба и може прићи преузимању власти чим је морално и бројно толико снажан да може не само срушити постојећу неисламску него и изградити нову исламску власт.

Дакле, не мора чекати ни педесет посто, јер чекање педесет посто значи опредељење за неку демократију какву-такву, или за неко гласање; него, чим се осете снажни, да су дужни да треба и могу да приступе рушењу свега не-исламског.

Након првог изласка из затвора, г. Изетбеговић је написао ту декларацију, а и учланио се у све могуће важне институције. То Тужилаштво не зна, а то зна Републикански Политички комитет у Сенату Сједињених америчких држава. То зна цео свет, а Тужилаштво мене овде представља као барбарина који насрће на доброг мирног комшију. Ево шта Сенатски Републикански политички комитет каже о томе 1998.

path, even my own life, if the interests of Islam demand it. I will also fight persistently for the grandeur and splendor of Islam. I pray that the Almighty grant me the will, the power, the courage, and the persistence to take the path of jihad.

INTERPRETER: The interpreters kindly request that you slow down a little.

KARADŽIĆ: So, I have to slow down.

As I was saying, this is the oath taken by the Young Muslims.

Now let's see what Mr. Izetbegović says in his *Islamic Declaration*. What tasks does Islam assign to individual Muslims? Therefore:

Muslims must form a movement, and that movement can and must start to take over governing authority as soon as it is morally and numerically strong enough to be able to overthrow not only the existing non-Islamic government but also to build up a new Islamic government.[93]

So, they don't have to wait until they are 50% [of the population], because waiting for 50% means waiting for some kind of democracy, and some kind of voting; instead, as soon as they feel strong enough, it is their duty to join in the destruction of all things non-Islamic.

After he was released from prison the first time, Mr. Izetbegović wrote this *Islamic Declaration*, but he also became a member of all possible significant institutions. The Prosecution does not know about this but the U.S. Senate Republican Party Policy Committee does.[94] The whole world knows about it, yet the Prosecutor presents me here as a barbarian who attacked a good and peaceful neighbor. This is what the U.S. Senate Republican Policy Committee said about it in 1998, that Mr. Izetbegović in 1983 had strengthened his efforts since 1978 to intro-

године, да је 1983. г. Изетбеговић од 1979. појачао напоре за увођење исламске власти у БиХ. Током суђења 1983. године, значи то је друго суђење, којим су саслушани 65 сведока пред велики већем — пет судија — сви пет Муслимани — 62 сведока су били Муслимани.

Е сада, пресуда Алији Изетбеговићу, Омеру Бехмену, Хасану Ченгићу — они су сва тројица били живи и активни 1990. — каже да су они опседнути идејом исламског препорода и исламизације Муслимана, и да је то почело 1974. године, оне године кад је нови Устав Југославије, који је био основа за разбијање Југославије, усвојен; да су прихватили револуцију иранску као своју, итд., али основно је — ислам мора бити државно уређење у свим земљама где живи исламско становништво. Не каже већинско исламско, него исламско становништво. И да треба радити на стварању услова да БиХ у будућности буде исламска република са исламским законима. Мислите да се то не би односило на Србе? Наравно би се односило на сваког живог створа у Босни. Као и да имами у БиХ треба да буду наоружани по узора на Шиитске имаме у Ирану.

Изетбеговић те године — 1982. године као непријатеље идентификује Србе. Нема ни Караџића ни Милошевића на сцени, нема ни Меморандума Српске академије наука и уметности. Све те апаратуре коју Тужилаштво овде усмерава против Срба, односно, узима као доказе српске кривице.

Србија је тада најслабија, јер је контролишу њене две покрајине, Косово и Војводина, једина република у Југославији која не може да решава своје проблеме, а захваљујући савести Лазара Колишевског, једног Македонца, открили смо шта је. Комунистички слоган, идеологија је била "Слаба Србија, јака Југославија." Е,

duce Islamic rule in Bosnia. During his trial in 1983, i.e., his second trial, during which there were 65 witnesses who were deposed before a chamber of five judges — all five were Muslims — and 62 of the witnesses were Muslims.

Now, the verdict against Alija Izetbegović, Omer Behmen, Hasan Čengić — all three were alive and active in 1990 — the verdict states that they were obsessed by the idea of an Islamic rebirth, the [proper] Islamization of Muslims, and that this had begun in 1974, the year the new Yugoslav Constitution, which laid the foundations for the break-up of Yugoslavia, was adopted;[95] and that they had accepted the Iranian Revolution as their own, etc., but fundamentally that Islam must form the state structure in all countries with Muslim populations. It does not state that there must be a Muslim majority, but simply a Muslim population. And that one must work toward creating the conditions so that B-H in the future becomes an Islamic republic with Islamic laws. Do you think this would not apply to the Serbs? It would, of course, apply to every living creature in Bosnia. Just as Bosnian imams must be armed, following the example of the Shiite imams in Iran.

That year, in 1982, Izetbegović identified the Serbs as the enemy. There was no Karadžić, there was no Milošević, and there was no Memorandum of the Serbian Academy of Arts and Sciences[96] on the scene. All these apparatus that the Prosecution is here directing against the Serbs, in other words, it takes as proof of Serbian guilt.

Serbia was at its weakest at that time because two provinces, Kosovo and Vojvodina, controlled it. Serbia was the only republic in Yugoslavia that was unable to solve its own problems, and thanks to Lazar Koliševski, a Macedonian, we discovered what it was about. The Communist slogan, ideology, was: *Weak Serbia, strong Yugoslavia*. Well, that weak Serbia in 1982, according to Mr. Izetbegović, was the enemy. His associate Omer Behmen,

та слаба Србија, 1982. године, за г. Изетбеговића је непријатељ. Његов сарадник, Омер Бехмен, с којим је сарађивао и за време Другог светског рата, и у чијој је кући одседао Муфтија Јерусалимски ел-Хусеини, каже да се од Срба не може живети, да се жене муслманкама, да је то притисак на Муслимане. Да други или трећи, Ченгић, каже да муслиманка не сме дојити не-муслиманско дете и обрнуто, муслиманско дете не сме бити подојено од немуслиманке итд., а г. Ченгић тада, где нема ни Караџића ни Српске демократске странке, од 1974–1983. каже: "Шта је циљ њихове револуције коју они припремају?"

Ако имате у глави како изгледа мапа Југославије, значи, Босна, Санџак, Косово. Ми то тамо тако зовемо "Зелена трансверзала." Тужилаштво се не слаже. Сматра да ми не смемо чак да размишљамо о томе. А сада је Министар туркси Давутоглу дошао том Трансверзалом и казао да ће поново успоставити ту Трансверзалу. А 1990. године његов председник Тургут Озал је рекао да ће Турска бити од Јадрана до Кинезког зида. Може, али без Срба. Ми у тој империји нећемо да учествујемо.

Ево Зелене трансверзале која је зацртана од моћног човека, који је иначе свештеник — онај амерички свештеник који је јавно зажалио што Уго Чавез није убијен на време — право јагње према овом свештенику. Он каже: "За то не треба чекати изазов и повод." На другом месту каже: "треба направити изазов и повод." Видели смо како изгледају Маркале и други изазови и поводи које они направе. И онда на основу њих, поступају према Србима као да су то Срби направили. Као да су то Срби направили! *As if.*

with whom he had collaborated during World War II, and in
whose house the Grand Mufti of Jerusalem, al-Husseini, had
stayed as a guest when he visited, said that it was impossible to
live with Serbs: they took Muslim women as wives; this put
pressure on Muslims. The second or third man [i.e., in the pho-
tograph on screen], Čengić, said that a Muslim woman must not
breastfeed a non-Muslim child and vice-versa; a Muslim child
must not be breastfed by a non-Muslim woman, etc., while
Mr. Čengić at the time, when neither Karadžić nor the Serbian
Democratic Party were on the scene between 1974–1983, was
asking: What is the goal of the revolution being prepared?[97]

If you have any notion of what a map of Yugoslavia looks
like — that means Bosnia, Sandžak, and Kosovo. We call that
down there "the Green Highway."[98] The Prosecution does not
agree. It is of the opinion that we should not even entertain such
thoughts. But now, Turkish Minister Davutoglu visited the Green
Highway and said that he was going to re-establish the Green
Highway. And in 1990, his President Turgut Özal said that Tur-
key would extend from the Adriatic to the Great Wall of China.
Maybe, but without the Serbs. We are not going to participate in
that empire.

Here we have the Green Highway as described by an influ-
ential man who is a clergyman as well — the American clergy-
man[99] who publicly stated that he was sorry that Hugo Chavez
had not been assassinated in time — Chavez is a lamb compared
to this clergyman. He says: "You do not need a provocation and
a motive." Then he says elsewhere that you do need a provoca-
tion and a motive. We have seen what Markale and other provo-
cations and motives that they fabricated look like. And based on
that, they treat the Serbs as if they were to blame. As if the Serbs
were to blame! *As if.*

It comes as no surprise to me that they are doing this, but
why is the Prosecution following suit? And why is the Prosecu-

А није ми чудо што они то раде, али зашто то ради Тужилаштво? И зашто то тражи Тужилаштво од овог суда да исто то ради? Да прихвати ратна лукавства примитивна? Никаква. Друге Маркале 1995. су технички боље изведене, али потпуно иста технологија и исти разлози.

То је на суђењу 1983. године, прво Изетбеговић, друго је Бехмен. За остале се не сећам који су, али знао бих отприлике.

Ево сада, можемо поново да видимо — не морамо да видимо — исти планови, исти злочинци, исте жртве као у Другом светском рату. Тужилаштво сматра да — а ево шта каже пресуда 1983. године. Пет, веће петорице, сви Муслимани, 62 муслиманска сведока.

> У нашим приликама, заговарање овакве идеологије значи враћање на позиције братоубилачког рата. Несумљиво је да се оваква идеологија не би могла отеловити у средини која је национално и вјерски толико измијешана —

ПРЕВОДИЛАЦ: Преводиоци вас љубазно моле мало спорије читајте.

КАРАЏИЋ: Има на екрану па се зато пожурим.

> — која је национално и вјерски толико измијешана да превага или потпуна доминација, било које од постојећих националних ентитета, напросто није замислива уколико неће бити заснована на терору или евентуално страној интервенцији.

tion asking the Trial Chamber to do the same? To accept primitive deceptions of warfare? Not under any circumstances at all. There was a second incident at Markale in 1995 that was technically better executed, but it was the same technology and [it was used for] the same reasons.

This is a photograph from the trial in 1983. Izetbegović is the first man, and Behmen is the second. [EXHIBIT XVI] As for the others, I don't recall their names, but I'd know them if I saw them.

Here, we can once again see — we don't have to see the map — the same master plan, the same criminals, the same victims as in WWII. The Prosecution considers — and here is what the verdict states in 1983. A Trial Chamber of five judges, all Muslims, and sixty-two Muslim witnesses:

> In our circumstances, recommendations for such an ideology mean a return to the positions of the fratricidal war. It is indisputable that such an ideology cannot be implemented in a community which is so profoundly religiously and politically mixed —

INTERPRETER: The interpreters kindly request that you read [the text] more slowly.

KARADŽIĆ: It's on the screen, that's why I'm rushing through it.

> — which is so profoundly religiously and politically mixed that the dominance or complete supremacy of any of the existing national entities is simply inconceivable, unless based upon terror or foreign intervention.[100]

JUDGE KWON: Mr. Karadžić, please slow down for the interpreters.

СУДИЈА КВОН: Господине Караџић, молим вас, успорите за преводиоце.

КАРАЏИЋ: Погледајмо, Екселенције, а волео бих да погледа и Тужилаштво. Седам година након ове пресуде, ми добијамо реализацију те идеологије, али не тером или страном интервенцијом, него и тером и страном интервенцијом. Овај судија је био, и ово Веће је било далековидо. И терор и стални захтеви за страном интервенцијом. Маркале су захтев за страном интервенцијом. Све инсенације у нашем рату, лукавства, касапљење сопственога народа, видећете у програму да има касапљење сопственога народа. Зацртано касапљење сопственог народа. То ћете видети у програму.

И сада Тужилаштво, поред свега овога што му је на дохват руке, каже да је Караџић инсистирао на што већој сепарацији која је могућа. Па ако наше комшије себи припремају овакав програм и овакав живот, наравно да ћемо да се сепаришемо. Ми не верујемо да то муслиманске масе хоће. Није победио Изетбеговић на изборима него Абдић. Муслимани су клицали Србима и Муслиманима када је споразум — два месеца смо се бавили историјским споразумом 1991. године — док га Изетбеговић није повукао. Клицали су и срећни били што се Срби и Муслимани споразумевају, али та заверничка група може да изманипулише и СДА и целу муслиманску заједницу.

А сада да видимо како би то било када бисмо праву оптужницу написали, па само променили имена.

Изетбеговић је инсистирао на сецесији целе БиХ упркос етничкој измешаности. То је значило Србе у БиХ извести из зем-

KARADŽIĆ: Let's take a look at this, Your Excellencies. I'd like the Prosecution to take a look at this, too. Seven years after this verdict, we were on the receiving end of the realization of that very ideology, but not with terror or foreign intervention, but with both terror and foreign intervention. This judge and this Trial Chamber were farsighted. It was terror and constant demands for foreign intervention. Markale was a demand for foreign intervention. All the scripted scenarios in our war, the con artistry, the butchering of their own people, and you will see that the program [of the SDA] called for butchering their own people. Killing one's own people was prescribed. You'll see that in their program.

And now the OTP, despite having all this at its fingertips, says that Karadžić insisted on as much separation as was possible. Well, if our neighbors are preparing this kind of program and this kind of life, of course, we're going to separate ourselves. We do not believe that is what the Muslim masses want. Izetbegović didn't win the election; [Fikret] Abdić[101] did. The Muslims cheered for the Muslims and the Serbs when they reached an agreement — we spent two months hammering out that historic agreement in 1991 — until Izetbegović withdrew [his support for] it. They were cheering and were delighted because the Serbs and Muslims had reached an agreement, but that conspiratorial group was capable of out-manipulating the SDA as well as the entire Muslim community.

Now let's take a look at what things would be like if we were to write a genuine indictment by simply changing the names.[102]

> Izetbegović insisted on secession of all of Bosnia despite Bosnia's ethnically intermingled character. This meant [leading the Serbs out of the country they had decided on and] making Serbs a national minority in his Islamic Republic.

ље за коју су се определили и претворили их у националну мањину у његовој Исламској Републици.

Значи, кад су Муслимани измешани са Србима у Републици Српској, онда Република Српска не може да се формира, а кад су Срби измешани са Муслиманима у целој Босни, онда може. Изгледа да су Муслимани више измешани него Срби, на истом месту. Само што је њихова измешаност некако већа.

Видећете како се релативизују бројке и бројчани односи, што каже уважени г. Тигер, који воли површне погледе. 'Ајде да бацимо површни поглед још једанпут на ову мапу етничког распореда. Да ли су Срби у Босни са оваквим распоредом који мени ово Тужилаштво замера кад кажем да су Срби власници. Срби су власници земље по питању приватног власништва, али Срби су већинско становништво на овом простору. И имају право да кажу, кад су већ стекли право на државу и живели су у Југославији, имају право да кажу да ли они прихватају овакве авантуристичке револуције једне потпуне стране идеологије, иделогије која је нанела велико зло и Муслиманима и Србима.

Да ли Тужилаштво тражи и одобрава да се број — рецимо Тужилаштво каже 30% итд. Да ли одобрава — ево, видите како би то изгледало. Значи, ми смо инсистирали да се ми одвојимо од њих. 'Ајдемо да видимо како би то изгледало. "Изетбеговић је инсистирао на сецесији целе Босне упркос Босанско етничком мешовитом карактеру." То значи, он може да изведе милион и по Срба, а Тужилаштво каже да смо ми тражили територије Републике Српске на којој је било стотину хиљада Муслимана и Хрвата. Стотину хиљада Муслимана и Хрвата за Тужилаштво изгледају више

That is to say, since Muslims and Serbs are intermingled in the Republika Srpska, then the Republika Srpska cannot be established, but when the Serbs are intermingled with the Muslims in all of Bosnia, then in that case it is possible. It seems that Muslims are more intermingled than Serbs are, and they are all in the same place. Their intermingled character is only somehow greater.

You will see how numbers and statistical relations are relativized, as the esteemed Mr. Tieger says, who likes cursory glances, so let's cast a cursory glance once again at this map of ethnic distribution. [EXHIBIT XIV] The Serbs in Bosnia have this pattern of distribution, for which the OTP reproaches me when I say that the Serbs are [the majority] landowners. Serbs own the land as far as private ownership is concerned, and Serbs are the majority population in this area. And they have the right to say, once they had attained the right to statehood and wanted to live in Yugoslavia, whether they were willing to accept such an adventurist revolution, a completely foreign ideology, an ideology that inflicted great misfortune on both Muslims and Serbs.

Does the Prosecution seek and approve this figure — let's say the Prosecution says 30%, etc. Now, does it approve — here [pointing to the map], you see what it would look like. In other words, we insisted on separating ourselves from them. Let's see what that would look like. "Izetbegović insisted on secession of all of Bosnia despite Bosnia's ethnically intermingled character." In other words, he can take a million and a half Serbs out of Yugoslavia, but the Prosecution charges that we sought territories for the Republika Srpska where there were one hundred thousand Muslims and Croats. One hundred thousand Muslims and Croats mean more to the OTP than a million and a half Serbs does. This is a calculation we don't understand. Except that these Muslims and Croats who would stay in the Republika Srpska

него милион и по Срба. То је рачуница коју ми не разумемо. С тим што ти Муслимани и Хрвати, који би остали у Репубици Српској, не би напустили своју државу: него би само у истој држави били у другом ентитету.

"Ми Муслимане контролисати не можемо." То је злоупотребљено. То се апстолутно касапи и сакати та реченица, тако да када се судијама покаже, они ће радо да потврде ту оптужницу, јер није њихово да врше истраге. Али то је све лажно, и злоупотребљено је. Није да нису разумели то. Када се говори о наталитету, постоје три велика извора вештачког прираштаја. Ми кажемо прираштај. То значи повећање популације, није то само рађање.

Први је форсирано досељавање Муслимана из Санџака. Други је планови за насељавање, наводних потомака муслиманских исељеника у Турску. И трећи је фатва, препорука, налог верског вође да Муслиманка мора да рађа петоро да би једно жртвовала за Босну. Зашто Муслиманка мора да рађа петоро? Да би их било више од Срба? Е, против таквог наталитета ми јесмо. И када Тужилаштво каже да сам ја рекао да нећемо дати да праве насеља у Српској, ја то причам шта сам рекао Изетбеговићу. Рекао сам му: "Г. Изетбеговићу, ми знамо да ви планирате — видели смо тај програм — да планирате да досељавате Муслимане из Санџака и Турке из Турске — али немојте се заваравати да ћемо ми пустити да ви у српске просторе правити та насеља. То не би допустили ни Протестанти ни Католици у Северној Ирској да им се намерно и свесно политичким акцијама ремети етничка структура и етничка равнотежа. То је злочин. То је кривично дело. И ми имамо право то." И то је оно што ја сам рекао нашој

would not have to leave their own state; they would instead just be living in the same state but in a different entity. "We cannot control the Muslims." This is abusive. That sentence has been completely butchered and mutilated, so that when it is presented to the judges, they will gladly ratify the Indictment because it is not their responsibility to conduct an investigation. But all this is fake and abusive. It is not that they don't understand it. When discussing the birth rate, there are three major sources for the artificial rise in the rate of population growth. We say population growth. That means an increase in the population and it is not just the birth rate.

The first is the forced migration of Muslims from Sandžak. The second is the plan to settle the alleged descendants of [Bosnian] Muslims who had emigrated to Turkey. And the third is a *fatwa*, a recommendation, a command from a religious leader that a Muslim woman must bear five children so that one may be sacrificed for Bosnia. Why should a Muslim woman bear five children? So that they would outnumber the Serbs? We are against such a [rise in] birth rate. And when the Prosecution states that I said that we would not give them the right to settle in the Republika Srpska, I am saying what I told Izetbegović. I said to him: "Mr. Izetbegović, we know that you are planning — we saw that program — that you are planning to settle Muslims from Sandžak and Turks from Turkey — but don't kid yourself that we are going to allow you to create such settlements in Serbian areas. Neither Protestants nor Catholics in Northern Ireland would allow such a deliberate and conscious effort to disrupt the ethnic structure and balance by means of political action. It is a crime. It is a criminal act. And we have the right [to oppose it]." And that is what I said to our Assembly or whomever at some meeting, and what I had said to Izetbegović was just interpreted [to my disadvantage]. I told him that. He just blinked and said, "I get it."

Скупштини, или не знам коме сам рекао на неком састанку, интерпретирало се шта сам ја рекао Изетбеговићу. Ја сам то њему рекао. И он је само трептао и рекао је, "Схватио сам."

Дакле, да видимо шта је та *Исламска декларација*. То је програмски текст од кога се не одустаје био комуниста или не био на власти. Ништа се у том није променило. И значи, каже се:

Ми, с овим уверењем, објављујемо пријатељима и непријатељима да су Муслимани одлучили судбину исламског свијета узети у своје руке и тај свијет уредити по својој замисли. Борба за нове циљеве не почиње данас. Напротив, повјест ове борбе већ позна своје шехиде —

(То су свете жртве (борци који погину).)

— и исписане странице о страдањима и жртвама мартирима (шехид је мартир). Муслиман може погинути само са именом Алаха и у славу ислама, или бјежати са бојног поља.

Овде ћу начас прекинути да Вам кажем да ћемо показати — доказ ћемо донети како г. Изетбеговић каже својим сарадницима.

Ми говоримо из практичних разлога да наши војници гину за јединствену Босну, за мултиетничку Босну, а немојте да се лажемо. Наши војници не гину за мултиетничку Босну.

И то је тренутак искрености у неком ужем кругу, али ми тај доказ имамо.

So, let's see what this *Islamic Declaration* is. This is an action plan that they are going to stick to, regardless of whether the Communists are in power or not. Nothing in it has changed at all. It says as follows:

> We announce to our friends and foes alike that Muslims are determined to take the fate of the Islamic world into their own hands, and we are determined to reorder the world in accordance with our own plans. The struggle for new goals did not begin today. On the contrary, the history of this struggle already knows its *shehid*s —

These are holy martyrs, the soldiers who died in battle.

> — and pages have been filled with accounts of their deaths and the martyrdom of *shehid*s. A Muslim can die only with the name of Allah on his lips and for the greater glory of Islam or flee from the battle-field.[103]

I will pause here for a moment to advise you that we are going to show — introduce evidence of what Mr. Izetbegović said to his associates.

> For practical reasons, we are saying that our soldiers are laying down their lives for a united Bosnia, for a multi-ethnic Bosnia, but let's not kid ourselves. Our soldiers are not dying for a multi-ethnic Bosnia.

And this is a moment of sincerity in the narrow sense of the word, but we have the evidence to prove it.

The first and most important conclusion is, of course, the impossibility of co-existence between the Islamic and non-Islamic systems.

Први, најважнији закључак је свакако о неспоји-
вости Ислама и неисламских система.

Нема мира ни коегзистенције између
исламске вјере и неисламских друштвен-
их и политичких институција. Полажући
право да сам уређује свој свијет, Ислам
јасно искључује право и могућност
дјеловања било које стране идеологије на
свом подручју.

Нема, дакле, лаичког принципа. А држава треба да
буде израз и да подржава моралне концепте религије.
Ислам је прва, а пан-Исламизам друга тачка.

Гледајте ово:

Најављујући препород, ми не најављујемо
раздобље сигурности и спокоја, него
раздобље немира и искушења. Сувише је
много ствари које моле за својим руши-
оцима. Народ који спава може се
пробудити само ударцима. Тко жели доб-
ро нашој заједници, не треба да је
поштеђује напрезања, опасности, и
недаћа. Исламски препород не може
започети без вјерске, али се не може
успешно наставити и довршити без
политичке револуције. Покрет треба и
може прићи преузимању власти, чим је
морално и бројно довољно снажан да
може не само срушити постојећу неис-
ламску, него изградити нову исламску
власт.

Недвосмислено. Нема дилеме. Неспокој, немир,
искушења — само личи на крв, зној, и сузе код Черчила,

> There can be neither peace nor co-existence be-
> tween the Islamic faith and non-Islamic social
> and political situations. Islam, reserving the right
> to create its own world, clearly excludes the
> right as well as the possibility of actions taken
> on behalf of any ideology foreign to it in regions
> it controls.

The secular principle, therefore, does not exist. The state
must be an expression, as well as a support of, the moral precepts
of that religion. Islam is the first point, and pan-Islamism is the
second point.

Take a look at this.

> While we are proclaiming a rebirth, we are not
> announcing a period of peace and safety but a
> period of unrest and trials. There are far too
> many things that are praying for [the arrival of]
> their annihilators. People who are asleep can on-
> ly be awakened by blows. Whosoever wishes
> our community well will not try to spare it the
> intensification of danger and misfortune. The Is-
> lamic rebirth cannot begin without a religious,
> yet it cannot be successfully pursued and com-
> pleted without a political, revolution. The [Is-
> lamic] movement can and must act to take over
> rule as soon as it is morally and numerically
> strong enough to be able to not only overturn the
> existing non-Islamic government but also to
> build up a new Islamic governing authority.

It is unequivocal. There is no dilemma. Unrest, troubles, tri-
als — it all resembles Churchill's blood, sweat and tears, be-
cause Churchill's blood, sweat, and tears challenged the enemy

јер крв, зној, и сузе код Черчила изазива непријатељ, код Черчиловог народа. Овде ће изазвати сопствена власт крв, зној, и сузе сопственог народа.

А тко жели добро нашој заједници не
треба да је поштеђује, треба да је удари,
да је пробуди.

Само ударцем! Ударац је Маркале. Да би се народ држао против Срба, треба доказати да су Срби направили оно на Маркалама, а видели сте како је то неуверљиво. И немогуће једном једином мином погодити циљ, а поготову убити толике људе којих тамо није ни било — е, то је то. То је то што се појавило 90. године и тренутак када се најављује препород и долази раздобље неспокоја, немира и искушења. Због тога што многе ствари вапе за својим рушиоцима, али ми нисмо тражили те рушиоце. Те ствари које су вапиле за рушиоцима, односно, које ће бити срушене су Устав Југославије, Устав БиХ, као секуларних држава са којима неће бити компромиса, како овде пише, је ли? ЈНА, српски народ у БиХ, заједнички живот у Б-Х, заједнички етнички и културни корени. Муслимани говоре српским језиком. То што су овде прихватили да постоји босански језик, то је злоупотреба. Српски језик је интелектуална и културна својина српског народа. Не говоре Аустралијанци аустралијански него енглески.

Срушени су заједничка прошлости, и заједничка будућност, и заједничка садашњост. То је срушено, а ми нисмо тражили да се то сруши. То су они тражили, или су сматрали да имају право да руше и ако нису позвани.

Како сада изгледа оптужба против Срба? Да су хтели ово или оно — па до тога Тужилаштво долази сакаћењем реченица, а овде има готове документе. Ап-

on behalf of Churchill's people. But here their own government is provoking the blood, sweat and tears of its own people.

> Whosoever wishes our community well should not spare it, but strike it, instead, in order to awaken it.

Only with violence! And that violent blow was Markale. To turn the people against the Serbs, it has to be proven that Serbs did that in Markale, but you have already seen how unconvincing it is. And it is impossible to hit that target with one single shell, especially to kill so many people who were not there in the first place — well, that's that. That's what happened in the 1990s when the rebirth was announced along with a period of unrest and trials. Because there are many things are yearning for [the arrival of] their annihilators, but we did not ask for any such annihilators. Those things that were yearning for their annihilators, in other words, those who were going to be destroyed, were the Yugoslav Constitution, the B-H Constitution, as well as the secular government, with which there would be no compromise, as it states here. Isn't that so? The JNA, the Serbian people in B-H, common life in B-H, and common ethnic and cultural roots. The Muslims speak the Serbian language. The fact that the existence of a Bosnian language is accepted here is nothing short of abuse. The Serbian language is the intellectual and cultural property of the Serbian people. Australians do not speak Australian; they speak English.

A common historical past was destroyed, as well as a common present, and a common future. That has been destroyed, but we did not ask for it to be destroyed. This is what they wanted or they thought that they had the right to destroy it even though they had not been asked to do so.

How does the indictment against the Serbs look now? That they wanted one thing or another — well, the OTP reaches those conclusions by mangling sentences, whereas here we have factu-

солутно готово документе, више пута објављене, због
њих се одговарало на суду, а нису се одрекли тих
докумената. Радије су ишли у затвор. Српска
демократска странка је још пре избора 1990. године
тражила да се уведе Веће народа у Скупштину БиХ.
Веће народа би о важним ствари одлучивало
конзенсусом.

Како тај предлог стоји са удруженим злочиначким
подухватом? Да је усвојено Веће народа, шта би Срби
могли да ураде против воље Муслимана и Хрвата?
Ништа. Јер имају право вета. Нас су тада комунистичке
власти задовољиле оснивањем савета за питања
остваривања равноправности народа и народности —
ово је рогобатни језик комунистички. Треба рећи Савет
народа — подједнак број, значи паритет и консензус у
одлучивању.

Значи, то су као Веће народа, али се састаје *ad hoc*,
није редовно тело, него ако нешто запне, онда се састаје.
Да је примењено — и то је била нека гаранција да
нећемо бити доведени — али ни Муслимани ни Хрвати
да неће бити доведени у тежак положај и да прихвате
нешто што није прихватљиво.

У свакој прилици Срби су, и Српска демократска
странка, и овај оптужени предлагали решења која су
директно супротна ономе што им се приписује. Овај
Савет је ушао у Устав. Два пута смо Декларацију о
суверености зауставили помоћу овога Савета, а он није
никад формиран, јер је СДА саботирала његово
формирање, тако да је као да га није ни било. И на крају,
кад сам онај говор овде који имате, кад сам држао тај
говор — 15. октобра — су пренебрегли и рекли "не
занима нас. Не мора то Савет." Јер је чак и у марту,
г. Изетбеговић рекао у Сплиту, кад је била конферен-

al documents [that prove otherwise]. Documents testifying absolutely to facts that have been published many times; people were held accountable for them before a court of law, but they did not repudiate these documents. They preferred to go to prison. The Serbian Democratic Party sought to have a Chamber of Nationalities introduced in the B-H Assembly even before the 1990 elections. The Chamber of Nationalities would have decided important matters by consensus.

The Aborted Council of Nationalities

How does such a proposal correspond to a joint criminal enterprise? If the Chamber of Nationalities had been adopted, what could the Serbs have done against the will of the Muslims and Croats? Nothing. Because they hold the right of veto. At that time, the Communist authorities allowed us to establish a Council for the Equal Rights of Peoples and Nationalities — this is unwieldy Communist jargon. A Council of Nationalities was needed — an equal number, meaning parity and consensus in decision making.

This means it would have resembled a Council of Nationalities but it would have convened on an *ad hoc* basis, not being a regular body, but if a problem were to arise, then it would convene.[104] If it had been applied — it would have been some kind of guarantee that we would not have been put into such a position — but neither the Muslims nor the Croats would have been put into a difficult position and then have to accept something that was unacceptable.

In each case, the Serbs, the Serbian Democratic Party and the Accused proposed solutions that were diametrically opposite to what they have been charged with. This Council entered the Constitution. We stopped the Declaration on sovereignty twice through this Council, but it was never formally established because the SDA sabotaged it, so it was as if the Council had never really existed. And finally, when I gave that speech (which you

ција ових председника југословенских Републикa, “Ми
ћемо то усвојити са или без Срба.” Значи, и са Србима
или против Срба.

Молим вас, Тужилаштво ускраћујући нама право на
политички живот и на реципрочне мере, па и тврдећи да
смо ми морали да клепимо ушима и да прихватимо
нелегално расписан референдум и нелегално постигнуту
сувереност и независност којим је предвиђен такав
степен рушења наших права, правног система,
конструкције, кичме једног друштва, које проистиче из
Исламске декларације као рушилачког акта, Тужилаштво
тврди да ми нисмо требали ту ништа да радимо. Него да,
све што смо урадили, то је наше кривично дело. А то је
било записано. Имали смо право да то оспоримо.

Г. Изетбеговић каже: “Ми смо потпуно свјесни да
смо проглашењем неутралности у односу на рат у
Хрватској, можда чак и повриједили неке законе
посебно. Али постоје у овом тренутку — све је флуидно
помало — постоје закони и закони.” Хоће да каже:
“Постоје закони које ћемо поштовати, ако нам
одговарају; а постоје закони које нећемо поштовати ако
неком другом доносе неку корист.” Е, то је то флуидно
стање о коме ће Караџић говорити да се Срби не
сналазе у неправним ситуацијама. То ће такође
Тужилаштво узети за зло, али то је основа за хаос у
БиХ, то постојање и закона и закона. Може и овако,
може и онако.

У питањима од интереса за остварење
равноправости народа у БиХ, Скупштина одлучује да
видимо како је БиХ могла да постигне — није могла да
постигне никако независност без нас, без српске
сагласности. Морала је да одлучује двотрећинском
већином, нити је било двотрећинске већине на рефер-

have in evidence) on October 15, they [i.e., the Council] neglect-
ed their duties and said, "We're not interested. The Council
doesn't have to take it up." Because even in March
Mr. Izetbegović said in Split during a conference of the Presi-
dents of the Yugoslav republics: "We are going to adopt this
with or without the Serbs." In other words, either with the Serbs
or against the Serbs.

Please, the OTP denies us the right to political life and recip-
rocal measures, and it even claims that we simply ought to have
clapped our hands over our ears, pretended not to notice, and
accepted this illegally announced referendum, and accepted ille-
gally obtained sovereignty and independence that envisioned
destroying our rights to such a degree, destroying the legal sys-
tem, destroying the construction, the backbone of a society, all of
which flows from the *Islamic Declaration* as a destructive act;
yet the Prosecution claims that we should not have done any-
thing about it. Instead, everything that we did was a criminal act.
However, this is what was written [in their program]. We had the
right to oppose this.

"There are laws — and then there are laws."

Mr. Izetbegović says: "We are fully aware that by declaring
the neutrality of B-H with respect to the war in Croatia, we may
have violated certain laws, but at the moment everything is fluid.
There are laws — and then there are laws."[105] He means that:
"There are laws that we are going to obey, if they suit us; and
there are laws that we are not going to obey if they benefit others."
Well, this is the fluid situation — that Serbs do not [want to] end
up in an unjust situation — this is what Karadžić is going to dis-
cuss. The Prosecution is likewise going to hold this against us, but
this was the source of chaos in B-H, the existence of laws, on the
one hand, and laws, on the other hand. Something could be done
one way or it could be done in another.

ендуму, нити би имали двотрећинску већину у Парламенту, јер је било 86 Срба на 240 посланика, 83 Србина су били против и та 83 Србина су се издвојила и формирала Скупштину српскога народа из више странака. СДС је имао само 72. Ови остали су из свих други странака. Дакле, није било начина да се у БиХ усвоји резолуција, односно, декларација о суверености, осим ако не каже има закона и закона. Ако се не погодимо да поступамо незаконито.

Када би нам неко могао рећи, да ли је нама, као Србима одузето право на одбрану, да ли нам је одузето право на реципроцитет, на одговор на незаконите поступке, на кршење наших права, устава, итд.; а ако није, онда је ова оптужница немогућа и требало је одмах одбацити, као што је треба одмах одбацити ако докажемо да нисмо никад имали намеру да избацимо Муслимане и Хрвате из своје куће, јер ми Босну нисмо сматрали, ни Републику Српску, својом кућом, него Југославију. А доказаћемо то врло брзо.

Вредности босанског друштва које су вапиле за својим рушитељима, добиле су своје рушитеље. Али ми нисмо хтели да будемо део тога. Српски народ је имао у БиХ у том тренутку изричито право по Уставу, али и историјски посматрано, право државотворног народа који твори ту Босну са својим просторима, са својим правима, и он је сувласник те Босне. Сувласник, као што су и Срби у Крајини били власници Крајине и сувласници Хрватске, јер су ушли у *joint venture*.

Промена уставно-правног статуса БиХ је морала да иде по закону. Срба је било више од једне трећине ако се узму Југословени, којих је две трећине или три четвртине било Срба, склоних стварању југославенске нације, значи било далеко више од једне трећине, која је

In questions regarding the interests involved in establishing equality before the law in B-H, the Assembly decided to see how B-H could attain it — it could not have attained any kind of independence without us, without Serbian agreement. It had to decide by a two-thirds majority, but there was neither two-thirds majority in the Referendum, nor was there going to be a two-thirds majority in the [B-H] Parliament, because there were 86 Serbs out of 240 representatives, and eighty-three Serbs were against it, and those 83 Serbs separated from the B-H Parliament and they established the Assembly of the Serbian People by drawing on multiple parties.[106] The SDS had only 72 representatives. The rest came from other parties. Therefore, there was no way for B-H to adopt this resolution, namely, the Declaration of Sovereignty, unless it had said there were laws, on the one hand, and there were laws, on the other hand — unless we strike a deal to act unlawfully.

If someone could have asked us whether we, as Serbs, had been denied the right to defend ourselves; whether the right of reciprocity to respond to unlawful actions, violations of our rights, breaches of the constitution, etc. had been denied to us; then, if this were not so, this Indictment is impossible and the charges must be dropped immediately, just as they must be dropped immediately if we prove that we never intended to expel Muslims and Croats from their homes, because we did not consider either Bosnia or the Republika Srpska to be our home; instead, Yugoslavia was our home. And we are going to prove that very quickly.

The values of Bosnian society that were yearning for their destroyers received their destroyers. But we didn't want to have any part in that. The Serbian people in B-H at that moment had the explicit right, according to the Constitution, a historically observed right, as a constituent people that was forming this joint state with their territories with their rights, and they became co-

довољна да заустави, и на демократском — не само на питању конзенсуса него и на питању демократском — да заустави ово осамостаљење. Право на самоопредељење је припадало народима, а не административним територијама.

Знате ли како су Срби доспели у Југославију? 1918. године је формирана држава Словенаца, Хрвата, и Срба од новоослобођених територија које су биле под Аустро-Угарском. Нису створене републике; створена једна јединствена држава. Дакле, Срби су били подједнако конститутивни у Љубљани, као што су били и Словенци у Сарајеву. Та држава је затражила дозволу од међународне заједнице — председника, министара, и осталих — да се уједини са Србијом. Ујединила се као јединствена. Ујединила се са Србијом. Срби су ушли у ту државу као сувласник те државе. Тада је речено да народи имају право на самоопредељење. Тада је речено да Америка — председник Вилсон је рекао — да Србија треба да добије излаз на море. То наследници председника Вилсона дугују Србији. Још тај посао није завршен. То им је оставио председник Вилсон у аманет. Сад су то море одузели Србији.

Нису се републике удружиле у Југославију да би могле да се раздружују. Народи су се удружили. А онда су — што каже Лорд Овен — направили републичке границе, па њих прогласили за важније од вањских граница Југославије. Одједном су те унутрашње границе направљене арбитрарно. Не можете уопште да утврдите ко је направио те границе. Јер није било битно. Тито је говорио: "Није то битно!" То су административне. И биле су тада административне границе. Одједном су оне постале важније од вањских граница Југославије, и око њих је почела крв да се пролива као, уосталом, што се

proprietors of that Bosnia. Co-proprietors, just as the Serbs of Krajina were proprietors of Krajina and the co-proprietors of Croatia because they had entered into a "joint venture."

The change in the constitutional-legal status of B-H had to evolve in accordance with the law. Serbs accounted for more than one-third if Yugoslavs had been taken into consideration, two-thirds or three-fourths of whom were Serbs who were in favor of the creation of a Yugoslav nation, which means their number would have been far more than one-third of the population, which was sufficient, in a democratic fashion — not only in the question of consensus but also in question of the democratic [process] — to stop this quest for independence. The right to self-determination belongs to its peoples, and not to administrative territories.

The Serbian Role in the Formation of Yugoslavia

Do you know how the Serbs got into Yugoslavia? In 1918, a state composed of Slovenes, Croats, and Serbs was established from the newly liberated territories formerly ruled by Austro-Hungary. Different republics were not established; a single united state was created. Therefore, the Serbs were equally a constituent people in Ljubljana just as Slovenes were a constituent people in Sarajevo. That state asked the International Community — presidents, ministers, and all the rest — for permission to unite with Serbia. The union formed a united state. It united with Serbia. Serbs joined that state as co-proprietors. It was said that peoples had the right to self-determination. At that time, it was said that America — President Wilson said that Serbia had to be given access to the sea. President Wilson's successors owe this to Serbia. And the job still hasn't been done. President Wilson left it to them in his will. Now they have deprived Serbia of access to the sea.

The republics did not join to form Yugoslavia so they could later go their separate ways. The people had united. And as Lord Owen said, they then drew administrative borders that they suddenly proclaimed to be more important than the internationally

пролива увек око комунистичких граница и империјалних граница. Погледајте границу Хрватске. Она наслеђује границу Аустро-Угарске. И Срби из Требиња могу да виде море, али немају приступ мору.

А то ниједна међународна норма не би допустила. Али, кад су Срби у питању, све може.

Ево шта каже Хасан Ченгић, свештеник, о Патриотској лиги која је формирана 31. марта 1991. године. Нека Тужилаштво покаже једну једину формацију иза које је стајала Српска демократска странка или српски народ, а овде имамо, чак и пре 31. марта, у Фочи је формирана једна јединица од стране оца овога Хасана Ченгића. А Странка демократске акције је организовала и водила формирање своје војне фаланге од 31. марта па све до почетка рата. На нивоу БиХ, ово је шема Патриотске лиге. Врховни командант, Алија Изетбеговић; Главни политички Штаб, Ејуп Ганић и Омар Бехмен; Главни војни штаб, Сефер Халиловић (који је овде ослобођен, или не знам шта је већ прошао) и Мехо Каришик; регионални политички штабови, општински штабови; а овамо су били регионални војни штабови и општински војни штабови. Та организација је била прилично брзо употпуњена, тако да су они, јануара 1992. године дочекали са око сто хиљада војника. Око сто хиљада војника. Ово је улога те Патриотске лиге, Зелених беретки и других, огромног броја тих јединица које су постојале.

Сада, овде Тужилаштво у оптужницама против Срба углавном барата кризним штабовима. Срби су имали кризне штабове. Кад нема гаса, недавно, кад је Украјина укинула гас, формирају се кризни штабови. То значи да онај не може да иде кући, службеник, него — може да иде кући али мора да дође ако га зовну — значи хитна је

recognized borders of Yugoslavia. All at once, the internal borders became arbitrary. It is impossible to confirm who drew these administrative borders. Because it wasn't [considered] important. Tito had spoken: "It doesn't matter!" These are administrative borders. And they were administrative borders then. Now suddenly they have become more important than Yugoslavia's internationally recognized borders, and blood has been shed over them, which is, after all, always the case when Communist or imperial borders are at stake. Take a look at Croatia's borders. It has inherited Austro-Hungary's borders. And the Serbs of Trebinje can look out on the sea but they do not have access to it.

Not one international standard would have permitted this. But, when Serbs are in question, anything is possible.

The Patriotic League

Here is what Hasan Čengić, a [Muslim] cleric, says about the Patriotic League, which was formed on March 31, 1991. Let the Prosecution show me one single [military] formation behind which stood the Serbian Democratic Party or the Serbian people, but here we have, even before March 31, a unit formed in Foča by the father of this Hasan Čengić. Meanwhile, the SDS organized and led the formation of military phalanxes from March 31 all the way up to the start of the war.[107] This is the Patriotic League's organizational chart for B-H. [EXHIBIT XVII] The Commander-in-Chief is Alija Izetbegović; Political Chiefs of Staff, Ejup Ganić and Omer Behmen; the Military Chiefs of Staff, Sefer Halilović (who, I think, was acquitted here but that is water under the bridge) and Meho Kališik; then regional and municipal political chiefs of staff; and here we have regional and municipal military chiefs of staff. This organization was very quickly manned and staffed so that it already had about 100,000 troops by January 1992. About one hundred thousand troops. This is the role that the Patriotic League, the Green Berets, and

ситуација, нередовна ситуација, мора да постоји кризни штаб. Али вашој пажњи препоручујем прво податак да су кризни штабови Странке демократске акције и Хрватске демократске заједнице, у Хрватској били присутни свуда, и на сваком најмањем месту, далеко пре рата и далеко пре Српске демократске странке.

Ево неких разлика у кризним штабовима Странке демократске акције и Српске демократске странке. Кризни штабови Странке демократске акције формирани су далеко пре рата у време када је изгледало да у БиХ неће бити рата, јер још није био почео рат у Хрватској. Кризни штабови Српске демократске странке су били јавни и формирани су тек пред избијање рата, у тренутку кад је СДА успела да доведе до колапса систем државне власти, а рат у Хрватској је донео велика страдања Срба, избеглице. Постојање Патриотске лиге је већ било евидентно: наоружане формације, тајни транспорти оружја, јавни транспорти оружја, и постојање кризних штабова СДА. Тек тада Срби формирају кризне штабове. Кризни штабови СДА су тајни, конспиративни, и са овлашћењима и задацима који има тајна извршна власт, те са задацима који се поверавају министарствима одбране и генералштабовима армије. Кризни штабови СДС-а су имали једино и искључиво функцију брзог јављања локалним властима и централи у Сарајеву о свим опасним и прикривеним збивањима.

Њима Караџић на састанку пленума партијском од 14. фебруара 1992. године каже изричито:

> Ви нисте власт. Власт треба да врши
> власт, а ви треба да помажете, да пратите
> транспорт оружја, да пратите шта се деш-
> ава, и да о ванредним ситуација јављате.

the others, the enormous number of those military units that existed at the time, played.

The Crisis Staffs

Now the Prosecution here deals mainly with crisis staffs in these indictments against Serbs. The Serbs had crisis staffs. When there was a shortage of gas, as was the case recently when the Ukraine cut off gas supplies, crisis staffs were established. That means the official managing the crisis staff could not go home — rather, he could go home but he had to return if he were called — it means that it's an emergency, an irregular situation, so an existing crisis staff is imperative. But I would like to call your attention first to the fact that crisis staffs established by the SDA and the HDZ were present throughout Croatia, even in the smallest villages, long before the war and long before the SDS established its own crisis staffs.

Here are some of the differences between the crisis staffs of the SDA [Muslim] and of the SDS [Serbian]. The SDA's crisis staffs had been formed well before the war when there was no indication of a war breaking out in B-H because the war in Croatia had not yet begun. SDS crisis staffs were public and were formed only on the eve of the war, at the moment when the SDA had managed to bring about the collapse of the system of state structure and when the war in Croatia led to the deaths of many Serbs and numerous refugees. The existence of the Patriotic League was already evident: armed formations, covert weapons shipments, overt weapons shipments, and the existence of SDA crisis staffs. It was only then that the Serbs established their own crisis staffs. The SDA crisis staffs were secret and conspiratorial in nature, and they had secret executive powers with authorizations [to act] and [they were given] assignments that were monitored by the Ministry of Defense and by the General Staff of the [Muslim] Army.[108] The SDS crisis staffs performed the exclusive function of quickly

Ту сам имао на уму британски пример, где сваки Британац чува своју земљу.

Кризни штабови СДА су преузели функцију државних органа у општинама. А њима је руководио кризни штаб БиХ, републички кризни штаб, формиран у Председништву, којим је руководио Ејуп Ганић, и истовремено, и шеф главног политичког штаба Патриотске лиге. Тај кризни штаб у Председништву омогућио је Алији Изетбеговићу да заобиђе Биљану Плавшић и Николу Кољевића као представнике српскога народа. И да мимо њих ради. Више није морао ништа на састанку да усваја. Кризни штаб одлучи нешто, не би се морало да иде на гласање и на расправу, и тако је их он заобишао.

Кризни штабови СДС-а су постојали кратко време пред рат. А по избијању рата, престали су са постојањем, а наступили су општински кризни штабови као државни органи. Општински кризни штаб није штаб СДС-а и није штаб Срба, него је штаб власти, и у њему има и Муслимана и Хрвата у оним општинама у којима има и Муслимана и Хрвата.

Овде, рецимо, Тужилаштво каже, један извештај из Бијељине: "Кризни штаб Српске демократске странке извештава главни одбор Српске демократске странке шта је одлучио кризни штаб општине." А Тужилаштво каже да је то одлучио кризни штаб Српске демократске странке, а лепо пише кризни штаб странке обавештава шта су власти, шта је кризни штаб општине, као државни орган, одлучио. А кризни штаб општине чине људи који су иначе у власти, само што је сада процес одлучивања бржи. Значи, не мора се састајати Скуп-

notifying local authorities as well as the central crisis staff in Sarajevo of all dangerous and covert actions.

On February 14, 1992, at a plenary party meeting, Karadžić told them explicitly:

> You are not an authority in charge. The government exercises authority, but you are there to help, to monitor the transport of weapons, to monitor what's going on, and to let us know of any extraordinary situations.

There I had in mind the British example where every British subject is guarding and protecting his country.

The crisis staffs established by the SDA took over the functions of government organs in the counties. And they, in turn, were managed by the Crisis Staff of B-H, the republic's crisis staff established by the Presidency, which was directed by Ejup Ganić, [EXHIBIT XVIII] who was simultaneously the Director of the Supreme Political Headquarters of the Patriotic League. That crisis staff [established] in the Presidency had been enabled by Alija Izetbegović to circumvent Biljana Plavšić and Nikola Koljević as representatives of the Serbian people. And to work around them. I don't think he had to adopt anything at any meeting. Once the Crisis Staff decided on something, it would not have to go before a vote and a debate, and that was how he got around them.

The SDS crisis staffs existed for a short period of time before the war. And once the war broke out, they ceased to exist, and county crisis staffs began to act as state organs. The county crisis staffs were neither SDS nor Serbian staffs but staffs operated by the authorities, and one could find Muslims and Croats working in the counties where Muslims and Croats lived.

Here, for example, the Prosecution quotes one report from Bijeljina: "The SDS crisis staff in Bijeljina informs the board of the SDS of what the county crisis staff has decided." However,

штина, него они то одлучују. На Скупштини накнадно да то усвоје.

Кризни штабови СДА су радили конспиративно. Кризни штабови у општинама у Републици Српској радили су јавно, уредно бележили сваки састанак, сваку одлуку, и били подложни провери и критици општинских парламената чим се они буди могли саставити. Овде ћемо видети, Тужилаштво је избацило из моје оптужнице Котор-Варош, који је сваки дан имао састанаке. Првог кризног штаба после-ратног преседништва. Видећете како једна одговорна власт ради у Котор-Вароши. А пошто га је Тужилаштво избацило, ја ћу да га вратим у овај процес да се само види како ради једна одговорна власт.

Ево шта кажу о својим постигнућима, шефови СДА, односно, шефови Патриотске лиге. "Свака месна заједница у 103 општине," значи општина има од десетак то педесет месних заједница — свака општина има месних заједница више. "У све 103 општине, руководство Патриотске лиге је имало јединице од одељења до чете." Један од кључних задатака тих кризних штабова је била набавка оружја.

Ако се присетите оне мапе, значи да су у свим овим општинама где Срби живе. Било је 109 општина укупно. Само нису у хрватским. (Оно би требало да направе, доле ово где је браон.) У свим овим општинама где Срби живе, они су имали чете. И Срби су, комшије, то видели. И нама Тужилаштво забрањује да пазимо шта се дешава око нас. А они у српским општинама имају своје јединице. Мени кажу, приговарају да сам Србе плашио без икаквог основа.

Укупним одбрамбеним припремама руководила је Патриотска лига и са својим главним штабом и штаб-

the Prosecution says that this was decided by the SDS crisis staff, although it quite clearly states the party's crisis staff is reporting what the authorities, what the county crisis staff as a state organ, actually decided. The county crisis staffs were operated by people who were state employees anyway, only now the decision-making process was faster. This meant there was no need for the Assembly to convene; instead, they made the decisions. These were later adopted by the Assembly.

The SDA crisis staffs acted conspiratorially. The crisis staffs in the counties of the Republika Srpska operated openly and publicly, and they meticulously recorded [the minutes of] every meeting and each decision that they made, and they submitted these for validation and feedback to their respective county assemblies as soon as they were able to convene. We shall see it here, the Prosecution withdrew the charge of Kotor Varoš, which had daily [crisis staff] meetings. It was the presidency's first crisis staff after the war broke out. You will see how responsible authority operated in Kotor Varoš. But since the OTP has thrown out that charge, I will re-introduce it into the trial just to show you how responsible authority operates.

Here is what the leaders of the SDA, in other words, the leaders of the Patriotic League, have to say about their achievements. "Every local community in 103 counties,"[109] which means that a county has ten to fifty local communities — each county has numerous communities. "In all 103 counties, the leadership of the Patriotic League had units ranging from a squad to a company." One of the key tasks assigned to those crisis staffs was the procurement of weapons.[110]

If you recall those maps, there was a total of 109 of all these counties where Serbs were living. [EXHIBIT XIV] But they didn't do this in the Croatian counties. [Referring to the map on screen.] (Down here, these brown areas should be highlighted.) They had [paramilitary] units in all these counties where Serbs

овима на целој територији БиХ. Суверреној БиХ недостаје епитет исламска БиХ, на целој територији, значи, без обзира на то где Срби живе и где ко живи и хоће ли, прихвата ли то што Патриотска лига и СДА хоће. Г. Изетбеговић се сусретао са њима и одабравао све. Он је био врховни командант. И гледајте, молим вас, "Ми оснивамо власт —"

СУДИЈА КВОН: Г. Караџић, морамо да завршимо са радом ускоро.

КАРАЏИЋ: Могу ли имати три минута?

СУДИЈА КВОН: Не, један минут.

КАРАЏИЋ: Један минут. У реду.

Г. Изетбеговић је по положају председник савета за народну одбрану Републике БиХ. Он у фебруару формира тајни савет за одбрану Муслимана. И сада један Изетбеговић би требало да хапси другог Изетбеговића. Овај заједнички Изетбеговић председник председништва БиХ, требало би да ухапси Изетбеговића председника муслиманске врховне команде, јер му подрива републику. Е, то је ситуација неправна у којој се Срби не сналазе и неће ни да се сналазе. То ми више не можемо издржати. Хвала.

СУДИЈА КВОН: Хвала, то је све за данас. Господине Тигер, желим да потврдим да ћемо вас да чујемо као првог сутра ујутро.

Г. ТУЖИЛАЦ ТИГЕР: Часни Суде, ми очекујемо да поднесемо нешто данас и ја могу то да наговестим Суду. Ја верујем да ћемо бити — нећемо се противити сертификату. Противићемо се суспендовању.

lived. And their Serbian neighbors saw it happening. And the Prosecution is forbidding us to monitor what was taking place around us. But they had their own [paramilitary] units in Serbian counties. They tell me — they reproach me for having sown fear among Serbs for no reason at all.

The Patriotic League, its General Headquarters, and its staffs scattered throughout the territory of Bosnia coordinated comprehensive defense preparations. Sovereign Bosnia was missing a Muslim entity that encompassed the entire territory, regardless of where Serbs were living, regardless of whether anyone else was living there, regardless of whether they were willing to accept what the Patriotic League and the SDA wanted.[111] Mr. Izetbegović used to meet with them regularly and he approved of everything. He was Commander-in-Chief. Take a look at this, please: "We are establishing rule —"

JUDGE KWON: We need to adjourn very soon.

KARADŽIĆ: Could I have three more minutes, please?

JUDGE KWON: No, one minute.

KARADŽIĆ: One minute. Fine.

Mr. Izetbegović, by virtue of his position, was the Chairman of the National Defense Council of B-H. In February, he established a secret council for the defense of Muslims. And now one Izetbegović has to arrest the other Izetbegović. The federal Izetbegović, who was the President of the collective presidency, was obliged to arrest Izetbegović, the President of the Muslim Supreme Command because it was undermining the republic. Well, this was an unjust situation in which the Serbs were not going to be finding themselves, and they will never be in that situation. We cannot tolerate it any longer. Thank you.

СУДИЈА КВОН: Хвала. То ће бити од помоћи. У 9.00 сутра ујутро.

— Седница је завршена у 1.45 часова. Наставља се у уторак, 2. марта, 2010, у 9.00 пре подне.

JUDGE KWON: Thank you, that's it for today. Mr. Tieger, I'd like to make sure that we can hear you first thing tomorrow morning.

MR. TIEGER: Your Honor, we expect to be filing something today, and I can foreshadow that for the Court. I believe we'll be — we won't be opposing certification. We will be opposing a stay.

JUDGE KWON: Thank you. That would be helpful. Nine tomorrow morning.

— Whereupon the hearing adjourned at 1:45 p.m., to be reconvened on Tuesday, the 2nd day of March, 2010, at 9:00 a.m.

208

Уторак — 2. март, 2010.

[Заседање је отворено]

[Караџић улази у судницу.]

[Почетак у 9.00 часова]

СУДИЈА КВОН: Добро јутро. Господине Караџићу, молим вас наставите. Молимо вас да планирате своју изјаву тако да оставите десетак минута на крају данашњег заседања за усмену одлуку већа.

КАРАЏИЋ: Хвала, екселенције.

Као што смо јуче видели, у једном ритму невероватном, какав је био у Хрватској: сваки месец једна шокантна мера за Србе. Тако је било и код нас. Пре него што дођем до октобра, до декларације коју су усвојили посланици СДА и ХДЗ противно и начину заказивање скупштине, и противно правилима, односно, одредбама Устава Југославије и Устава БиХ, кратко ћу да прођем да ухватимо везу са јучерашњим даном; дакле, Српску демократску странку смо основали као последњу од свих етничких странака. Нерадо смо је основали, сматрали смо да не треба уводити етничку демократију, али такви су догађаји били да је то морало тако.

Избори су били 18. новембра. Свака национална странка је победила, значи просто, народи су били кренули на једну стазу диференцијације по етничком принципу. Нешто из страхова, нешто из нада и амбиција да ће остварити нешто што до тада нису имали у Југославији. Влада формирана у јануару 1991.; прва кампања за независност БиХ крајем јануара. Још увек половином јануара, г. Изетбеговић се заклиње у Југославију. Крајем јануара, абруптно најављује кампању за независности. У фебруару, г. Изетбеговић

Tuesday — March 2, 2010

[Open session]

[Karadžić enters the court room.]

Upon commencing at 9:00 a.m.

JUDGE KWON: Good morning. Mr. Karadžić, please continue. Please plan your statement so as to leave about ten minutes at the end of today's hearing for a Chamber's oral ruling.

KARADŽIĆ: Thank you, Your Excellencies.

The Serbs Reluctantly Establish the SDS

As we saw yesterday, the incredible pace [of events] in Croatia: every month brought a shocking new measure taken against Serbs. That's the way it was with us. Before I come to October and the Declaration that was adopted by representatives of the SDA and HDZ against the rules governing the manner in which Assembly sessions are convened, namely, contrary to the provisions of the Constitutions of Yugoslavia and B-H, I would just like to review briefly, so that we may understand the connection to [what I discussed] yesterday, that we thus established the SDS as the last of all the ethnic parties. We formed the party reluctantly because we did not consider the introduction of ethnic democracy as the proper thing to do, but the circumstances were such that we were compelled to do so.

The elections took place on November 18. Each nationalist party won, which simply means that the different peoples entered a stage of differentiation according to ethnic principles. Partly based on fears and partly based on hopes and ambitions that they would establish something that they had not had until then in Yugoslavia. The government was formed in January 1991; the first campaign for an independent B-H started at the end of January. Mr. Izetbegović was still vowing to remain in Yugoslavia in mid-January. At the end of January, he abruptly announced the

формира тајни савет за одбрану Муслимана иако је он председник јавног државног Савета за одбрану БиХ.

И ја ћу сада само овако кратко да кажем: код прве кампање за независност, Срби протестују без контрамера. Изетбеговић формира тај савет, то је врховна команда тајне армије Патриотске лиге, тајне армије СДА. Српска реакције је чуђење, забринутост, без протеста и без контрамера, јер је то урађено тајно. Ми смо сазнали, али нисмо правили велики протест због тога.

У фебруару, покушај усвајања Деклерације о суверености и независности. Српска реакција: протест, вето, упућивање на Савет за националну равноправност, и то вето тада успева, тада нам је усвојено, и најављујемо заједнице општина којима бисмо иначе радили, ако општине одлуче, могу другачије да се удруже, ако имају економске и неке друге интересе.

31. марта основана је Патриотска лига. Значи, сада онај Врховни штаб, односно врховна команда, добија и своју војску. Српска реакција: дубока забринутост, захтев од Срба у МУП-у, полицији — које је Српска демократска странка довела на власт, али нису чланови Српске демократске странке, сматрамо да полиција не треба да буде у партијама — захтева се од њих да реагују, да спречавају злоупотребу заједничке полиције, да информишу јавност и нас шта се дешава. Ту већ први пут на неки начин, имамо неспоразуме са нашим замеником министра којег смо ми кандидовали тамо.

Значи, март 1991. долази и до другог покушаја усвајања Деклерације о независности. Српска реакција је расправа са партнерима, вето, и убрзан рад за формирању заједница општина. У мају, Изетбеговић каже познату реченицу коју сам јуче саопштио: "Декле-

campaign for independence. In February, Mr. Izetbegović creat-
ed a secret council for the defense of Muslims, even though he
was the Chairman of the Public Defense Council of B-H.

I will only state briefly that, during the first campaign for in-
dependence, the Serbs protested without resorting to counter-
measures. Izetbegović formed this Council, which was the Su-
preme Command of the Patriotic League, the SDA's secret army.
The Serbian reaction was astonishment, concern, without either
protests or countermeasures, because it had been done secretly.
We found out about it, but we did not lead large protests because
of it.

In February, there was an attempt to adopt a Declaration of
Sovereignty and independence. The Serbian reaction: protests,
lodging a veto, referring the matter to the Council of National
Equality, and this veto succeeded at that time, and then it was
adopted, and we announced to the county communities on which
we were anyway working — that if the county communities de-
cided to do so, they could associate themselves on a different basis
if they had economic and other mutual interests.

The Patriotic League was established on March 31. That
meant this Supreme Headquarters, in other words, the Supreme
Command, now got its own army. The Serbian reaction: profound
concern, the demand that Serbs in the MUP, the police — whom
the SDS brought into the administration but who were not mem-
bers of the SDS because we thought that the police should have no
political affiliations — we demanded that they react to prevent any
abuse of the joint [B-H] police force, and to inform the public as
well as us about what was going on. This was the first time that
we had, in some fashion, misunderstandings with our Deputy Min-
ister whom we had nominated.

So in March 1991, there was a second attempt to adopt a
Declaration on Independence. The Serbian reaction was consul-
tations with our partners, lodging a veto, and the acceleration of

рација ће бити усвојена са Србима или без њих." Значи, потпуна је определеност. За три месеца смо потрошили наше братство и јединство, нашу коалициону идилу, и најављује се кршење свих наших права. А убрзава се злоупотреба полиције. Злоупотреба полиције — у њиховој полицији је пуно криминалаца. Видели сте јуче из мог разговора са замеником министра, где се и он слаже да ми нисмо довели ниједну нову личност у полицију, а да они јесу. И да ми нисмо поготово довели ниједног криминалца, а да они јесу.

И СДА кадрови у полицији крију од наших — од Срба — све. Стављају их на нека неважна места, уклањају их од оних нелегалних радњи које они раде, и то је прва подела МУП-а. Дакле, у мају месецу 1991. године, она је *de facto* — није *de jure* — *de facto* је подела. Српски кадрови у полицији су склоњени на споредни колосек да не могу да утичу — не могу да виде, а камоли да утичу — на догађаје. Српска реакција на ово је формирање српских аутономних области.

Српске аутономне области се проглашавају, али немају садржај. Не делују; ништа се не дешава. Оне су само ту за случај да се нешто деси и да народ не остане — кад се исеку комуникације — народ може да остане без руководства, па онда нека на нивоу регија — имају неко руководство које ће да их води.

У јуну 1991. године су донесене одлуке о независности Словеније и Хрватске, и склопљен је тајни заверенички споразум — Кучан, Туђман, Изетбеговић — за напад на Југославију и на ЈНА. Ми ћемо о том тајном пакту — завери — овде пружити доказе. Љубазношћу Тужилаштва дошли смо, а имамо и ми својих извора око тога.

work on the formation of communities in counties. In May, Izet-begović uttered the famous sentence which I called to your attention yesterday: "The Declaration [i.e., of the sovereignty of B-H] will be passed with the Serbs or without them." In other words, it was completely predetermined. In three months' time, we used up all of our brotherhood and unity, our idyllic coalition, and it portended the violation of all our rights. Abuse of the police force accelerated. Abuse of the police force — their police force was full of criminals. Yesterday, you heard portions of my conversation with the Deputy Minister, in which even he agreed that we did not bring any new personnel to the police force, but they had. And we did not bring in a single criminal, yet they did.

The SDA personnel in the police force kept everything secret from us — the Serbs. They placed Serbs in low-ranking positions, and kept them away from all the illegal activities in which they were involved, and that was the first split that took place in the MUP. Therefore, in May 1991, the split was *de facto* — not *de jure* — the split or division was *de facto*. Serbian personnel in the police were sidetracked so that they could not influence — so that they could not see [what was going on], much less have any influence on events. The Serbs reacted by forming autonomous Serbian regions.

The Serbian autonomous areas were proclaimed, but this had no substance. They were not functioning as such; nothing was happening. They were only there just in case something happened so that the people would not be left — when communications are cut — the people could be left leaderless, so they would then have to rely on some kind of regional leadership to guide them.

In June 1991, decisions were made about the independence of Slovenia and Croatia, and Kučan, Tuđman, and Izetbegović concluded a conspiratorial agreement to attack Yugoslavia and the JNA [i.e., Yugoslav National Army]. We will present proof

Српска реакција је убрзан рад на формирању ставова и сада већ помињемо и регионализацију, а предвиђамо да ставови почињу да функционишу јер је ђаво однео шалу. Ако СДА не, сви наши потези су, Екселенције, условни. То нису наши циљеви. То су наша нужда: "Ако наставите са овим и не поништите незаконите одлуке, ми ћемо ово пустити у функцију."

28. јуна 1991., *Frankfurter-Algemeine Zeitung* и *Die Weldt* пишу коментаре. Југославију називају историјском наказом, створеном кроз уговоре са париске периферије. И изругујући се Версајском, Сен Жерменском, и Трианонском и Нејском уговору, којима је окончан Први светски рат и правно санкционисан пораз Немачке и других Централних сила.

Подсетићу вас да 1977. и 1978. — Тито је још био жив — Јозеф Штраус, у близини Минхена, окупљао европску елиту и убеђивао да Југославију треба прогласити мртвом. Љубазношћу генерала Галоа, ми смо дошли до тог податка. Генерал Галоа је једна изузетна личност Француске, који се није с тим слагао ни тада, ни сада.

У јулу месецу, Срби излазе са документум *Шта предлажу Срби?* на српском и на енглеском језику. Мени се сада поставља питање: зашто Тужилаштво нигде не помиње тај споразум? Зашто се из [тога] програма не информише? Шта су биле српске позиције у односу на Југославију и односу на Б-Х? *Шта предлажу Срби?* Важан тренутак. Убрзава се криза и Срби босански излазе са својим погледима на решење југословенске кризе, на решење босанске кризе. Тај предлог апсолутно искључује сваки услов за удружене злочиначке под-ухвате, а камоли злочиначки подухват. Апсолутно укида могућност да исход буде такав како стоји у оптужници.

of this secret pact — this conspiracy. Thanks to the kindness of the Prosecution, we have come here, but we also have our own sources of information about this.

The Serbian reaction was to accelerate the formulation of positions and there was already talk about regionalization, but we anticipated that the positions we took were going to work out because the situation was not funny anymore. All our moves were conditional, Your Excellencies, even though the SDA's were not. Those were not our goals. Those were necessities. If you continue this way and do not nullify these unlawful decisions, we are going to activate our plans.

The German newspapers *Frankfurter Allgemeine Zeitung* and *Die Welt* published commentaries on June 28, 1991. They dubbed Yugoslavia 'a freak of history' that was created by agreements made in the suburbs of Paris. And they were ridiculing the Versailles, Saint-Germain, Trianon, and Neuilly Treaties that ended World War I and legally sanctioned the defeat of Germany and the other Central Powers.

Let me remind you that in 1977 and 1978 — Tito was still alive — Josef Strauss[112] assembled [a meeting of] the European elite near Munich, where he persuaded them that Yugoslavia had to be pronounced dead. We acquired this information courtesy of General [P.M.] Gallois.[113] General Gallois is an outstanding Frenchman who did not agree with that either then or now.

In July, the Serbs published a document entitled *What Do the Serbs Propose?* in Serbian and in English. Now, I wonder why the Prosecution has not mentioned this position paper at all. Why has it not acquainted itself with this program? What were the Serbian positions *vis-à-vis* Yugoslavia and B-H? *What Do the Serbs Propose?* It was an important moment. The crisis was accelerating and the Bosnian Serbs came forth with their views on solutions for the Yugoslav and Bosnian crises. This proposal absolutely dispels any and all grounds for a joint criminal enterprise, not to mention

Почетком јула, Муслиманско-бошњачка организација предвођена Адилом Зуфликарпашићем и Мухамедом Филиповићем, који су напустили Странку демократске акције када су идентификовали то завереничко језгро које је радило иза леђа и главног одбора и целе странке и целог муслиманског народа, који није увек могао да види где воде ти потези тога завереничког језгра. Када Филиповић и Зулфикарпашић, искусни политичари, дугогодишњи дисиденти, нису могли — требало им је времена да виде куда то иде и да виде куда воде ти потези, што је навело г. Чаушевића да када је напустио СДА, писао Изетбеговићу, рекао му: "Зар ти мислиш да су Срби будале и не виде шта ти радиш?"

Српска реакција на понуду историјског Српско-муслиманског споразума, промптно прихватање, радосно прихватање, уз одустајање од свих дотадашњих контрамера. Почетак јула, доказ да се контрамере које смо доносили на мере, кршења наших уставних и законских права — одустајемо када муслиманска страна понуди да ће она одустати од тога пута на који се запутила.

Био сам лично са Зуфликарпашићем код г. Изетбеговића, који нас је подржао. Рекао је "само наставите," а Зулфикарпашићу је рекао: "Молим те, настави. Срби ми више не верују. Можда ћеш ти успети да нешто с њима постигнеш."

Период јул и август 1991., радимо на том историјском Српском-муслиманском споразуму. Имамо заједничке митинге где смо имали огромне тензије, али сада Муслимани и Срби, вођство СДС-а и МБО-а иде у осетљива српско-муслиманска подручја на јавне митинге. Имамо у Требињу огроман митинг. Тамо је седамнаест до двадесет посто Муслимана — али сви су

a criminal venture. It absolutely precludes the possibility of an outcome such as the one that stands in the Indictment.

In the beginning of July, the Muslim-Bosniak Organization [MBO] led by Adil Zulfikarpašić and Muhamed Filipović, who had both left the SDA as soon as they identified the conspiratorial nucleus that was working behind the backs of the governing board, the entire party, and all the Muslim people who were not always able to see where the moves made by this conspiratorial nucleus were leading. When Filipović and Zulfikarpašić, experienced politicians and dissidents of long standing — they needed some time to see where all this was leading — could not see where these moves were leading — which led Mr. Čausević, who, after having left the SDA, to write to Mr. Izetbegović, and ask him: "Do you think that the Serbs are fools and don't see what you're up to?"

The Serbian reaction to the proposed historic Serbian-Muslim Agreement was prompt acceptance — it was happily accepted, along with the withdrawal of all theretofore existing countermeasures. At the beginning of June, proof that countermeasures we introduced against the steps taken to violate our constitutional and legal rights — we withdrew [the countermeasures] once the Muslim side offered to abandon the path it had begun to take.

I was personally with Mr. Zulfikarpašić when I met with Mr. Izetbegović, who lent us his support. He merely said, continue doing what you're doing, and to Zulfikarpašić he said, "Please continue your work. The Serbs don't trust me any longer. Maybe you will be able to get somewhere with them."

We were working on this historic Serbian-Muslim Agreement during the period of July and August 1991. We held joint meetings that were infused with enormous amounts of tension, but now the Muslims and the Serbs, the leaderships of the SDS and the MBO paid visits to sensitive Serbian-Muslim areas and

срећни, и Срби и Муслимани. Идемо у Зворник. Зворник је веома осетљив. Видећете како је после експлодирао. Осим нешто мало неких екстремиста, народ срећан. Препуна спортска хала, народ срећан што је дошло до обрта у српско-муслиманским односима. Срби прихватају да се врати *status quo ante*, ништа, никакве противмере које смо предузели за тих пола године неће бити на снази и имамо споразум са Муслиманима.

Крајема августа, г. Изетбеговић изненада повлачи подршку споразуму, и то на један драстичан начин, док аутори споразума, професор Кољевић и професор Филиповић, оба са Филозофског факултета, које смо лично Изетбеговић и ја овластили да наставе да раде — и Зулфикарпашић. Они презентују јавности тај споразум, који треба да релаксира целу ситуацији у Босни, да Босни каже, босанском троношћцу, јер Босна има троножац (Србе, Хрвате, и Муслимане), да каже нема проблема. Овде неће бити рата. Тамо већ у Хрватској, јер значи у августу већ имамо сукобе. А, они излазе и кажу: "Ми радимо на споразуму који ће ово спречити да се прелије у Босну."

Стиже телефакс у сред емисије и СДА отказује, а проглашава МБО, Зулфикарпашића и Филиповића издајницима муслиманског народа. Дакле та игра, замајавања Срба и Муслимана два месеца са циљем да МБО буде поражен политички. И да једну малу корист СДА добије у гласачком телу — е, па то је стварно Пирова победа. То је стварно била скупа победа, и одмах је већ сутрадан била напетост у БиХ појачана, а српска страна, и то аутономна регија Крајина, без икаквог питања нас, проглашава регију Крајина, а ја им у једном разговору дајем за право — имамо тај интерцеп — можемо га увек приказати ако буде Већу занимљиво.

held rallies there. We had a huge rally in Trebinje. There it is 17%–20% Muslim — but everyone was happy, both the Serbs and Muslims. We went to Zvornik. Zvornik is an extremely sensitive area. You will see how it later exploded. Apart from a small number of extremists, people were delighted. The sports arena was filled beyond capacity, and people were happy to see a turning point in Serbian-Muslim relations. The Serbs accepted the return of the *status quo ante*, and nothing — none of the countermeasures that we had undertaken for six months were in force any longer and we reached an agreement with the Muslims.

At the end of August, Mr. Izetbegović all of a sudden withdrew his support for the Agreement, and did so in a drastic fashion, while the authors of the agreement, Professors Koljević and Filipović, both from the [Sarajevo] University's School of Philosophy, whom Izetbegović and I had personally authorized to continue their work — as well as Zulfikarpašić. They presented this agreement to the public, which was supposed to ease the tense situation in B-H, to declare that Bosnia is a tripartite state (Serbs, Croats and Muslims), and to state that there were no problems. There was not going to be a war here. Although we did have conflicts going in Croatia in August. But they [Koljević and Filipović] were coming out and saying: "We are working on an agreement that will prevent this from spilling over into Bosnia."

A fax arrived during the middle of a broadcast that the SDA was withdrawing [its support for the agreement], and it declared the MBO and Mr. Filipović traitors to the Muslim nation. So, this game preoccupied the Muslims and the Serbs with a red herring for two months, and its goal was to inflict a political defeat on the MBO. And all this so that the SDA could gain a very small advantage with the electoral body — well, that was a genuine Pyrrhic victory. It was, indeed, a costly victory, and on the very next day tensions immediately rose in B-H, while the Serbi-

Дакле, на тај потез српске стране, Изетбеговић се повлачи и успорава, и идемо у Скупштину. У Скупштини, усвајамо Деклерацију чији су основни елементи: да прво све опције су равноправне; и друго, да неће бити наметања решења. Значи, мора се наћи решење које ће бити прихватљиво за све, никоме се ништа неће наметнути, и свака опција је легитимна. Може да се иде са сваком опцијом. Дакле, поново дође до једно малог релаксирања, међутим, то све траје мање од месец дана.

Значи, у Скупштини у октобру — половина октобра — имамо ону познату скупштину где се врши уставни пуч, нелегално заказују наставак седнице и доносе Декларацију о сувераности, те две странке. Српски посланици из свих странака — њих 83 од 86 — значи 72 из Српске демократске странке и остали Срби из осталих странака, мултиетничких, напуштају Скупштину и српска страна најављује да ће, ако не повуку за десет дана — за недељу дана — те одлуке, да ће српска страна формирати своју Скупштину на нивоу персоналне аутономије.

То је и за оптужницу и за Тужилаштво један веома важан тренутак, где у параграфу 34, претпретресног поднеска, Тужилаштво каже:

> Руководство босанских Срба основалао је 24. октобра, 1991. засебну српску Скупштину. Као што је Караџић објаснио посланицима: "Ово је историјски корак. Ово је корак којим српски народ разбија и последње заблуде, препознаје пријатеље и непријатеље, и заокружује своје биће на начин на који (једна реч није могло да се

an side, particularly the autonomous region of Krajina, without consulting us at all, proclaimed the Autonomous Region of the Krajina, while I in one conversation agreed with it — we have the intercept — and we can always present it to the Trial Chamber as proof should it merit interest to the Trial Chamber.

So, after the Serbian side made that move, Izetbegović withdrew and resorted to dilatory tactics, and we went to the Assembly. In the Assembly, we adopted a Declaration whose basic elements were: first, that all options be treated as equal; and second, that there be no imposed solutions. That meant a solution had to be found that would be acceptable for everyone involved, nothing was going to be imposed on anyone, and all options were legitimate. So this once again eased tensions somewhat, however, all that lasted less than a month.

So, in the Assembly in October — by mid-October — we held that well-known session during which a constitutional putsch took place by illegally continuing the session, and those two parties passed a Declaration of Sovereignty. Serbian representatives, 83 of 86 from all parties — seventy-two from the SDS and the Serbs from other multi-ethnic parties, walked out of the Assembly, and the Serbian side announced that unless those decisions were revoked within seven to ten days, the Serbian side was then going to establish its own Assembly on the level of autonomous personnel [i.e., representatives].

This was a pivotal moment for the Prosecution as well as its Indictment, where in Paragraph 34 of the Pre-Trial Brief, the Prosecution states that:

> The BSL [Bosnian Serb Leadership] established a separate Serbian Assembly on 24 October 1991. As Karadžić explained to the delegates, "This is a historic step, a step the Serbian people takes [sic] to shatter the last illusions, to discern between its friends and enemies, and to round

прочита) никад неће бити угрожен изнутра."

Дакле, Караџић каже, овај тренутак, када смо решили се наших заблуда, видели смо шта је наша судбина и шта нам је чинити, видели смо ко су пријатељи и ко су непријатељи, видели смо шта нас угрожава. Дакле, "У новембру 1991.," наставља тај параграф 34:

непосредно прије плебисцита СДС-а на којем је српски народ потврдио да жели остати у Југославији, Караџић је позвао чланство СДС-а у општинама да се припреме за успоставу власти на својим подручјима. 'Молим вас да будете такође енергични и оштри да се припремите и успоставите власт на својим територијама у општинама у регијама мјесним заједницама да припремите преструктурацију и реорганизацију општина.'

Тужилаштво цитира моје речи. Да ово нема то значење које је Тужилаштво томе придало, хоћу да вас подсетим да је између 24. октобра, када су Срби схватили где води Странка демократске акције, Срби су до почетка рата прихватили неколико варијанти, неколико шанси за мир, уз спремност да одустану и од ове скупштине и подсетићемо се на те шансе. Дакле, Срби су формирали Скупштину као последњу одбрану. Ако све пропадне, та Скупштина ће доћи у своју функцију.

Као што каже Веће у случају Крајишника, 195. или 196. параграф, ако се стари систем распао, централна власт мора да уради нешто да се не распадне и терен.

our entity in such a way that [one word redacted] it would never again find itself endangered from within.[114]

Therefore, after we had been disabused our illusions, Karadžić said at this moment that we saw what our destiny was and what we had to do: we saw exactly who friends and enemies were; and we saw what was threatening us. So, "In November 1991," it states again in Paragraph 34, that:

> just before the SDS plebiscite of the Serbian people confirming their willingness to stay in Yugoslavia, Karadžić exhorted the municipal SDS membership to get ready to establish authority in their territories:

> 'I am asking you to be energetic and strict; to get ready and establish authority in your territories; in municipalities, regions, local communities, and to prepare yourselves for restructuring and regionalizing the municipalities (...).'[115]

The Prosecution is quoting my words. That this does not have the meaning attributed to it by the OTP, I'd like to call to your attention that between October 24, when the Serbs realized where the SDA was going, the Serbs had accepted before the beginning of the war several alternatives, several chances for peace, and they were even prepared to abandon their own Assembly, and we are going to revisit those [lost] opportunities now. So, the Serbs established the Assembly as their last stand. If all else failed, that Assembly was going to become operative.

As the Trial Chamber says in the Krajišnik case, Paragraph 195 or 196, if the old system fell apart, then the central government had to do something in order to prevent the [situation on the] ground from falling apart. What Karadžić is saying is: "prepare and establish authority in your own territories in the coun-

Ово што Караџић каже: "На својим територијама у општинама, припремите и успоставите власт на својим територијама." Ако ће централна власт пропасти, и ако општине неће имати на кога да се ослоне, или ће кад позову централну владу, централна влада издати им налоге који су супротни опстанку народа, онда треба успоставити власт. Ми тамо већ имамо власт, само она треба да се спреми да функционише у ванредним околностима.

И моје је становиште — и мислим за то за право и сви међународни документи, боље икаква власт него никаква. Боље власт него хаос.

Српски народ — поново, српска страна сада, али није више СДС (ту су сада сви Срби, све странке) — заказује плебисцит српскога народа за 10.–11. новембар, да видимо да ли народ хоће ово што Изетбеговић форсира, или ће нешто друго.

Референдумско питање је у вези са Југославијом, са удруживањем свих који хоће да остану у Југославији, и тај референдум је одржан. Било је могућности да гласају други, пошто је то етнички референдум. Други су имали такође могућност да гласају, и гласало је негде између 40,000 и 60,000 Муслимана и Хрвата који су гласали за очување Југославије, а Тужилаштво, бојим се, малициозно каже да је то био жути листић. Ја не знам које је боје листић био, али Тужилаштво пропушта да се информише да је то био и листић латиницом писан. Срби претежно пишу ћирилицом, а тај је био латиницом да би им било пријатније.

Е, сада, 20. децембра, влада БиХ, супротно ставу и мишљењу свих српски министара, и заменика министара свих чланова владе, доноси одлуку да затражи од Европске заједнице признање независности БиХ. Услова

ties." If the central government falls apart and if the counties have no one to rely on; or, when they call upon the central [B-H] government, the central government is going to issue directives that are going to be working against the survival of the people, so we must then establish governing authority. We already exercised governing authority in these areas; it only had to be prepared to function in extraordinary circumstances.

And my standpoint is — and I think that all international documents corroborate it — that it is better to have some kind of rule of law as opposed to none at all. Rule of law is better than chaos.

The Serbian people — again, the Serbian side is now no longer represented [solely] by the SDS (it is now all Serbs from all political parties) — scheduled a plebiscite of the Serbian people for November 10–11, 1991 to see whether the people wanted what Izetbegović was forcing on them or whether they wanted something else.

The question posed by the Referendum related to [the preservation of] Yugoslavia, and all those who wished to remain in Yugoslavia participated, and that Referendum was, indeed, held. Others were able to vote as well, since this was an ethnic referendum. Others were likewise able to vote, and somewhere between 40,000 to 60,000 Muslims and Croats did vote in favor of preserving Yugoslavia, but the Prosecution, I fear, maliciously states that this was a yellow ballot. I don't know what color this ballot was, but the OTP omits to inform you that this ballot was written in the Roman alphabet. Serbs predominantly use the Cyrillic alphabet, but this one was printed in the Roman alphabet so that the others would find it easier [to read].

The Illegal Referendum and Proclamation of Independence

And now, on December 20, the government of B-H, after having taken a position contrary to the thinking of all Serbian ministers and deputy ministers, passed a resolution to seek

за то нема, ни та одлука није донесена на исправан начин. Није могла да буде донесена ни на референдуму, јер је гласало мање од две трећине за то од свих гласача, и не би могло ни у Скупштини, јер смо ми имали више од једне трећине, и поготову влада не смије да тражи независност. То мора да тражи Скупштина на основу две трећине гласова свих посланика.

Српска реакција на Скупштини 11. — бићете упознати са сваким детаљем те скупштине (оне се често експлоатишу у оптужници) — тражи поништење тог захтева за независност, или ће као контрамеру прогласити Српску Републику БиХ.

Ево поново мапе на које можемо да бацимо поглед. Плаво су Срби. Сада, након, то је била, ја мислим, '91. То се није мењало. У главном је то тако. Након геницида у Другом светском рату и даље, Срби живе на две трећине, већина су на две тречине територије БиХ, а на жалост, имају једну трећину. Иначе, су до тих збивања, до Другог светског рата, били они већинско становништво.

СДА одбија да повуче захтев. И иде даље.

Значи, од 20. децембра до 9. јануара, дато им је двадесет дана. Српска реакција је 9. јануара. Проглашава се Српска Република БиХ, али као и све српске контрамере, она се само проглашава као могућност, а не функционише. Да Тужилаштво није у праву када сматра да смо ми формирали Скупштину српског народа да бисмо постигли циљеве.

Ми смо у праву да смо формирали српску Скупштину да бисмо спречили да СДА постигне своје циљеве против наше безбедности, наше воље. Можемо видети из свих међукорака, а један од тих међукорака је заседање заједничке Скупштине 24. и 25. јануара, где се

recognition for an independent B-H from the European Community. The conditions for such a resolution had not been met, so the resolution was not passed in the correct manner. It could not have been done with the Referendum [for an independent Bosnia] either, because less than two-thirds of all voters had voted in favor of it, and it could not have passed in the Assembly because we had more than a third [of the seats], and so the government had absolutely no grounds to seek independence. Its passage had to be sought by the Assembly on the basis of a two-thirds vote of all representatives.

You will be informed of each and every detail of the Serbian reaction in the Assembly of the 11th. (These details are often exploited in the Indictment.) The Assembly was going to move to annul this resolution for independence or it was going to proclaim the Serbian Republic of B-H as a countermeasure.

Here, once again, is the map where we can take a look. [EXHIBIT XIV] The Serbian areas are blue. Now, I think, this was 1991. It did not change. This is basically the way it was. After the genocide during the World War II, the Serbs continued thereafter to live on two-thirds — the majority live on two-thirds of the territory of B-H, but regrettably they make up only one-third [of the population]. In any case, they were the majority population until the events that transpired during the Second World War.

The SDA refused to withdraw this resolution. And it went further.

They were given twenty days, from December 20 until January 9 [to decide]. The Serbs reacted on January 9. The Serbian Republic of B-H was proclaimed, but as all other Serbian measures, it had been proclaimed merely as a possibility, since it really wasn't a functioning entity. So the Prosecution is incorrect when it treats our creation of the Assembly of the Serbian People as a means of achieving certain objectives.

Караџић и Ченгић, али ово је Мухамед Ченгић из СДА. То није више МБО. МБО је цело време био за споразумевање са Србима. Сада и потпредседник СДА, Ченгић (јуче смо то помињали) постиже са мном сагласност за говорницом. То је познати снимак. Обојица смо били истовремено за говорницом, постижемо сагласност да влада направи регионал-изацију за петнаест дана и да Срби изађу на референдум. Како год гласају, дали су му легитимитет.

Тај споразум, који је био иницаран од стране Изетбеговића — јер је Ченгић јавно рекао да га је Изетбеговић овластио — трајао је свега два сата. Са МБО је споразум трајао два месеца; овај је трајао два сата.

Е, онда долази фебруар и почиње конференција, мада смо примили посматраче Европске уније много раније. Примали смо амбасадора Вајнандса, Лорда Карингтона, Амбасадора Кутилера, и раније, али званично почиње у фебруар конференција, и 22. или 23. фебруару, дефинитвно се постиже споразум да ће бити три Босне. Срби су преломили и рекли: "У реду. Изаћићемо из Југославије. Напустићемо Југославију. Остаћемо у оквирима ових граница БиХ када буду признате, под условом да ми добијемо ту једну јединицу унутра и да Босна буде сложена, децентрализована држава у којој ће Срби, Хрвати, и Муслимани имати ону гаранцију, ону безбедност како су имали републике у Југославији само на много мањем нивоу."

22. или 23. фебруара, доноси се одлука да ће будуће конституивне јединице имати ингеренције своје и између осталог, имаће право на своју аутономну, суверену полицију која је одговорна само тој влади и тој Скупштини.

We had the right to establish the Serbian Assembly in order to prevent the SDA from achieving its objectives against our will and at the expense of our security. We can see from all the interim steps that had been taken, and one of those interim steps was to convene the joint [B-H] Assembly on January 24 and 25, where Karadžić and Čengić — this is Muhamed Čengić from the SDA. It was no longer the MBO. The MBO was always in favor of reaching an agreement with the Serbs. Now, even the Vice-President of the SDA, Čengić (we mentioned this yesterday), reached an agreement with me on the very rostrum. This [video] footage is very well-known. We were both at the rostrum at the same time, and we reached an agreement that the government carry out a regionalization within fifteen days, and that the Serbs would vote in a referendum. Whatever way they may have decided to vote, they would have conferred legitimacy upon the referendum.

This agreement, initiated by Izetbegović's side — because Čengić publicly stated that it was Izetbegović who had authorized him — lasted all of two hours. The agreement with the MBO lasted for two months; this one lasted for only two hours.

The Lisbon Agreement

Well, then came February and the conference began even though we had accepted monitors from the EU much earlier. We received Ambassador Wijnaendts, Lord Carrington, and Ambassador Cutileiro even earlier but the conference officially began on February 22 or 23, and a definitive agreement was finally reached that there would be three Bosnias. The Serbs were convinced and said: "Okay, we will leave Yugoslavia. We will give up Yugoslavia. We will remain within the framework of these borders of B-H once they are recognized, on the condition that we receive this one single entity within it, and that Bosnia be a compound, decentralized state in which Serbs, Croats, and Muslims will have such

Пошто смо имали искуство да г. Изетбеговић, оно што смо постигли јуче, рецимо, сагласност о десет питања, сутрадан он поново да се враћа на нулу. Ми смо се договорили да то више не може. Ако смо данас постигли сагласност о десет питања, сутра дискутујемо једанаесто. Десет завршених питања не могу више бити проблематизана. Тек 1993. године, ми усвајамо принцип да ништа не може бити усвојено док све није усвојено. Дотада, оно што је усвојено може да се проводи.

И зато српска Скупштина и Министарски савет доноси одлуку 28. фебруара да се припрема за формирање српског МУП-а. А зашто одмах после споразума? Зато што су масивне, масивне ужасно велике злоупотребе муслиманског дела заједничке полиције, која ради чуда. То можемо видети из стано-вишта и потврде сведока Тужилаштва да је дошло до стапања полиције у муслиманском делу полиције, СДА, Патриотске лиге, једноставно, више се не може разазнати. Ниједна институција сама за себе. Али, вратићемо се и да идентификујемо те злоупотребе.

Значи, тада када се иде 28. фебруара и 1. марта на референдум, на који Срби не излазе, али га и не спречавају, јер смо ми имали своје плебицит у новембру, и сматрамо да добро да добијемо и то кад су већ заказали, али сматрамо да је то плебицит двоетнички, а не референдум грађана БиХ, јер то није. Јер до тога није дошло на законит начин.

1. марта криминалци познати, који су сада активисти Патриотске лиге, Зелених беретки, убијају свата, убијају оца младожењиног пред оном старом црквом на којој су писали оне графите против Срба, сутрадан након што је најављено формирање СДА.

guarantees and security as the Yugoslav republics had, albeit on a much lower level."

On February 22 or 23, a decision was made that the future constituent units would have their own jurisdictions, and, among other things, that they would have the right to autonomy and to a sovereign police force that would be accountable solely to its own government and assembly.

Since we already had experience with Mr. Izetbegović and [understood] that despite whatever we may have achieved yesterday, such as reaching an agreement on ten points, the next day he will want to go back to square one. If today we agree on ten points, then tomorrow we are going to discuss number eleven. The ten points of agreement that have been closed may not be re-opened. It was only in 1993 that we adopted the principle that nothing has been agreed upon until everything had been agreed upon. Before that time, whatever had been adopted may have been put into force.

That is why the Serbian Assembly and the Council of Ministers decided on February 28 to lay the groundwork for the creation for a Serbian MUP. But why immediately after the agreement? Because there were massive, massive and terribly outrageous and enormous abuses of the joint [B-H] police force that were being perpetrated by the Muslim side, and it was wreaking havoc. We can see this from the standpoint of and confirmations by Prosecution witnesses that this resulted in a take-over of the Muslim part of the police force, the SDA and the Patriotic League simply couldn't be told apart. One institution was no longer independent [of the other]. But we will revisit this matter and identify the abuses that were then taking place.

In other words, at the time when the Referendum was being held on the February 28 and March 1, the Serbs boycotted it, but they did not prevent it from taking place because we had conducted our own plebiscite in November and we thought it was a good

Та стара црква је направљена за време Турске окупације. Постаје анегдоте оно да је султан рекао: "У реду, можете да направите богомољу колико може воловска кожа да обухвати. Онда су наводно Срби искројили ту кожу у опуту, у нит, и направили су један простор где направе цркву. И пошто је султан такође рекао да она не сме да надвисује ни најниже минаре од џамије, они су ту цркву укопали у земљу. Тај добар део кад се уђе у цркву, морате да силазите. Ја се надам да ћете једнога дана бити у Сарајеву. Препоручујем вам да пазите на своје кораке, јер се мора ући у дубину. То је једна Србима веома драга црква.

Никад није престала са радом; није тачно што се тврди. Не знам да ли је Тужилаштво, али знам да је муслиманска страна покушала да превари, како то није била активна. То је увек била активна црква, и за време Турака. Никад је Турци нису дирали.

Ту, дакле, један млади човек пуца у сватове, случајно погоди Николу Гардовића, оца младог свештеника који се тога дана женио. И већ је следећих дана он на телевизију, као јунак, и он каже: "Пуцао сам. Шта он има да носи српску заставу." А српску заставу су носили за време Турака на свадбама. То је једноставна црквена; то није било национална, него црквена застава са крстом на себи, итд.

Онда 2. марта настају барикаде у Сарајеву. У то време, смо професор Кољевић, г. Крајишник, и ја у Београду на преговорима, и нисмо тамо. Настају барикаде. Те барикаде трајају два дана. Српска демократска странка, Извршни одбор, пошто није било никога из Главног одбора, прикључила се да преговара у име ових на барикадама са Председништвом Босне и Херцеговине, и кризним штабом начијем челу је овај

idea to have conducted this plebiscite since they had already scheduled their own, but we regarded their Referendum as a bi-ethnic plebiscite and not as a referendum of the citizens of B-H, because it was not. Because it had not been prepared in a lawful manner.

The Murder of Wedding Guests

On March 1, known criminals who were now activists in the Patriotic League, the Green Berets, were killing wedding guests: they killed the father of the groom in front of the Old [Serbian Orthodox] Church, where they had written anti-Serbian graffiti on the very next day after the establishment of the SDA had been announced.

This Old Church was built during the Turkish occupation. An anecdote survives of the Sultan, who said: "All right, you can build a house of worship that will be as large as the area an ox hide can encompass. And then, the Serbs are said to have cut this ox hide into a cord, into a thread, and created the area where they would build their church. And since the Sultan had decreed that it must not be taller than even the lowest minaret of any mosque, they built the church partly underground. You must walk downstairs a good way when you enter the church. I hope you go to Sarajevo one day. I advise you to watch your step going down the stairs, because it's a long way down. The Serbs cherish this church.

This church never ceased conducting services; their [i.e., the Muslims'] assertions are incorrect. I don't know whether the Prosecution has done so, but I know that the Muslim side has tried to engage in deceit by claiming that this was not a functioning church. It has always been a functioning church, even during the Turkish era. The Turks never touched it.

So it was there that a young man fires into a wedding party and happens to shoot Nikola Gardović, the father of the young priest who was getting married that day. And over the next few

господин што су га сад ухапсили у Лондону, Ејуп Ганић, члан Председништва, Југословен који се окренуо против Југославије.

И у таквој ситуацији пуне напетости, тензија, неизвесности, 18. марта се постиже споразум, Лисабонски споразум. Усваја се Кутилеров план мировни, да ће ова територија Босне и Херцеговине бити реорганизована у три унутрашње јединице: српску, хрватску, и муслиманску, и ми сви славимо.

Подсећавам вас да је г. Ајановић највише славио, рекавши да ће 80% до 85% Муслимана бити у њиховој конститутивној јединици, а свега двадесетак посто код Срба и код Хрвата у њиховим јединицама, док су Срби најлошије, њих ће свега педесет и нешто посто бити у српској јединици, а остали ће бити расути по Босни. Нико никад, ни тада ни после тога, не помиње ни размену становништва, нити истеривања.

24. марта, СДА повлачи сагласност. Подсећам да је 18. марта Ајановић рекао: "Ако Срби одбију овај спразум, то ће бити још једна њихова глупост, и биће доказ да су се они определили за рат." Међутим, за недељу дана, они отказују Лисабонски споразум.

Г. Ајановић каже: "Ма, ми смо то направили онако, трик да бисмо могли да купимо неко време да сачекамо међународно признање."

Ево, видите. Можемо да видимо ако може. Овај, "Ако може српска Скупштина." Може овај претходни. [Односи се на слајдове.]

"Ако српска Скупштина одбије Кутилеров план, биће јасно ко је против мира у Босни и биће јасно ко жели да превари Европску заједницу и председника конференције." Лорда Карингтона.

days he appeared on television as a hero, and he said: "I shot him. So what? Why was he carrying a Serb flag?" Serbian flags were carried even in Turkish times at weddings. It was merely a religious flag: it was not a national flag, but simply a church flag with a cross on it, etc.

Then on March 2, the barricades go up in Sarajevo. At the time, Prof. Koljević, Mr. Krajišnik, and I were in Belgrade for negotiations. We were not there. The barricades went up, and they stayed up for two days. The SDS's [governing] committee met since there was no one present from the governing board, and it entered into negotiations with the Presidency of B-H on behalf of those who were manning the barricades, as well as with the Crisis Staff that was headed by this gentleman who was just now arrested in London, Mr. Ejup Ganić,[116] a member of the Presidency, a Yugoslav who turned against Yugoslavia.

Alija Izetbegović Reneges on the Lisbon Agreement

So it was in such a situation, rife with tension and uncertainty, that on March 18 an agreement was reached, the Lisbon Agreement. The Cutileiro Peace Plan was adopted, which stated that the territory of B-H would be reorganized as three internal units: Serbian, Croatian, and Muslim, and we all found it to be a cause for celebration.

May I remind you that Mr. Ajanović,[117] who found more cause for celebration than the rest, said that 80%–85% of the Muslims would remain in their own constituent unit, and that only about 20% would be with the Serbs and Croats in their entities, while the Serbs fared the worst with only fifty-something percent being in the Serbian entity while the rest would be scattered throughout Bosnia. No one ever, either then or afterwards, referred to any population exchanges or any expulsions.

On March 24, the SDA withdrew from the agreement. May I remind you that on March 18, Ajanović said: "If the Serbs reject this agreement, it's going to be yet another one of their stupid

Ово је признање, Екселенције. Овај човек признаје, ко то уради, биће крив. А он то ради за недељу дана.

СДА је прихватила, али:

> СДА је првобитно прихватила Кутилеров споразум, јер је то била политичка игра да се осигура међународном признање суверене и независне БиХ, и зато што би била одговорна за неуспех преговора. СДС, ХДЗ, и Европска заједница били су у прилог останка БиХ у садашњим границама, али да се територије трансформишу.

Е, ово њему није било прихватљиво. И 18.–19. је рекао: "Ако Срби то преваре, јасно је да они хоће да преваре Европску заједницу," итд. И: "Да ће бити криви за рат." Господин сада признаје да су они то урадили да ће бити. Овде се јасно види да српски народ и српске политичке партије прихватају минимум. Излазимо из Југославије. То је најболнија могућа концесија. Остају границе Босне и Херцеговине такве какве јесу, ако ми заузврат добијемо своју конститутивну јединицу. Ево шта амбасадор Кутилеро пише '95. године кад је рат већ завршен. Пише о томе шта се прича о Лисабонском споразуму и о кривици за рат. Амбасадор Кутилеро нашао се подстакнутим да објави свету. У *Economist*-у је ово објављено, да није баш тако. И баш он каже: *Not quite.* А ево његовог писма:

[На енглеском]

> Након неколико рунди преговора, наши принципи за уставно уређење БиХ су договорени од све три стране (Муслимана, Срба, и Хрвата) у Сарајеву 18. марта,

moves, and it will be proof that they have chosen war." But a week later, they were the ones who rejected the Lisbon Agreement.

Mr. Ajanović said: "Well, we pulled off this ruse in order to buy some time to await international recognition."

Here, you see. We can take a look at this slide, if it's possible. This one, *If the Serbian Assembly....* Can we actually get the previous slide?

"If the Serbian Assembly rejects the Cutileiro Plan, it will be clear who is against peace in Bosnia, and it will be clear who wants to trick the European Community and the Conference Chairman." Lord Carrington [to be decieved].

Your Excellencies, this is an admission. This man admits that whosoever does this is guilty. And that is just what he did a week later.

The SDA accepted [the Plan] but:

[In English]

> The SDA originally accepted the Cutileiro Agreement because it was a political game to secure the international recognition of a sovereign and independent B-H, and because it would [otherwise] be responsible for the failure of the negotiations. The SDS, HDZ, and the European Community were in favor of B-H remaining in its present borders but for its territories to be transformed.

Now, he [Ajanović] found this unacceptable. And on the 18th, 19th, he said: "If this is deceit on the part of the Serbs, it is clear that they want to deceive the European Community," etc. And: "They will be guilty of [starting] the war." And now this gentleman admits that is just what they did to make it [i.e., the war] happen. It is clear that the Serbian people and Serbian polit-

1992. То се наставило све док се Муслимани нису повукли споразума. Да то нису учинили, босанско питање би се можда решило раније са мање губитака, углавном, муслиманских живота и земље. Да будемо поштени, председник Изет-беговић и његови помоћници су охраб-ривани да се повуку из споразума и да се боре за унитарну босанску државу од стране добронамерних вањских фактора које су мислили да знају шта је боље.

И ово је тренутак да се запитамо шта је ту могао да уради Караџић, или СДС, или свих милион и по Срба у Босни и Херцеговини? Све прихватају. Све прихватају што је конзистентно са њиховим опстанком. Прихватају да њихова јединица буде најлошија, да најмање задовољи интересе и циљеве српског народа. Све прихватају и немају шансу да сачувају мир. Једино што се од њих очекује очигледно је оно што је љубазни председник Туђман саопштио америчкој делегацији: "Срби треба да иду из Босне," а не Муслимани да иду из Републике Српске, него Срби из целе Босне.

Морам да се само вратим кратко на убиство свата и барикаде. Тумаче се углавном у пристрасним медијама западним; тумаче се као да су барикаде настале зато што су Муслимани изгласали независност. То није тачно. Ми нигде нисмо омели.

Погледајте ову мапу поново ако можемо добити етничку мапу Босне и Херцеговине. Овде, свуда где је плаво, ту смо ми на власти, јер је то српска већина. Нигде на овом простору нису могли провести референдум да смо ми одлучили да они не проведу референдум. И нисмо то спречавали. Значи, није тачно

ical parties had accepted the minimum. We're leaving Yugoslavia. That was the most painful of all possible concessions we could have made. The borders of B-H would then remain just as they were if we got our own constituent unit in return. Here is what Ambassador Cutileiro wrote in 1995 when the war was already over. He is writing about what was being said of the Lisbon Agreement and of culpability for the war. Ambassador Cutileiro found himself compelled to make this public for all the world to know. This was published in the *Economist*, that [what people were saying about the Lisbon Agreement] was not quite right. *Not quite*, as he had put it. Here is his letter:

[In English]

> After several rounds of talks, our principles for constitutional arrangements for B-H were agreed by all three parties (Muslim, Serbs and Croats) in Sarajevo on 18th of March, 1992. This continued until the Muslims reneged on the agreement. Had they not done so, the Bosnian question might have been settled earlier with less loss of mainly Muslim life and land. To be fair, President Izetbegović and his aides were encouraged to scupper the deal and to fight for a unitary Bosnian state by well-meaning outsiders who thought they knew better.

And this is the moment to ask ourselves: What could Karadžić or the SDS or all of a million and a half Serbs in B-H have done? They had accepted everything. They accepted everything that was consonant with their survival. They accepted the fact that their entity would be the worst, that it would least satisfy the interests and goals of the Serbian people. They accepted it all and they still didn't have a chance of preserving the peace. The only thing that was expected of them, quite obviously, was

да су барикаде због референдума, него су барикаде због убиства, због тога што је неки момак познат, иначе, криминалац, схватио да се то сме. Да се сме пуцати у српске сватове, убити, и да се треба после похвалити на телевизији као јунак. Да, бити јунак своје националне заједнице, и није ухапшен дуго до негде — мислим да су га ликвидирали после рата, негде пре три-четири године су га ликвидирали у некој кафани. Али, нико му није ништа радио у том тренутку. То 24.–25. су објавили да се повукла СДА из споразума.

25. марта. Погледајте тај ритам. Сада више то нису месец дана или недеља као у Хрватској. Ово је сада из дана у дан шок за шоком. 25. марта, оружане снаге Хрватске, Збор народне гарде, не знате ли МУП, не знате ли ни шта је већ то, прелазе из Хрватске у Босну и Херцеговину у Босанском Броду. Тамо се састају са илегалним паравојним јединицама Армина Похаре. Иначе, био је председник неке странке, али имао и војне формације. Певају, пуцају као сватови и убијају оца и сина — мислим да се зову Петровић — на бензинској пумпи. Ништа. Никаквих разлога нема. Нит' су наоружани на бензинској пумпи, нису смели ни пуцати, али они су, кад треба пуцати у Србе, усудили су се и убили су ту двојицу људи. Нико им се не супроставља, ни полиција Б-Х, ни Југословенска народна армија, која не може, која већ има своје битке тамо у Хрватској, и они настављају сутрадан, 26. марта, у суседно село.

Исто тако као сватови. Нико да им стане на пут и да каже: "Чекајте, шта ви радите?" А 26. марта је покољ Срба у Сијековцу. Тај сироти Сијековац је, и током Другог светског рата — биле су три трећине: тећина је побегла; трећину су побили; а трећина се покрстила.

what President Tuđman had told an American delegation: "The Serbs have to leave Bosnia," but not that the Muslims had to leave the Republika Srpska, but Serbs out of all of Bosnia.

I have to return briefly to the murder of the wedding guests and the barricades. They have been generally interpreted in a prejudicial manner by the Western media; the barricades are interpreted as having gone up because the Muslims had voted for independence. That is incorrect. We did not interfere anywhere.

Take another look at this ethnic map of B-H, if we can get it up on screen. [EXHIBIT XIV] Here, all the blue areas are where we held governing authority, because these are the heights [i.e., in the mountains surrounding Sarajevo] where the Serbs live. They could not have held a Referendum in this area had we decided against it. And we did not prevent it. It's incorrect that the barricades were erected because of the Referendum; they were, instead, erected because of the murder, because of the young man, a known criminal, who knew he could get away with it. He could get away with opening fire on a group of Serbian wedding guests, kill someone, and be fêted on television as a hero. Yes, to be a hero in his ethnic community, and he wasn't arrested for a long time until — I think he was liquidated after the war, about three or four years ago in some café. But no one harassed him at that time. That was March 24 and 25, when the news came out that the SDA had withdrawn from the agreement.

The Joint Croatian-Bosnian Muslim
Attacks on Bosanski Brod, Sijekovac, and Kupres

March 25. Take a look at the [rising] tempo. We're no longer talking about a month or weeks as we were in Croatia. This was one shock after another, day after day. March 25, the armed forces of Croatia, the National Guard, not to mention the MUP — you have no idea who was involved — crossed the border from Croatia into B-H [and went] to Bosanski Brod. There they joined forces with illegal paramilitary units headed by Armin

Већина се после вратила. А неки су и нису вратили. Остали су католици.

Српска страна, и овај оптужени, позива наше људе у полицији. "Шта ви радите? Зашто се ово дешава? Ко ће да спаси народ?" Немамо људи. Немамо полиције. "Зашто не дигнете резервни састав?" "Не може без министра. Једино је министар овлашћен да мобилише резервни састав полиције."

"Зашто ви?" Ми њих питамо. Имамо заменика министра, имамо врло високих функција у министарству. Имамо Станишића на нивоу града. Имамо Мандића на нивоу републике. Зашто, питамо Мандића и Жепинића: "Зашто ви не мобилишите резервни састав полиције?" Они кажу, не можемо. Нама мора неко да нареди. Нема ко да им нареди.

Нема бране између убица и српског народа, српских цивила, српске нејачи. Нема бране. Ту брану српска Скупштина успоставља 27. марта. Дан након тога покоља и тринаест месеци након што је далеко моћније тело формирала СДА у фебруару '91. То је Савет за националну безбедност, као саветодавно тело Скупштине српског народа у БиХ. И Тужилаштво то третира у параграфу 66 свог претресног поднеса. И он гласи овако, тај параграф:

> Савет националне безбедности основала Скупштина 27. марта, 1992. са Караџићем као Председником. Иако је првобитно намераван да буде саветодавно тело, СНБ у ствари се одмах претворило у извршни орган, који је подсећао на кризни штаб босански Срба у централној Босни, извршавао слична овлашћења као

Pohara.[118] He was, in any case, the president of some party, but he also had military formations [under his command]. They're singing, they're shooting like wedding guests, and they kill a father and a son — I think they [the victims] were named Petrović — at a gas pump. Nothing. There was no reason for it. They [the father and son] weren't armed when they were at a gas pump, nor was anyone allowed to shoot there, but these other fellows, when it came to shooting Serbs, made up their minds and shot the two men dead. Nobody stood up to them, neither the B-H police nor the JNA, which couldn't have done anything about it because it was busy fighting its own battles in Croatia, and they [Pohara's unit] continued [their rampage] the next day, March 26, in a neighboring village.

The same thing happened with the wedding party. No one stood up to them and said: *Hey, wait a minute! What are you doing?* On March 26 Serbs were massacred in Sijekovac. That unfortunate village, Sijekovac, during World War II was [divided] into thirds: one third of the population fled; one third was killed; and one third was converted [to Roman Catholicism]. Most returned to Serbian Orthodoxy. But others did not. They remained Roman Catholic.

The Serbian side, as well as the Accused here, called on our people to join the police force. *What's happening? Why is this stuff going on? Who's going to save people?* We don't have enough able bodies. We don't have a police force. *Why don't you mobilize reserve forces?* We can't do it without the Minister [of the MUP]. Only the Minister is authorized to mobilize reserve police forces.

Why you? we asked them. We have the Deputy Minister, we have high-ranking officials in the Ministry, we have Stanišić at the Sarajevo Municipal level. We had Mandić at the republican level. So we ask Mandić and Žepinić: *Why don't you mobilize*

председништво. Тако је, као пред-
седник СНБ-а, Караџић остваривао
власт над органима државе босанских
Срба, то јест, снагама босанских Срба
и републичким, регионалним, и
општинским властима. СНБ се саста-
јао на заједничким седницама са
владом босанских Срба, доносио
одлуке о стратешким и војним пита-
њима, као што су наредбе о акти-
вирању кризних штабова у одређеним
условима, именовања вршилаца дуж-
ности команданата територијалне
одбране, одбрана српских положаја
који су остварени, и наређивање
опште мобилизације. Шта више, СНБ
је подузао важне по-литичке одлуке
као што су име-новања министара и
усвајања закона.

Ово, наравно, што Тужилаштво сажима, то се десило
тек кад је рат избио. Тек кад је рат избио. Док рат није
избио, ово тело, Савет за националну безбедност, је
саветодавно. Саветодавно тело, како му и сам назив
каже. И у недостатку било каквог другог тела, било
неке команде, било неких формација, српска Скупштина
се опредељује на то да Србима у полицији наложи неко
тело — на савет неког тела Скупштина наложи да чувају
народ, да спасавају народ. А већ је донесена одлука 28.
фебруара да се формира српски МУП у складу са
конференцијом, и то нико не приговара, али још није
српски МУП формиран, јер треба да се формира
договором са друге две стране.

the reserve police unit? And their answer is: We can't. We have to receive an order to do that. There is no one to issue the order.

There was no line of defense between the killers and the Serbian people, Serbian civilians, the Serbs who were weak and defenseless. There was no line of defense. The Serbian Assembly created that line of defense on March 27. The day after the massacre and thirteen months after a far mightier body had been formed by the SDA in February 1991. It was a National Security Council [acting] as an advisory body for the Assembly of the Serbian People in B-H. And the Prosecutor deals with this in Paragraph 66 of its Pre-Trial Brief. And this is how the paragraph reads.

> The SNB [the *Savet za nacionalnu bezbednost,* i.e., the National Security Council] was established by the Assembly on 27 March 1992 with KARADŽIĆ as its President. Although initially intended as an advisory body, the SNB, in effect, immediately turned into an executive organ, resembling a central Bosnian Serb crisis staff and executing powers similar to those of the Presidency. Thus, as President of the SNB, KARADŽIĆ exercised authority over the Bosnian Serb state organs, that is, the Bosnian Serb forces and republican, regional and municipal authorities. The SNB, meeting in joint sessions with the Bosnian Serb Government, passed decisions on strategic and military issues such as ordering the activation of crisis staffs in certain conditions; appointing the Acting Commander of the TO [i.e., *Teritorijalna odbrana* or Territorial Defense Force]; defending Serb positions reached; and ordering a full mobilization. Moreover, the SNB took important political decisions

Наравно, Тужилаштво у једном параграфу каже како су Станишић и Мандић то као на своју руку — то нема везе са њиховом руком и њиховом вољом. То је одлука српске Скупштине на основу тековина, резултата конференције о БиХ у Лисабону под председништвом, преседавањем амбасадора Кутилера.

Први април, у полицији се воде договори о подели заједничких средстава. То је такозвани деобени биланс. Тужилаштво то третира као криминални акт а то је, у ствари, свуда где се један ентитет раздваја на два, једна организација на две, деобени биланс је: да видимо шта припада вама, шта припада нама, да би обе полиције могле да функционишу и да чувају ред и мир. И на томе се ради, и договара се и постижу се споразуми, сагласности. Првог априла, муслимански екстремисти нападају Бијељину. А не српски екстремисти — муслимански екстремисти. То је овде утврђено. Овде има у свим сведочењима. Јасно је да су то муслимански — да је коњаник један у сред града Бијељине кренуо да баци бомбу на српски кафић. Нема оправдања. Они кажу раније неколико десетак дана — колко ли раније — или можда и више — Србин направио неки инцидент у муслиманском кафићу, али полиција је тог Србина ухапсила и спровела га у Тузлу у муслиманској територији. Спровела га и предала га органима. Значи, нема разлога. То није било оправдање.

То је био налог из Сарајева да се проблематизује Бијељина и да они преузму власт. Тужилаштво каже у оптужници и у пред-претресном поднеску: "насилно преузимање Бијељине од стране Срба," итд. Потпуно је апсурдно тако рећи, с обзиром на то да је општина Бијељина предоминантно српска и да је власт у Бије-

such as the appointment of ministers and the adoption of legislation.

Of course, these events that the Prosecution is summarizing took place right when the war broke out. The moment the war broke out. Until the war broke out, this body, the Council for National Security, was advisory in nature. An advisory body, as its name indicates. And for lack of any other body, command authority or formation, the Serbian Assembly decided to prescribe a[n advisory] body for the Serbs in the police — so that the Assembly could, through the agency of such an advisory body, issue orders [to the police] to protect and to save the people. And the decision was already made on February 28 to establish the Serbian MUP in accordance with the Conference, and no one found fault with this, but the Serbian MUP had not been established yet because an agreement had to be reached with the other two parties.

Of course, the Prosecution says in one paragraph that Stanišić and Mandić did that on their own — this has nothing to do with either their taking matters into their own hands or with their strength of will. It was a decision made by the Serbian Assembly based on hard work and the results of the Conference on B-H that had been held in Lisbon under the chairmanship of Ambassador Cutileiro, who was the Chairman.

The Crisis in Bijeljina

On April 1, negotiations were being conducted in the police department about the division of joint resources. This was the division of assets according to an audit, so to speak. The Prosecution treats this as a criminal act, but it is, in fact, quite normal whenever an entity or organization is split in two for there to be an audit to see what belongs to you and what belongs to us, so that both police departments could function successfully and maintain law and order. And that is what we were working on, and there were negotiations and agreements being reached, an

љини власт Српске демократске странке и да све добро функционише.

Хтео бих само да се мало вратим на овај параграф 66, где Тужилаштво каже да је овај Савет преузео власт над српским снагама. Које српске снаге и који републички органи постоје у том тренутку? Ниједан! Постоји Скупштина, која такође ради у заједничкој Скупштини. Нема извршних органа. Никаквих. Нигде. Ни у ставовима. Једноставно, то не функционише. То је припремљено за случај хаоса. А поготово српске снаге — осим Територијалне одбране која је у свакој општини — српских снага до 20. маја нема.

Тужилаштво каже да после кризе — значи криза у Бијељини траје два дана — неко са локалног нивоа позива Аркана из Београда да дође, и Тужилаштво пропушта да каже да је прво цео дан — ноћ једна — била криза и борбе по Бијељини, па је тек онда дошао Аркан. А зашто је неко звао Аркана? Зато што — и ја то не оправдавам и не осуђујем — ја сада само хоћу да расветлимо истину. Сијековац је стотинак километра далеко од Бијељине. Свима је јасно — објављено је — шта се десило у Сијековцу. И шта ће друго грађани Бијељине да помисле него да то чека и њих?

Подсетићу вас да она мапа — имамо једну мапу о томе, ако стигнемо, говорити даље. До првог априла, гину широм Босне само искључиво Срби. А Тужилаштво мени за тај период ставља на терет политику ратно-хушкачку, итд. Ево овде на овој мапи можемо да погледамо места погранична, а и места по дубини која горе, где су искључиво против Срба барикаде, контролни пунктови, убиства, премлаћивања, застрашивања до избијања рата, односно, првог априла.

accord. On April 1, Muslim extremists attacked Bijeljina. Not Serbian extremists — it was Muslim extremists. It has been established here. It's here in all the testimonies. It is clear that they were Muslims — that someone was riding on horseback in the middle of Bijeljina and then turned to throw a bomb into a Serbian café. There's no justification for such an act. They say that some ten days earlier — more or less — a Serb caused an incident in a Muslim café, but the police, however, arrested this Serb and sent him to Tuzla in Muslim territory. They escorted him there and handed him over to the authorities. This [bombing] was senseless. There was no justification for it.

That was an order from Sarajevo to turn Bijeljina into a problem, so that they could usurp governing authority [there]. The Prosecution speaks in the Indictment and in the Pre-Trial Brief of "the [first] forcible municipality take-over in Bijeljina,"[119] etc., by the Serbs. It is completely absurd to say such a thing, after having taken into consideration the fact that: Bijeljina county is predominantly Serbian; the Serbian Democratic Party was in office at the time; and everything was functioning properly.

I would like to revisit Paragraph 66 for a moment, where the Prosecution states that this Council took control of Serbian forces. Which Serbian forces and which state organs existed at that moment? Not one! The Assembly existed, which was likewise participating in the joint [B-H] Assembly. There was no executive branch. None at all. Anywhere. Not even in the Articles [of the Constitution]. Simply put, it wasn't functioning. It [i.e., the Council for National Security] was prepared in the event of chaos. And especially Serbian forces — except Territorial Defense Forces which already existed in all the counties — but there were no Serbian forces until May 20.

The Prosecutor states that after the crisis — i.e., the crisis in Bijeljina lasted two days — someone on the local level called in Arkan from Belgrade and the Prosecution first fails to say that

Каже Тужилаштво, високи функционер Српске демократске странке, Биљана Плавшић, отишла је у Бијељину. Па то стварно нема смисла да се ја браним од таквих ствари. То је некоректно. Биљана Плавшић је била у Бијељини као члан Председништва државног. То је била државна делегација, а не страначка. И у тој делегацији су били: Фикрет Абдић, који такође није члан СДС-а; био је Јерко Доко, министар Одбране, Хрват, који такође није члан СДС-а. Зашто је Тужилаштво запазило само Биљану Плавшић, а није запазило другог члана Председништва, Абдића и министара одбране! Па то је онда, значи, апсолутно, неко ко помаже тамо Тужилаштву, доводи их у тешку ситуацију да их морамо посматрати као пристрасне и некоректне. Биљана Плавшић је тамо била као државни човек. И државна делегација је то била.

Трећег априла је напад на Купрес. Можемо ли ону мапу поново да видимо? Напад хрватских снага — локални хрватских снага и регуларних снага из Хрватске. Напад на Купрес. Купрес је веома осетљив. Ту је 52% Срба, 40% Хрвата и 7-8% Муслимана. То је овај највећи пламен овде. Е, ту, где је курсор. То је за Хрвате из централне Босне значајно, јер је то један превој планински, који повезује централну Босну са Далмацијом и морем. И ту трају борбе неколико дана, са касапљењем Срба у Маловану, у Вуковском, у тим селима око Купреса. То је страховит напад и страховито страдање Срба на Купресу. Још није рат. Срби немају ништа осим полиције која треба да их штити, а не штити их, него ради против њих и Југословенске народне армије која не може да стигне. Ту се први пут појављује Кнински корпус, јер је најближи, који покушава да заштити тај народ тамо.

the fighting in Bijeljina lasted for a whole day — one night — the city was in the throes of a crisis and fighting was taking place throughout the city, and only then did Arkan arrive. Now, why did someone call in Arkan? Because — I don't want to justify this but I don't want to condemn it, either — all I want to do now is shed light on the truth. Sijekovac is about 100 kilometers from Bijeljina. It was clear to one and all — the news had come out — what happened in Sijekovac. And why should the citizens of Bijeljina suppose that they would not suffer the same fate?

And let me remind you of the map — we have a map of this and I will discuss it further if time permits. [EXHIBIT I] Until April 1, Serbs were the only ones who were being killed throughout Bosnia. The Prosecution, however, is charging me with pursuing a policy of warmongering, etc. during that period, etc. Here, we can see on this map the border areas as well as locations deep in Bosnian territory that were aflame, where barricades, checkpoints, killings, beatings, and terror were being deployed exclusively against Serbs until the war broke out on April 1.

The Prosecution goes on to say that a high-ranking official of the SDS, Biljana Plavšić, went to Bijeljina. It makes no sense for me to defend myself against such things. It is improper. Biljana Plavšić was in Bijeljina as a member of the state Presidency. It was a state delegation, not a party delegation. And it included Fikret Abdić, who was also not a member of the SDS; it included Jerko Doko, the Minister of Defense, a Croat, who was likewise not a member of the SDS. So why has the Prosecution taken note only of Biljana Plavšić but has not taken note of the other member of the Presidency, Abdić, and the Defense Minister? Well, it absolutely means that someone is aiding the Prosecution in order to put these people in a difficult situation, so we must consider them to be biased and improper. Biljana Plavšić was there as a state official. And it was a state delegation.

Четвртог априла: шокови нису сваког дана, него малтене сваког сата. Четвртог априла г. Изетбеговић проглашава општу мобилизацију. Добро је познато и јасно да се Срби неће одазвати. У тим приликама, знајући шта ради полиција, знајући шта ради Патриотска лига, знајући шта раде Зелене беретке, Срби неће доћи у те јединице, јер имају претпоставку и страх и процену да ће бити побијени.

Караџић зове Изетбеговића и тражи од њега да откаже. То је познато. Караџић му каже: "Зашто сте то урадили?" Прво Биљана Плавшић и Никола Кољевић су били изричито против. А он није то смео то урадити. Он није председник Босне и Херцеговине. Он је преседавајући председништва колективног председника. И ја му кажем, јавно сам рекао и то имамо снимака и код Тужилаштва, да је то лудило. Народ је наоружан. Не може више нико да контролише како се и ко наоружава. Сада, направити општу мобилизацију, дакле легализовати ту пушку коју неко крије, то је увод у рат. Имамо такође тај снимак — нећемо да трошимо време. Током процеса ћемо га показати.

Петог априла, говорим да је грешка шта се ради. Требало је одложити признање, убрзати конференцију, и онда бисмо имали мир. Уместо тога, убрзано је признање, а одложена конференција. То је сценарио за рат; то је, рецепт, сценарио за рат. Петог априла ујутру мој стан, стан моје породице, је изрешетан митраљезом, а имамо сведоке да су доле чекали да нас побију. Но, ми смо већ били у Холидеј Ину у центру, у седишту Српске демократске странке, и нису нас побили.

Петог априла, одлазимо Изетбеговић, Кљујић и ја — или Бркић не сећам се ко је био — идемо на телевизију са генералом Кукањцем да позовемо на мир. А исто-

April 3 is the date of the attack on Kupres. May we please see that map again? It was an attack launched by Croatian forces — local Croatian forces and regular forces from Croatia. Kupres was an extremely sensitive area. It is 52% Serbs, 40% Croats and 7-8% Muslim. This was the center of the conflagration. There, right by the cursor. This area is significant for Croats in central Bosnia because it forms a saddle linking Central Bosnia with Dalmatia and the sea coast. And that is where fighting went on for several days that resulted in the slaughter of Serbs in Malovan, Vukovsko, and the villages surrounding Kupres. It was a horrifying attack and it inflicted terrible suffering and fatalities on the Serbs in Kupres. The war had still not begun. The Serbs had nothing but the police force, which was obliged to protect them; however, the police force was not actually protecting them but working against them, and the Yugoslav People's Army could not reach them in time. The Knin Corps appeared there for the first time because they were the closest who could try to help protect those people there. .

Izetbegović Orders a General Mobilization

April 4: the shocks are not occurring daily but almost hourly. On April 4, Mr. Izetbegović issued an order for general mobilization. It was clear, in fact, common knowledge that Serbs weren't going to respond. In these circumstances, the Serbs, knowing full well what the police was doing, knowing what the Patriotic League was doing, knowing what the Green Berets were doing, would not join these units because they feared and [rightly] assumed that they would be killed.

Karadžić calls up Izetbegović and asks him to rescind [the mobilization]. This is common knowledge. Karadžić says to him: "Why did you do this?" Biljana Plavšić and Nikola Koljević were expressly against it. And he [Izetbegović] was not permitted to do that [i.e., call for a general mobilization]. He was not the President of B-H. He was the Presiding Chairman of the col-

времено је, дан пре тога, заседала је полиција — српски МУП је добио сагласност да седиште српског МУП-а буде у Школи унутрашњих послова, на Врацама, у српском једном кварту, изнад Грбавице. Тог петог априла, док ми говоримо на телевизији, српски МУП, који долази да се усели у просторије, бива дочекан у заседи и убијена два дивна момка, специјалца српска, убијена. Тих осталих тридесетак који су дошли да помогну око усељавања, заробили су 170-180 курсиста муслиманског МУП-а и 400 ђака и ником није длака фалила са главе, а два дивна момка српска су погинула.

12. априла, значи већ још 5. и 6. априла, петог увече, је наступио терор у Сарајеву. То је најстрашнија ноћ у Сарајеву. Сви небодери су били запоседнути снајперистима, Зелени беретки. Убијен је полицајац у заједничкој полицијској станици у Новом Сарајеву — Петровић — и било је страшно бити Србин те ноћи у Сарајеву.

Срби су се извукли у своја предграђа, у своје квартове и покушавају да заштите те квартове и своје породице у њима. Тако се успоставља линија поделе града, као што ћемо касније видети — не опсадна линија, него линија поделе града.

Овде је у предмету против председника Милошевића, сведок Ив-Ен Прентис из Британије, потврдила да то није био град под опсадом — то је био подељени град. А Џорџ Кени из Стејт департмента, који је добро упознат са нашом ситуацијом, самоиницијативно, без да га је питало Тужилаштво или одбрана, написао да је погрешно писати за Сарајево да је то опсађени град као Лењинград. Сарајево је пре Бејрут, подељени град. Једни су у једном делу, други су у другом делу. У Бејруту

lective Presidency. And I told him publicly — and we have [video] footage of this on file with the Tribunal — that this was madness. The people were armed. No one could any longer control who was procuring weapons or how. Calling for a general mobilization now was tantamount to legalizing the rifle that someone was hiding; it was a prelude to war. And we likewise have footage of that — we're not going to waste any time. We will screen it in due course during the trial.

April 5: I state that what is being done is a mistake. Recognition had to be delayed, a [peace] conference had to be convened quickly, and then we could have had peace. Instead, recognition was quickly granted, while the [peace] conference was postponed. It was a scenario for war. It was a recipe, a screenplay for a war. On the morning of April 5, my home, my family's home was raked by machine-gun fire, and we have witnesses who will testify to the fact that they were waiting to kill us downstairs. Instead, we were already in the Holiday Inn in the city center and the headquarters of the SDS, and they failed to kill us.

April 5: Izetbegović, Kljujić[120] — or was it Brkić,[121] I don't remember — and I went to the television station with General Kukanjac[122] to issue an appeal for peace. At the same time, a day before, the police department held a meeting, and the Serbian MUP obtained an agreement to establish its headquarters in a School of the Ministry of the Interior in Vraca, in a Serbian neighborhood overlooking Grbavica. On that April 5, while we were speaking on television, the Serbian MUP official who came to move into the office was ambushed, and two fine young men, Serbs, members of elite units, were killed. The other thirty men who came to help them move in took as prisoners 170–180 Muslims who were MUP members enrolled in training courses, as well as 400 students, and not one of them lost a hair on his head; whereas two fine young Serbian men were killed.

се то иначе знало, кад се заврши радно време у три сата, почиње пуцање, гранате — а до три сата су на послу.

12. априла долази амбасадор Кутилеро, и у то време је и [Сајрус] Венс у Сарајеву. Ми са амбасадором Кутилером потписујемо споразум о примирју. И у оквиру тих разговора са Кутилером и са Сајрусом Венсом, утврђујемо да морамо убрзати рад на дефинисању територија три конститутивне јединице, јер то може да доведе до заустављања рата. Ако неко зна да ће његово село бити у његовој јединици, зашто би он имао сада да се бори? Међутим, истог дана, по подне, Хасан Ефендић, тадашњи командант њихове Територијалне одбране — или неког тела њиховог — издаје познату директиву, "борбена готовост одмах," значи напад на све могуће циљеве српске и Југословенске народне армије и циљеве босанских Срба.

22. априла, овај оптужени објављује и нуди своју платформу за обуставу непријатељства и наставак политичког решења. То је врло важан документ; имаћемо прилике да га видимо током овог претреса, процеса. То су ставови српске стране. Ставови српске стране су документи. Ставови српске стране су у Скупштини, Екселенције. У Скупштини имамо одредбу да посланик не може да одговара за оно што говори. Али Скупштина се не састаје да би људи говорили, него се састаје да продукује акте, устав, законе, резолуције, декларације, одлуке, закључке, и препоруке.

Најмање седам ми сада пада на памет, најмање седам докумената које производи Скупштина. А све то да се ти документи производе је слободна демократска дис-кусија.

Тужилаштво каже: "Неки је љутити, резигнирани, или бесни посланик којега је нешто погодило у току

The Reign of Terror in Sarajevo

April 12, i.e., as early as April 5 and 6, on the evening of April 5, a reign of terror gripped Sarajevo. It was the most horrible night Sarajevo ever experienced. Snipers had taken up positions in all the high-rise buildings — they were Green Berets. A policeman was killed in the joint police station in Novo Sarajevo — his name was Petrović — it was terrifying to be a Serb that night in Sarajevo.

The Serbs withdrew to their suburban areas, to their own neighborhoods, and tried to defend those areas and their families who were living there. That was how the lines of demarcation dividing the city were established, as we will see later — these were not siege lines, but lines of demarcation dividing the city.

Here, in the case against President Milošević, the witness Eve-Anne Prentice[123] (from Great Britain) confirmed that the city was not under siege — it was a divided city. And George Kenney from the [U.S.] State Department, who was well acquainted with our situation, and who, without having been asked by either the Prosecution or the Defense, took the initiative to write that it was a mistake to describe Sarajevo as a city under siege like Leningrad. Sarajevo was a divided city like Beirut. One group was living in one area, and another group was living in another. In the case of Beirut, it was common knowledge. When the working day ended at 3:00 p.m., gunfire erupted, shelling — but everyone was at work until 3:00 p.m.

April 12: Ambassador Cutileiro arrives, and at that time Cyrus Vance was also in Sarajevo. We signed an agreement for a ceasefire with Mr. Cutileiro. Within the framework of these talks with Messrs. Cutileiro and Vance, we established that we had to accelerate the process of defining the territories of these three constituent units [in Bosnia] because that could bring about an end to the war. If anyone knew that his village was going to be in a certain constituent unit, then why would he then go off to fight? However,

рата рекао нешто оштро." Тужилаштво каже: "Па, Караџић га није опоменуо." Председник уопште не мора да седи у Скупштини. Ја сам седео често, ал' не увек. Али Председник не мора да седи. И поготово Председник није учитељ да опомиње посланике. Посланик је такође директно биран, као и Председник. И немам ја право да то радим, а друго, ако видим да може утицати на производ основни Скупштине, закон, устав, и неке друге одлуке, онда се укључујем и утичем да би могло да се утиче на коначни исход.

А поред хиљада докумената које је скупштина званично произвела и објавила у службеном листу, ово Тужилаштво не може да нађе ни један за који би ме оптужило или га ставило мени на терет, мада је то законодавно тело. Ја не одговарам за то тело. Одговарам само утолико што документе које ја потписујем могу да вратим једанпут. Па ако га усвоје, онда га морам потписати. Значи, Председник има везане руке — нема неограничену власт. Макар то био и Караџић.

Од свих тих закона, одредаба, докумената, Тужилаштво се не ослања ни на један, ни на један који би могао да стави на терет овом оптуженом да је то кршење било кога домаћег или међународног акта, међународног права.

Е, то је, значи, тај ритам који је довео од избора до 12. априла, од избора до рата.

Да погледамо кратко параграф 78 претпретресног поднеска где каже да је:

> Чак и пре оснивачке седнице, Караџић и руководство је планирало да ће Скупшти-

on the afternoon of the same day, Hasan Efendić, Commander at the time of their Territorial Defense Forces — or some other administrative body of theirs — issued the well-known directive for "immediate combat readiness," which meant an attack on all possible Serbian and Yugoslav People's Army targets, as well as Bosnian Serb targets.

April 22: the Accused announced and offered his own platform for the cessation of hostilities and the continued search for a political solution. This is a very important document; we will have the opportunity to see it over the course of the trial proceedings. It contains the positions taken by the Serbian side. The Serbian side's positions are documented. They can be found in the Serbian Assembly, Your Excellencies. There is a provision in the Assembly that a representative cannot be held personally accountable for things he says. However, an Assembly does not convene for people to give speeches; instead, it convenes to produce acts, a constitution, laws, resolutions, declarations, decisions, conclusions, and recommendations.

The Assembly produced at least seven — come to think of it — different varieties of documents. Open democratic discussion creates all the necessary circumstances to produce such documents.

The OTP says: "Some hotheaded or enraged representative, who didn't care anymore and was upset by something during the war, had made some harsh statements." The OTP says: "Well, Karadžić did not caution him." The President is not obligated to be present in the Assembly. I was often there, but not always. The President is not required to be present. And even more to the point, the President is not a schoolteacher who issues warnings to representatives. A representative is a directly elected official, just as the President is. I do not have the right to do that, and secondly, if the possibility exists to influence some basic work product of

на играти улогу у стицању, присвајању територије на које Срби полажу право.

Значи, 24. октобра, када смо напустили скупштину, одлучујемо да формирамо сопствену скупштину да бисмо извршили притисак на СДА да одустане од својих ратних планова. Ово Тужилаштво каже: "Не, они су то формирали ради тога што хоће да — то је октобар 1991. — они су то формирали зато што ће помоћу те Скупштине да узму, заузму територије."

А сад вас молим да бацимо још један поглед на ону мапу. На мапу етничку. Које територије Срби треба да заузму? Па то су њихове територије. А када Вам покажемо куда иду линије фронта, видећете да се линије фронта — кад то можемо? *Can we have a map?*

И од ових територија, које су српске, вековима, одувек, Срби су спремни зарад мира, да врате и да се одрекну неких територија. Ево, видели сте како то изгледа без линија фронта. Сада ћете видети како изгледа са линијама фронта.

А Тужилаштво каже, ми формирамо 24. октобра Скупштину да бисмо помоћу ње преузели. Да ли може? Ама чему, то имамо? Извините.

СУДИЈА КВОН: Морате да укључите монитор за графоскоп.

КАРАЏИЋ: Ево, видимо како то изгледа. Она иста мапа, српске снаге, српски народ, српска Територијална одбрана — свака општина, по нашем закону, има Територијалну одбрану. Командант те Територијалне одбране је председник општине. Титова доктрина наоружаног народа овде мора бити расветљена. Она објашњава многе ствари које не би биле објашњене ако би се сматрало да су Босна и Југославија, као и остале

the Assembly, a law, the constitution or some other decisions, then I get involved in order to influence the final outcome.

The OTP's Charges against Karadžić Are False

Alongside the thousands of documents officially produced by the Assembly and published in the official register, the OTP cannot find a single document for which I could be indicted or charged, even though it is a legislative body. I am not responsible for that body. I am only responsible to the extent that the documents that are submitted to me for my signature I may send back to the Assembly once. So, if they adopt it, then I must sign it. That means the President's hands are tied — he does not have unlimited power. Even though Karadžić himself was President.

Of all these laws, decrees, and other documents [that were adopted], the OTP cannot rely on one single document with which it could charge the Defendant for the violation of any domestic or international act or right.

So this was the rhythm [of emerging events] that ensued from the time the elections were held on April 12, from the elections to the outbreak of war.

Let us take a brief look at Paragraph 78 of the Pre-Trial Brief where it says:[124]

> Even before its inaugural session, Karadžić and
> the leadership planned that the Assembly would
> have a role in the acquisition of Serbian-claimed
> territories.

On October 24, when we walked out of the [B-H] Assembly, we decided to form our own Assembly in order to exert pressure on the SDA to abandon its plans for war. The OTP says: "No, they established this because they wanted to" — this is October 1991 — "they formed it to seize territories with the aid of the Assembly."

May we please now have another look at that map? The ethnic map. [EXHIBIT XIV] What territories did the Serbs have to

земље, имају своје оружане снаге, дриловане, командоване, контролисане. Ово је народ који је изашао на рубове својих територија, својих простора, да се заштити да не дођу да га покољу.

Ово је мање-више током целог рата била линија фронта. Екселенције, погледајте овај средишни део. Да смо ми даље напредовали, ми бисмо извукли из тога користи, јер смо скраћивали линије фронта, и појачавали густину својих снага и имали резервних снага. Напротив, када би муслиманско-хрватске снаге напредовале, оне би шириле свој фронт и биле би слабије. Значи, и са стратешког и са тактичког становишта, да смо напредовали, имали бисмо више снага и били бисмо још јачи. Значи, могли смо да узмемо — такорећи — да узмемо Босну. А за Сарајево, ви ћете то посебно видети.

Е, то Тужилаштво каже да је она Скупштина коју смо основали да бисмо се одбранили од насиља уставног, да је она у ствари основана да бисмо ми преотели ове територије које су иначе наше. И да нисмо уопште излазили из својих етничких простора да узимамо нешто друго, а ту где има Муслимана око Приједора, рецимо, и у источној Босни, ту је било без рата предвиђено — где год има 20,000-30,000 Срба, Хрвата или Муслимана, као у Швајцарској, да имају свој кантон. Да није било рата, они би могли имати свој кантон. Не мора да се има територијална веза између кантона ако нема рата, ако је мир.

Дакле, морам да се браним и од тога да нисмо имали снага ни 24. октобра, ни 27. марта; никаквих српских снага, ни 6. априла, ни 10. маја, да смо своје снаге добили тек 20. маја, не рачунајући Територијалну одбрану, коју је свака општина имала право, свака фирма имала своју

capture? Well, those territories were already theirs. When we show you where the front lines were, you will see that the front lines — when we can we—? *Can we have the map?*

The Serbs were prepared to relinquish and return some of these territories, which have been Serbian for centuries, for the sake of peace. Here, you saw what it looked like without the front line. Now you will see what it looks like with the front lines. [EXHIBIT XIX]

But the OTP claims that on October 24 we established our Assembly in order to take over [territories]. Can we see the map? Excuse me, what is this on the screen? Excuse me.

JUDGE KWON: You have to turn on the ELMO or video.

The Front Lines Match the Borders of Serbian Areas
KARADŽIĆ: Here, let's see what it looks like. The same map, the same Serbian forces, the same Serbian people, the same Territorial Defense Forces — according to our laws, every county has its own Territorial Defense Force. The county president is commander of the Territorial Defense Forces. Tito's doctrine of an armed people must be clarified here. It explains many things that would otherwise remain unexplained, if we were to consider that Bosnia and Yugoslavia, as other countries, had their own armed forces, which included training, command structure, and inspections. These people went to the margins of their own territories, their own areas, in order to protect themselves from those who would have come to slaughter them.

This was more or less the front line throughout the entire war. Excellencies, please take a look at the central part [of this map]. If we had advanced further, we would have benefited because we would have been shortening the front lines and we would have been concentrating our forces, and we [also] had our reserve forces. Conversely, if the Croat-Muslim forces advanced, they would have stretched out their front line and weakened it.

Територијалну одбрану, свака фирма је имала оружје: то је доктрина наоружаног народа. Наша ситуација је другачија од ситуација у вашим земљама и у свету, тако да би се разумело то, морамо знати да је свака фирма имала своју јединицу Територијалне одбране, и своје депое оружја. А општине поготово.

Екселенције, не знам да ли сам успео да Вам предочим тај страшни ритам догађаја усмерени против српскога народа, који чини једну трећину, који је неорганизован у војном погледу, који једино од организановасти има Скупштину, своје посланике који су делимично у Скупштини заједничкој, а делимично своје напустили и покушавају да заштите српски народ против сопствене државе, против полиције, против државног терора сопствене државе.

Е, сада ћемо да се мало осврнемо на то шта је та полиција радила? Зашто је Српска демократска странка тражила од амбасадора Кутилара да јединице конститутивне имају право на полицију? Наравно, свуда у свету полиција је децентрализована и још ниже. У Сједињеним америчким државама постоји градска полиција, односно окружна, и постоји државна полиција, и постоји федерална полиција. Значи, ми смо то тражили.

А да бацимо сад поглед шта је све радила та полиција. Заједничка полиција у којој смо ми имали своје представнике, места добијена демократски на изборима.

Заједничка полиција је одмах на самом почетку кренула у остваривање премоћи муслиманског фактора, муслиманске фракције и у полицији, и дошло је до потпуне идентификације СДА, државних органа, полиције, Патриотске лиге, и Зелених беретки све у

That means, from the strategic and tactical standpoint, if we had advanced, we would have had greater forces at our disposal and we would have been stronger. That means we could have taken — so to speak — all of Bosnia. But as far as Sarajevo is concerned, you will see that separately.

Well, the OTP claims that our Assembly, which we established in order to defend ourselves from constitutional violence, was, in fact, established in order to get the upper hand in territories that are, in any case, already ours. And if we had never left our own ethnic territories to take something else, and the fact that there were Muslims around Prijedor and, for instance, in Eastern Bosnia, there it was foreseen, without war — wherever there were 20,000 or 30,000 Serbs, Croats or Muslims, as in Switzerland — each could have their own canton. If there hadn't been a war, they could have had their own canton. There doesn't have to be any territorial link between cantons if there is no war, if there is peace.

So, I even have to defend myself from charges that we did not have sufficient forces on October 24 or March 27 or April 6 or on May 10, but we did obtain our own forces only on May 20, not counting the Territorial Defense, which every county had the right to create, and just about every [state-owned] company also had its own Territorial Defense units; every firm had its own weapons: that was the doctrine of an armed people. Our situation was different from the one in your countries and the rest of the world, and in order to understand that, we must be aware of the fact that every company had its own Territorial Defense unit, weapons, and arms depot. And all the counties.

The Bosnian Muslims Usurp Control of the MUP

Your Excellencies, I don't know if I succeeded in portraying this horrible [accelerating] tempo of events directed against the Serbian people who constitute one-third [of the population], who were not organized from a military standpoint, whose only or-

једном и све под командом СДА. Главна личност у полицији Босне и Херцеговине, заједничкој, је човек који није у полицији. Свештеник. Хасан Ченгић.

Рецимо, 11. Јула '91. године, док ми преговарамо са Зулфикарпашићем и Филиповићем о историјском Српско-муслиманском споразуму који има подршку Алије Изетбеговића.

[На енглеском]

11. јула 1991., СДА је издала инструкције за слање кандидата у образовни центар МУП-а у Хрватској.

Број ове инструкције 1258-3/91.

О чему се ради? Тајно, иза леђа српског заменика — министар је Муслиман, заменик је Србин — иза леђа Станишића који је шеф полиције за град Сарајево, у његовој установи, сада иза његових леђа, спремају групе и групе полицајаца који се шаљу у Хрватску, која у том тренутку иде у рат против Југославије. Шаљу се на едукацију, на тренинг, на припрему да понове исту ствар коју је Хрватска урадила.

Даље, видећете овде, имамо много трагова тих њихових поступака. Ово је г. Хасан Ченгић, чији отац Халид Ченгић је формирао претечу Патриотске лиге — прву јединицу наоружану у Фочи 1990. године у августу, пре избора. Хасан Ченгић, син свога оца, преузима контролу над полицијом заједничком:

У складу са споразумом између званичника босанског и хрватског МУП-а, а у складу са упутствима који се тичу запошљавања кадрова у полицији у хрватском образованом центру МУП-а,

ganizational entity was its Assembly and its deputies who were partly performing [their duties] in the joint [B-H] Assembly and partly abandoning [their duties there], and they were trying to protect the Serbian people from their own state, from the police, from state-sponsored terror enacted by their own state.

Now let us turn our attention to what the police were doing. Why did the SDS ask Ambassador Cutileiro that constituent units be granted their own police forces? Of course, throughout the world police forces are decentralized all the way down to the municipal level. In the United States, there are police forces on the municipal, city, and district levels; there are state and federal police forces. This is what we were asking for.

Let's take a look at what this police force was doing. The joint [B-H] police force in which we had our representatives were positions obtained in democratic elections.

The joint [B-H] police force immediately set out to establish the superiority of Muslim elements and Muslim factions within the police force, and it resulted in the complete integration of the SDA, government organs, the police, the Patriotic League, and the Green Berets all in one unit and all being commanded by the SDA. The leading figure in the joint B-H police force was a man who was not a member of the police force. He was a cleric: Hasan Čengić.

For instance, on July 11, 1991, while we were still in negotiations with Zulfikarpašić and Filipović over the historic Serbian-Muslim agreement, which had Izetbegović's support:[125]

[In English]

On 11 July 1991, the SDA issued instructions for sending candidates to the MUP Educational Center in Croatia.

And this instruction is number 1258-3 in 1991.

СДА из Сарајева препоручује горена-
ведену особу као кандидата за курс у
вашем центру.

Без знања икога, то пропратно писмо не потписује
нико из полиције. То потписује човек из СДА и то
доказује да је потпуно стапање СДА и муслиманског
делу полиције. То је заједнички МУП. И то је разлог да
одмах истог трена да наши изађу из полиције и да
формирају своју полицију. А то нису урадили тада, то је
јули 1991.

Даље, полиција прислушкује странку на власти,
грађане, политичаре — СДА део полиције — и овде
ћемо имати много тих интерцепата. Ја немам никакве
бриге око тих интерцепата. Они ће нам много помоћи,
да видимо шта се то све радило. Ових дана сам ја тражио
да ми се доставе интерцепти снимљени, пресретнути
разговори Изетбеговића, Силајџића, Ганића, и других,
наивно претпостављући да, ако су прислушкивали,
прислушкивали су све. Међутим, очигледно, нису
прислушкивали све, него су прислушкивали само Србе.

Шта је СДА до овога тренутка урадила? СДА, значи:

[на енглеском]

[Ј]е формирала своје војно крило —
такозвану Патриотску лигу; СДА је
наоружала Патриотску лигу; СДА је
опструирала постављење кадрова Срба у
босанском МУП; СДА је сменила велики
број српских запослених у босанском
МУП-у; СДА је послала муслиманске
полицајце у хрватски МУП на војну обуку

(у тренутку када Хрватска ратује против Југославије;)

What is this about? Secretly, behind the back of the Serbian representative — the minister was a Muslim, the representative a Serb — behind the back of Mr. Stanišić, who was the Chief of Police for the city of Sarajevo, now preparations were made behind his back in his own institution to send group after group of policemen to Croatia, which at that moment was going to war against Yugoslavia. They were being sent there for specialized education, training, and preparations in order to duplicate what Croatia was already doing.

Furthermore, as you will see here, they left behind many clues to their actions. This was Mr. Hasan Čengić, whose father, Halid Čengić, established the forerunner of the Patriotic League — the first armed unit in Foča in August 1990 — before the elections. Hasan Čengić — the apple doesn't fall far from the tree — took control of the joint [B-H] police force:

> In accordance with the agreement between officials of the Bosnian and Croatian MUP, and pursuant to the instructions regarding the engagement of police candidates at the Croatian MUP Educational Center, the SDA Sarajevo recommends the aforementioned candidate for a course at your center.

Without anyone's knowledge. This letter of introduction was not signed by anyone from the police force. It was signed, instead, by a person from the SDA, and this proves that there was a complete merger between the SDA and the Muslim part of the police force. It was a joint MUP. And this was reason enough at that moment for our people to leave the police force immediately and form their own police force. But they did not do it then, but in July 1991.

Furthermore, the police were wire-tapping the conversations of the governing party, wiretapping the private conversations of

СДА је извршила незакониту мобили-
зацију резервних снага босанског МУП-а;
СДА је незаконито пресретала теле-
фонске разговоре српског руководства.

Мноштво других ствари, али ово је најупечативљије
шта су нам радили наши партнери у власти. У том
тренутку, СДС није опозициона, него партија на власти.
А да је и опозициона, без одлуке суда нису смели никога
да прислушкују. Не треба ни да вам кажем да је и СДС и
цео српски народ знао за све то, али без дима из
пиштоља, без очигледног доказа, није било начина да се
то обелодани, а и кад су обелоданили, дешавало да се о
томе говори у медијима, то је одмах одбијано, и српска
страна је оптуживана за кварење међуетничких односа и
подизање тензија.

Ево једног разговора између овог оптуженог и
заменика министра — што је Србин, српски кадар, који
није члан СДС-а, али су га Срби кандидовали, да
наравно, између осталог, штити српске интересе,
односно, да контролише. Свака демократија је питање
контроле. Морамо једне друге контролисати.
Предлажем да чујемо ово.

[ПОЧЕТАК — телефонски интерцепт]

КАРАЏИЋ: Алија, Алија доноси —
Алија може да донесе одлуку. Он само
може да позива Муслимане у неку своју,
овај, Териоријалну одбрану и неки људи
око њега су спремни да започну рат. Ми
то прилично добро знамо.

Они припремају рат, они су припремили
штаб, ви то не знате где је тај штаб. Ми то
све знамо. Постоји огроман број

ordinary citizens and politicians — by the SDA's part of the po-
lice force — and we're going to present here many of these inter-
cepts. I'm not concerned about these intercepts at all. They are
going to be quite helpful in our case to see all that was happening
at the time. I recently asked to be provided with intercepts of rec-
orded wiretapped conversations between Izetbegović, Silajdžić,
Ganić, and others. I naively supposed that if they were wiretap-
ping, they would be recording everyone's conversations. Obvious-
ly, however, they were not wiretapping everyone's phone conver-
sations — instead, they were wiretapping only Serbs.

So what had the SDA done up to this moment? The SDA had:

[in English]

established its military wing — the so-called Pat-
riotic League; the SDA armed the Patriotic
League; the SDA obstructed the appointments of
Serbian personnel in the Bosnian MUP; the SDA
replaced a large number of Serbian employees in
the Bosnian MUP; the SDA sent Muslim police
personnel to the Croatian MUP for military train-
ing

(at the same time when Croatia was fighting a war against Yugo-
slavia);

the SDA carried out an illegal mobilization of the
reserve forces for Bosnian MUP; and the SDA il-
legally intercepted telephone conversations of the
Serbian leadership.

And they did a lot of other things but these are the most strik-
ing examples of what our partners in government were doing. At
that moment, the SDS was not an opposition party, but a govern-
ing party. And even if it were an opposition party, it [the SDA] did
not have the right to wiretap phone conversations without a court

наоружаних људих, постоји и припрема за рат! Припрема за рат! Постоје вјежбе блокирањем касарни, постоје вјежбе против армије, и овде они иду на рат!

Ја два дана с њима губим — 18 сати сам био изгубио. Они хоће на бесправан начин да и ако нису доказали ни правно, ни политички. Никако не могу то да остваре. Упућујемо их на уставну процедуру на промену устава — они то неће, знају да немају никаквих шанси. Немају шанси ни у међународној јавности, немају ни шанси ни у правном систему. Они имају само шанси да покушају да нас преваре, али то Срби неће.

ЖЕПИНИЋ: Изетбеговићу се пружила шанса што никоме у историји није пошло за руком. Да створи исламску државу у Европи.

КАРАЏИЋ: Ма немамо ту шанси. Ма Европа, па они. знају шта је. Њима не требамо ми. Они би правили државу, али Европа неће да призна исламску, односно муслиманску, државу уопште. И то је њима велики проблем. Они покушавају да ми будемо њихови таоци те њихове државе.

[КРАЈ — телефонски интерцепт]

Ево, то је 17. јуни, 1991., мој разговор са нашим највишим представником у полицији, који ће доћи овде да ово и потврди, мада нема потребе да се ово потврђује.

order. I don't have to tell you that the SDS and the entire Serbian nation knew about all this, but we did not have a smoking gun or any solid proof, and there was no way to get this out in the open, and even when it was made public and discussed in the media, it was immediately denied and the Serbian side was charged with damaging inter-ethnic relations and raising tensions.

Here is one conversation between the Accused and a Deputy Minister — a Serb but not a member of the SDS, but the Serbs nominated him, of course, among other things, to protect Serbian interests, namely, to check up on what was going on. Democracy is a question of examination and verification. Both sides must be free to examine and verify the other. I suggest we listen to this.

> [START — telephone intercept]
>
> KARADŽIĆ: Alija, Alija makes — Alija can make the decision. He's the only one who can call up Muslims to join their own, let's see, Territorial Defense Forces, and some people around him are ready to start a war. We're fairly certain of that.
>
> They are preparing for war; they organized a headquarters. You don't know where it is. We know all about it. There is a huge number of armed men, and there are preparations for war! Preparations for war! There are exercises in blockading barracks, counter-maneuvers against an army, and they are going to war right here!
>
> I've lost two days with them over this — I lost eighteen hours. They want to pull it off unlawfully, even though they haven't proved that they have the right to do so legally or politically. They will never be able to achieve it. We've advised them to use constitutional procedures to

274

Верујем да више не треба о МУП-у — сад је време паузе, је'л тако? Очигледно, да МУП је био најснажнији ослонац ратне политике СДА.

СУДИЈА КВОН: Да.

КАРАЦИЋ: Екселенцијо, да ли је време паузе? Ја могу да радим још онако.

СУДИЈА КВАН: Не, направићемо сада паузу. Враћамо се за 20 минута.

— Пауза почела у 10.13.

change the Constitution — but they don't want to do that because they know they don't stand a chance. They don't stand a chance with international public opinion, and they don't stand a chance within the legal system. The only chance they've got is to try and trick us, but the Serbs won't allow that to happen.

ŽEPINIĆ: Izetbegović is getting the chance to something no one has ever achieved. To establish an Islamic state in Europe.

KARADŽIĆ: We [i.e., they] don't stand a chance. Europe knows what it's all about. They don't need us. They could try to create a state without us, but Europe would not recognize an Islamic — I mean a Muslim state — at all. That's a big problem for them, too. They are trying to turn us into hostages for their state.

[END — telephone intercept]

Look, that was June 17, 1991, my conversation with our highest-ranking representative in the police force who will come here to confirm this, although there's really no need to confirm it. I believe that there is no need for me to go on about the MUP — it's time for the break, anyway, isn't it? It's obvious that the MUP was at that time the strongest supporter of the SDA policy of war.

JUDGE KWON: Yes.

KARADŽIĆ: Excellency, is it time to take the break now? I can keep going.

JUDGE KWON: No, we'll take a break for 20 minutes.

— Recess taken at 10:13 a.m.

— Наставак у 10.46

СУДИЈА КВОН: Да, господине Караџићу

КАРАЏИЋ : Ево како се даље одвијају контакти овог оптуженог са првим човеком Србином највише позиционираним у полицији који, наравно, није члан СДС-а, него стручњак, експерт. Па видимо на овом да овај оптужени каже:

[ПОЧЕТАК аудио снимка]

КАРАЏИЋ: Ми смо у МУП-у закинути нарочито у државној безбедности. Не смије се појединачно ништа ту радити. То није приватна ствар. Мора сјести читав колегиј и казати: у колико се мјесто то и то. И ми предлажемо, указало се мјесто и ми предлажемо да то мјесто тога и тога човека. Ја вас молим да више нико приватно не ради те ствари.

[КРАЈ аудио снимка]

Хтео бих да привучем Вашу пажњу, шта овде председник владајуће странке каже — не да он ставља то, не да се њега слуша, него Срби у МУП-у. Да они кажу: "Ми нећемо тога кога нам ви стављате — Србина — него хоћемо да ми кажемо који је Србин заслужио да буде на том месту." То не ради Радован Караџић. То Радован Караџић тражи од српских представника у полицији да штите свој народ. На тај начин што ће стављати стручне људе, и то они, а не странка.

Даље настављамо, 22. јула — ово је било 8. јула — 22. јула.

[ПОЧЕТАК аудио снимка]

— On resuming at 10:46 a.m.

JUDGE KWON: Yes, Mr. Karadžić.

Bosnian Muslim Manipulations of the MUP

KARADŽIĆ: Here is how further contacts between the Accused and the highest-ranking Serb in the police force, who, of course, was not a member of the SDS — but rather an *expert*. We see here that the Accused says:

> [START — telephone intercept]
>
> KARADŽIĆ: And we've been tricked in the MUP, especially in State Security. Nothing may be done single-handedly there. This is not a private matter. All the directors should meet if a position is vacant. And we are suggesting these men for the vacant position. I beg you to stop doing this on a private basis.[126]
>
> [END — telephone intercept]

I'd like to call your attention to what the President of the governing party [i.e., Karadžić] is saying here — he's not saying that he's imposing this, and he's not saying they should obey him, but it's the Serbs in the MUP. To have [the Muslims] say: "We don't want the man you're imposing on us — a Serb — we want to be the ones who are going to say which Serb deserves to have that position." It's not Radovan Karadžić who's doing that. It's Radovan Karadžić who's asking representatives of the police force to protect their own people. This is how they can place experts in the right positions, and they have to be the ones doing it, not a political party.

Let us continue. July 22 — what I read just now was on July 8.

КАРАЏИЋ: Реците им да се не играју. Реците им: имате ли увида? Ево, они су у Приједору поподне, овај, у петак поподне поставили човјека. Сада је тамо командир Муслиман, начелник Муслиман, шеф одбране Муслиман, и Територијалне одбране Муслиман, а командир је морао бити наш.

[КРАЈ аудио снимка]

То је једна од најчешћих била рутинских манипулација. Србин добије неко место, они то не дају. Или не поставе никога, па заменик Муслиман. Али видите, поставља се сценариј за крвопролиће у Приједору, које ће се десити. Видећемо како.

Даље, 17. септембар, 1991. Караџић-Плавшић.

[ПОЧЕТАК аудио снимка]

КАРАЏИЋ: Данас ћемо вјероватно имати разговор са њима — са Муслиманима — и ја ћу рећи: "Од разговора нема ништа док се у СУП-у не постави — овај — тачно док не престану да они одређују где ће који Србин да ради! Док не престану да они одређују. Издвојићемо дио нашег МУП-а. Извршићемо и кантонизацију МУП-а." Све ћемо то да урадимо. И ту нам доказују како ћемо ми да живимо ту у тој њиховој држави.

[КРАЈ аудио снимка]

[START — telephone intercept]

KARADŽIĆ: Tell them to stop playing games. Tell them: *Can't you see what's coming round the bend?* Let's see, they [the SDA] appointed a man in Prijedor on Friday afternoon. Now there's a Muslim Commander there, a Muslim Mayor, the Chief of Territorial Defense is a Muslim, but the Commander position should have been ours.[127]

[END — telephone intercept]

That was one of the most frequent of routine manipulations. A Serb gets a certain position, but they oppose it. Either they leave the position unfilled or they appoint a Muslim replacement. But you see, a scenario for bloodshed was being set up in Prijedor, which was eventually going to happen. And we will see how.

Let's go further. September 17, 1991, Karadžić–Plavšić:

[START — telephone intercept]

KARADŽIĆ: Today we'll probably hold discussions with them — the Muslims — and I'm going to say: "No talks until they stop deciding in the MUP where each Serb is going to work! Until they stop making decisions for us. We'll separate our part of the MUP. We'll divide the MUP into cantons." We're going to do that. They are proving to us how we are going to live in their state.[128]

[END — telephone intercept]

Here, Your Excellencies, these were the shocks — they were no longer occurring on a weekly or monthly basis as in Croatia — but they were occurring daily, hourly.

Ево, екселенције, то су шокови који су — нису више као у Хрватској недељни, месечни — него дневни, и из сата-у-сат.

А ево разговора између овога оптуженог и шефа странке у Босанској крајини, др Вукића.

[ПОЧЕТАК — телефонски интерцепт]

КАРАЏИЋ: Има снага у БиХ које знају да не могу да одвоје Босну и Херцеговини без рата. А за рат им треба повод да окриве некога другога. Ми нећемо дати повод за рат. И то је најосновнија ствар. Иначе, међународно право и наше уставно право је на нашој страни.

[КРАЈ — телефонски интерцепт]

Ради записника, пошто екран не иде уз записник, ја мислим да је сада јасно. Изетбеговић хоће да ратује. Бабић му иде на руку, овом ратоборном Изетбеговићу. Говори се о покојном Милану Бабићу, који је у Крајини често био — јер му је то близу и његове посете тамо, као што ће се видити током процеса, су биле веома тешке за нас. Морали смо да гасимо ватру кад год он прође тамо. Бабић иде на руку овом ратоборном Изетбеговићу:

[ПОЧЕТАК — телефонски интерцепт]

КАРАЏИЋ: Реците ви слободно Крајишницима на ћирилици да сам ја разговарао — да сам рекао Алији Изет-беговићу да припрема рат и да тражи помоћ за рат. Молим вас, реците овај наш одговор. Реците има снага у Босни које знају да не могу одозго доћи без рата.

And here's a conversation between the Accused and Dr. Vukić, the leader of the political party in Bosanska Krajina.

[START — telephone intercept]

KARADŽIĆ: There are forces in B-H who know that they cannot divide B-H without a war. And they need a pretext for that war so they can blame someone else. We're not going to give them a pretext to start a war. And that's the most essential thing. In any case, international law and our constitutional rights are on our side.

[END — telephone intercept]

Now for the sake of the record, since the on-screen material does not enter the record, I think it's clear now. Izetbegović wanted to go to war. And Izetbegović the warmonger found Babić suitable because they're two of a kind. It is said of the late Milan Babić,[129] who was often in Krajina because he was nearby, and his visits there, as will be seen over the course of the trial, were very difficult for us. We had to put out fires whenever he went there. This warmonger Izetbegović found Babić suitable:

[START — telephone intercept]

KARADŽIĆ: You tell the people from Krajina in Cyrillic that I talked with — that I told Alija Izet- begović he is preparing for war and that he is seeking assistance for a war. Please give him our reply. Tell him there are forces in Bosnia that know they cannot come out on top without a war.

[END — telephone intercept]

And they did need a pretext for that war so they could blame it on someone else. We must not be the ones who give them the pretext for starting a war. And that was the most essential thing.

[КРАЈ — телефонски интерцепт]

А за рат им треба повод да окриве некога другога. Ми не смијемо дати повод за рат. То је најосновнија ствар. Иначе међународно право и наше уставно право је на нашој страни. Дакле, основна брига је да ми не учинимо ништа што би дало повод за рат.

[ПОЧЕТАК телефонског интерцепта]

КОЉЕВИЋ: Муслимани се жестоко окрећу против неких ратних намјера, али они неће да ратују. Имају републику. Имају Југославију. И нико нормалан неће да ратује. Алија би желео да ратује да промени то. И сад Алија не може да објасни муслиманском народу зашто би ратовао. Ако они направе глупост, он ће да каже, "Ево, зашто ми ратујемо." Е, то му једино. Сад му једино треба алиби за рат. Не треба да ми да му помажемо у томе.

[КРАЈ телефонског интерцепта]

Ово је разговор проф. Кољевића, члана председништва, и Караџића где се ми залажемо да наши неодговорни људи изјаве — неће друго ништа направити, али изјаве — будале — да нешто не направе да не дадну повод за рат, односно алиби за рат. Дакле, чинимо и на том плану да не дође до рата.

А ево како параграф 109 и 110 претпретресног поднеска третира овога оптуженога, у односну на МУП.

In any case, international law and our constitutional rights are on our side. So, the basic concern was that we must not do anything that would provide them with a pretext for war.

[START — telephone intercept]

> KOLJEVIĆ: Muslims are vehemently turning against some warlike intentions, but they don't want to fight. They have a republic. They have Yugoslavia. No sane person wants to go to war. Alija would like to go to war to change that. And now Alija cannot explain to the Muslim people why he would go to war. If they do something stupid, he'll say, "Look, that's why we're going to war." That's all he's got. All he needs now is an alibi to start a war. We must not help him achieve that.

[END — telephone intercept]

This is a conversation between Professor Koljević, member of the Presidency, and Karadžić, where we are coming out against some of our irresponsible people who were announcing — they wouldn't do anything else besides make announcements — fools — so they do something stupid to give them a pretext for war, in other words, an alibi for starting a war. So, we were working even on that level to avoid a war.

And here's how Paragraphs 109 and 110 of the Prosecution Pre-Trial Brief treat the Accused in relation to the MUP.

[In English]

> 109. From the outset of the conflict, the MUP played a significant role in establishing and maintaining Bosnian Serb authority over the territory and in implementing the common criminal purpose. Following the take-overs, the MUP

[На енглеском]

109. Од самог почетка сукоба, МУП је играо значајну улогу у успостављању и одржавању власти босанских Срба над територијом и у спровођењу заједничког злочиначког циља. Након преузимања власти, МУП је играо водећу улогу у разоружавању, хапшењу, привођењу, затварању, премлаћивању, убијању, и протеривању Муслимана и Хрвата.

110. Мјесецима прије његове подјеле, Караџић је смишљао 'подјелу МУП-а' као суштинску компоненту подјеле БиХ, и остварење коначног циља, 'прекида са Муслиманима и Хрватима заувијек.'

Ето, тако Тужилаштво говори о Караџићевим жељама и намерама, генуиним, да створи МУП на чисту миру, без икакве потребе, и да тиме поквари идилу између Срба и Муслимана. И Тужилаштво једноставно иде на то да извуче, реконструише српске намере из српског понашања, које је одговор, које је реакција. Дакле, апсолутно је недопустиво и немогуће да се на основу наших реакција извуче наша претходна намера. Наше реакције су условљене понашањем других. СДА одлучује шта ће Срби урадити, не одлучују Срби. И то је цело време од фебруара 1991. после избора — цело време су Срби, шаховски речено, у изнудици. Ми, дакле, морамо да одиграмо оно што нам они услове, или ћемо пропасти.

А, да видимо како је то, ово, дакле, наше залагање да имамо своју полицију није довело до стварања полиције. То је довело до нашег захтева према Европској заједници да конститутивне јединице имају своју поли-

took a lead role in disarming, arresting, rounding up, detaining, beating, killings, and expelling Muslims and Croats.

110. For months prior [to] its division, Karadžić contemplated the 'division of the MUP' as an essential component of the division of B-H and the realization of the final goal 'to break off with Muslims and Croats forever.'

There, that's how the Prosecution speaks of Karadžić's wishes, and his genuine intentions to create an MUP out of the clear blue without any need to do so and, thus, spoil idyllic relations between Serbs and Muslims. And the Prosecution is simply doing this to extrapolate, to reconstruct Serbian intentions on the basis of Serbian behavior, which was a response, a reaction. Therefore, it is absolutely impermissible and impossible to extrapolate our initial intentions on the basis of our conduct. Our conduct was conditional with respect to the conduct of others. The SDA decided what the Serbs were going to do — the Serbs were not going to decide. And that was going on the whole time between February 1991, after the elections — the entire time the Serbs, to borrow from chess terminology, were forced to make a move of last resort. We, therefore, had to make our play under their conditions or we were going to be ruined.

Now let's take look at this. So, our coming out in favor of having our own police force did not lead to its [i.e., the Serbian MUP's] creation. It led to our request that the European Community provide the constituent units with their own respective police forces. Here is an excerpt from the Lisbon Agreement, namely, the Cutileiro Plan.

[In English]

The statement of principles for new constitutional arrangements for B-H.

цију. Ево извода из Лисабонског споразума, односно, Кутилеровог плана.

[На енглеском]

Изјава о принципима за ново уставно уређење БиХ;

Д. Уставне јединице

3. Државна служба, полиција, локално правосуђе и било каква национална гарда коју би створиле уставне јединице би одражавала пропорционално национални сас- тав те уставне јединице.

Ми смо добили од Амбасадора Кутилера и Европске заједнице право на своју полицију. Тек тада смо ми, 28. фебруара, Скупштина одлучила да ћемо имати своју полицију, али је нисмо оформили до 1. априла. И за ту изнудицу и за то шта ми морамо да урадимо, Тужилаштво мене терети да сам то радио са предумишљајем, да сам то радио са циљем да постигнемо нешто некад, а уместо да се јасно види да је то изазвано и условљено понашањем СДА.

И за све то време до тада, ми знамо за тајни споразум Кучан-Туђман-Изетбеговић да се уђе у рат, и знамо и хватамо информације да Изетбеговића питају у другој половини 1991. год. зашто не улази у рат против Југославије. Он каже: "Хоћу, хоћу, али чекам тренутак." И то је тренутак када се он охрабрује и, од половине октобра, прекида сваку могућност мирног решења.

Тужилаштво има неколико угаоних камена на којима покушава да изгради, да конструише српску кривицу и српску одговорност. Једна од ствари коју Тужилаштво

(D) The constituent units.

> 3. The civil service, the police, and the local judiciary and any national guard established by a constituent unit would reflect proportionally the national composition of the constituent unit.[130]

We obtained the right to have our own police force from Ambassador Cutileiro and the European Community. It was only on February 28 that we — the Assembly decided that we would have our own police force, but we did not form it until April 1. And by making this move of last resort, after having been compelled to do so, the Prosecution, nevertheless, charges that I did this in a premeditated fashion, that I did this with the intention of achieving something at some later time, instead of clearly seeing that this was our response to a challenge and that it was conditioned by the SDA's conduct.

Throughout that time, we were aware of the secret Kučan-Tuđman-Izetbegović agreement to go to war and we received information that Izetbegović had been asked in the second half of 1991 why he had not yet gone to war against Yugoslavia. And he replied: "I will, I will, but I'm waiting for the right moment." That was at the time when he was still summoning the courage to rise to the occasion, and starting in mid-October, he thwarted each and every possible solution for a peaceful settlement.

The OTP's Cornerstones of Serbian Guilt

The OTP has laid several cornerstones upon which it is attempting to construct Serbian guilt and Serbian responsibility. One of the things that the OTP charges me with is the so-called document, Variants A and B. Unfortunately, Variants A and B did not originate with the SDS and we did not even discuss it and we did not adopt it and there is no trace of it [there], and if it had been implemented, there would have been evidence of it because of all

ставља мени на терет је такозвани папир, Варијанта А и Варијанта Б. Варијанта А и Варијанта Б, нажалост није настала у СДС-у, и нисмо је ни дискутовали, и није усвојена, и нема трагова, а било би да је то урађено, сви наши записници су заплењени. Али нарочито стари, пензионисани официри, када су видели шта је препоручио Хрватима Мартин Шпегељ: "Отвориш му стан, дум-дум у стомак, и идеш у други стан, и дум-дум у стомак." Кад су официри видели да се у Сарајеву њихови станови обележавају — то је објављено — да су њихови станови обележени, да неки убица може да позвони, и дум-дум у стомак, онда су направили Варијанту А и Варијанту Б, за случај да избије рат, шта треба да се ради на терену да би се рат избегао.

Нема те партије и тога Караџића који има право да спречи да се то види, да људи на терену имају тај папир, да виде да за случај — да ли ће заиста — ако дође до хаоса и прекину се везе са централом, шта ће они да ураде. Ево да видимо шта каже овај папир.

Каже Тужилаштво, параграф 36:

[На енглеском]

20. децембра 1991., или отприлике у то време, на састанку у хотелу "Холидеј Ин" у Сарајеву Караџић је поделио вођама из општина упутства за формирање тајних тела српских кризних штабова, Варијанте А и Б. Ова поверљива упутства су била о формирању тела, која би требала да буду међу главним механизмима путем којих су Караџић и други чланови руководства босански Срба преузимали контролу над територијама и уклањали не-Србе.

our records were seized. But retired [JNA] officers, when they saw what Martin Špegelj was recommending to Croats: "You go into one apartment, bang-bang in the stomach, and then you go to another apartment, bang-bang in the stomach." When the officers saw that their apartments in Sarajevo were being marked — this was reported — that their apartments had been marked so that some assassin could ring their doorbell and bang-bang shoot them in the stomach, then they then came up with Variants A and B in case war broke out, to plan for what had to be done on the ground if a war started.

No political party, nor any Karadžić would have had the right to prevent this document from being seen, who would have had the right to prevent the people on the ground from seeing this document, in case — if it really came down to it — if it really came to chaos and all contact with headquarters were cut off — what they were supposed to do. Here, let's see what this document says.

The OTP cites Paragraph 36:

[In English]

> On or about 20 December 1992, at a meeting in the Holiday Inn in Sarajevo, Karadžić distributed to the municipality leaders instructions for the establishment of clandestine bodies, the Serbian Crisis Staffs (A/B). The confidential instructions established the bodies that would be among the primary instruments through which Karadžić and other members of BSL asserted control over territories and removed non-Serbs.

But you see what this agreement, this document, [copies of] which had been saved by the good will of retired officers, says:

А видите шта пише у том споразуму, у том папиру, који је севиран добром вољом пензионисаних официра.

> У преузимају свих ових мера, водити рачуна да се обезбеди поштовање националних и других права припадника свих народа и њихово касније анга- жовање у органима власти које ће основати Скупштина српског народа у општини.

Све опет морамо посматрати у контексту Лисабон- ске конференције и Кутилеровог плана, и за који ми знамо да ће га СДА покушати дерогирати ратом. А ово је предвиђено да се рат избегне, да се хаос избегне, и да се сачувају тековине конференције, и да се сачува народ од страдања.

Дакле, не треба ни наглашавати колико је ово да се чувају интереси других, и то су официри који су иначе били за "братство и јединство," ставили на важно место.

Да видимо како други угаони камен овога Тужилаштва су стратешки циљеви. Стратешки циљеви у основи нису усвајани: они су саопштени Скупштини, да ће бити платформа — стратешки циљеви су били саопштени Скупштини 12. маја, када је већ јасно било да је рат, и да ћемо бирати Председништво, и бирано је Председништво: двоје чланова председништва БиХ, госпођа Биљана Плавшић и господин Никола Кољевић, и трећи сам биран ја од стране Скупштине, у Председништво.

И тада смо ми саопштили шта ће бити наш став према Европској заједници у наставку решавања кризе политичким средствима. Пошто је рат, сада више не долази у обзир да имамо енклаве дисконтинуитетне,

In the implementation of all these measures, ensure the respect for the national and other rights of members of all peoples and subsequently ensure their involvement in the administrative organs to be set up by the Assembly of the Serb People in the municipality.

Once again, we have to reconsider all of this in the context of the Lisbon Conference and the Cutileiro Plan, which we knew the SDA would try to annul by a war. And this was anticipated in order to avoid war, to avoid chaos, and to preserve what had been achieved at the [peace] conference and to save people from death and destruction.

So, there is no need to emphasize to what extent the interests of others were being protected, and these were officers who were, in any case, devoted to *brotherhood and unity*, and they gave such considerations a prominent place.

Let's see how the OTP's other cornerstone is composed of strategic objectives. The strategic objectives were basically not adopted; as a matter of fact, they were just reported to the Assembly as a platform [for the conference] — the strategic goals were reported to the Assembly on May 12, when it was already clear that the war had already started and that we were going to elect a [collective] Presidency, which was, indeed, elected: two members of the Presidency of B-H, Mrs. Biljana Plavšić and Mr. Nikola Koljević, and I was the third member elected to the Presidency by the Assembly.

At that time, we announced what our position would be *vis-à-vis* the European Community in our continuing efforts to resolve the crisis by political means. Since there was a war going on, having discontinuous enclaves now no longer came into consideration because people weren't going to take a chance living there. Our objectives were changing, in other words, our position *vis-à-vis* the negotiations with the European Community.

ради тога што људи нс би смели да живе тамо. Нешто се
мењају циљеви, односно, наша позиција према пре-
говорима са Европском заједницом.

Месец дана касније, у јуну или јулу, Председништво
одлучује (пошто још нису послати ни објављени ти
стратешки циљеви) да се објаве а да се заједно са мапом
пошаљу Европској заједници, односно преговарачима.
Дакле, то није никакав тајни папир. А ево шта, иначе
врло неправедно лоша пресуда против Крајишника, о
овој ствари каже:

> 995. Ставити ове српске циљеве на
> пиједестал, као што је учинило
> Тужилаштво, не би било исправно, јер они,
> на крају крајева, представљају развод-
> њавање изјаве које су служиле као
> званична државна политика и које су се
> чак могле објавити и у Службеном
> гласнику Републике босанских Срба. Ако
> би неко и био склон томе да у њима
> проналази подмукла скривена значења,
> онда је то због контекста и догађаја који су
> услиједили након њиховог проглашења.
> Анахроно тумачење циљева из мјесеца
> маја не само да није препоручљиво, него се
> њиме не може схватити њихова поента,
> баш као што се анахроним тумачењем
> упутства из децембра (то је Варијанта А и
> Б) не може схватити њихова поента.
> Упутству и циљевима недостајали су
> садржај и употребљивост, али они су
> представљали симболе нове централне
> власти у вријеме када се стари поредак
> распао.

A month later, in June or July, the Presidency (since the strategic objectives had neither yet been sent nor made public) decided to make them public and send them along with a map to the European Community, that is, to the negotiators. Therefore, this was no secret document. And look, here is a terribly unfair judgment against Krajišnik and it states in connection with this matter:

> 995. It would be incorrect to place these goals on a pedestal, as the Prosecution does, for in the final analysis they are anodyne statements serving as official state policy and even qualifying for a publication in the Bosnian Serb Republic's *Official Gazette*. If one is inclined to find in them insidious hidden meanings, it is because of the context and the events that followed. An anachronistic reading of the May goals is not only inadvisable, it misses the point. Just as an anachronistic reading of the December Instructions (that's Variants A and B), misses the point. The instructions and the goals lacked substance and utility, but they did symbolize a new central authority at a time when the old order had disintegrated.[131]

This Chamber shows that we were right to reorganize at the moment the old system was collapsing. And shards from this disintegrated system are still flying at us to this very day to cause us damage, to destroy us.

So, this paragraph deals with two cornerstones in the Indictment against me and, as far as both are concerned, it says the Prosecution is wrong on both counts. But, even though this judgment was handed down earlier and this was not appealed, the Prosecution still maintains that it can use this against me.

Нама ово Веће даје за право да се реорганизујемо у тренутку када се стари систем распао. А комади тога распаднутог система лете према нама данас да нас оштете, да нас униште.

Дакле, овај параграф третира два угаона камена ове оптужнице против мене и за оба каже да Тужилаштво није у праву. Али, иако је ова пресуда донета раније и у коначној пресуди ово није оспорено, Тужилаштво и даље држи да би могло да то употреби против мене.

Ево да видимо, за крај овога дела, како Лорд Овен, који је дошао у босанске преговоре крајње анти-српски — опредељен, али условљен — једноставно је имао погрешне информације — и врло брзо се веома изненадио као, уосталом, видећете, сви официри Уједињених нација дошли су едуцирани да су Срби звери, а за месец-два дана су видели суштину. Ево шта каже Лорд Овен у једној емисији, односно у својој књизи, "Балканска Одисеја."

> Слика о босанским Муслиманима лишеним оружја није нарушена, ни чак кад је Алија Изетбеговић са телевизије отворено признао да је босанска влада тајним каналима прошверцовала оружје: 30.000 пушака и митраљеза; 20 милиона метака; 37.000 мина; 4.600 против-тенковских ракета; 20.000 ручних бомби; 90.000 униформи; и 12.000 чизама.

А ја додајем из муслиманских извора у Сарајеву произвела 80,000 мина. То је њихов документ. Њихова потврда. У том Сарајеву, које је наводно било опсађено и малтретирано од српске војске, имали су фабрику и произвели су 80.000 минобацачких мина. И дакле, Ту-

Now let's see, in order to conclude this part [of my opening defense statement], how Lord Owen [saw the situation], who entered the Bosnian negotiations with extreme anti-Serbian views — vague but adopted — had simply been given the wrong information — and he was quickly surprised, you will see, as were all the other officers of the United Nations who had come and who had been taught that the Serbs were wild animals, but after a month or two they saw what was really going on. Here is what Lord Owen said in a broadcast [which is recorded] in his book *Balkan Odyssey*:

> The image of Bosnian Muslims with no arms was not diminished even when President Izetbegović openly acknowledged on Sarajevo television that the Bosnian government had smuggled arms in through secret channels: "We managed to get hold of 30,000 rifles and machine-guns, 20 million bullets, 37,000 mines, 4,600 anti-armor rockets, 20,000 hand grenades, 90,000 uniforms, and 120,000 pairs of boots.[132]

And I should like to add that Muslim sources in Sarajevo state that 80,000 shells were manufactured. This is their document. In this same Sarajevo, which was allegedly under siege and abused by the Serbian Army, they had an arms factory and they manufactured 80,000 mortar shells. And the Prosecution, therefore, on the basis of our reactions, our panic-stricken defense, our defense of last resort, persists in trying to recast this and present it as being something that we had wanted and had planned long ago; whereas we, in fact, were responding to the challenges that Hasan Čengić and others, according to their *Islamic Declaration*, used as provocations and as pretexts for chaos, because, as they said: "There is no need to wait for natural

жилаштво и даље, на основу наших реакција, одбране паничне, последње нужне одбране, покушава да реконструише и да представи као да смо ми то давно хтели и планирали, а ми смо у ствари одговарали на изазове које нам је Хасан Ченгић и други, према њиховој *Исламској декларацији*, правили као изазове и поводе за хаос, јер они су рекли: "Не треба чекати природне изазове и поводе, треба правити изазове и поводе."

Овде се поставља мени једно питање: Како би СДС и Срби у редовним приликама, — а редовне прилике су се могле обезбедити у случају прихватања нових споразума које су Срби нудили или прихватали туђе споразуме — како би у тим редовним приликама могли да помисле, а камоли да планирају, да изведу издвајање подручја која су сматрали српским у БиХ? Тужилаштво прескаче то питање. Поставља питање: Како се СДС усудио да се бави описаним радњама кад је, због етничке измешаности, то било немогуће мирним путем?

Па та етничка измешаност важи и за СДА. Ни они нису смели, ни требали, да иду на насилну сецесију од Југославије ради тога што смо етнички измешани. И ми смо били за то да не излазимо из Југославије, али ако су они изашли, и нас извели, онда смо и ми хтели да се обезбедимо у тој Босни, и подједнако смо измешани и ми и они.

Ево, сада имамо један са познате седнице 24. јануара. Овај оптужени док говори, док се залаже, да се прихвати ово што је са Ченгићем он договорио да се изврши регионализација и да се Срби прикључе б за петнаест дана се то могло извршити за крај јануара, а крајем фебруара је Референдум. Ево шта ја у том тренутку кажем:

[ПОЧЕТАК видео снимка]

provocations and pretexts; it is necessary to manufacture our own provocations and pretexts."

Here, one single question is being posed to me: How would the SDS and the Serbs have acted in ordinary circumstances? Ordinary circumstances could have been secured in the case of the acceptance of new agreements which the Serbs had offered or had [otherwise] accepted agreements made by others. Under ordinary circumstances, how could they have imagined, much less planned, to effect a separation of areas of B-H which they considered to be Serbian in the first place? The Prosecution skips that question. It poses the question: How did the SDS decide to engage in undertakings as described here when, on account of ethnic intermingling, it was impossible by peaceful means?

So, such ethnic intermingling even meant something to the SDA. They shouldn't have dared — nor did they need — to secede forcibly from Yugoslavia because we are ethnically intermingled. And we were not in favor of leaving Yugoslavia, but if they were to leave Yugoslavia and took us out with them, then we wanted to secure our positions in that new Bosnia where we and they were equally intermingled.

Here, now we have one [video] from a well-known session held on January 24. The Accused is speaking in favor of, advocating the acceptance of the agreement that he made with Čengić about enacting regionalization — it could have been done in two-weeks' time by the end of January, and at the end of February there was the Referendum. And here's what I said at the moment:

[START video clip]

I can now say, and we can all now imagine what would happen, gentlemen, if, God forbid, inter-ethnic and inter-religious unrest were to break out in B-H. And we can draw it on a blackboard. The Serbs would flee from Muslim areas, while

Ја могу сада, и сви ми можемо сада да замислимо шта би се десило, господо, када би не дај Боже, започео немир међуетнички, међувјерски рат у БиХ. Можемо то да нацртамо на табли. Срби би бјежали из мислиманских крајева, а муслимани из српских. Хрвати у своје крајеве, успут би било пуцњаве, било би рушења градова, било би крви до кољена, и гдје бисмо се затекли? Исто гдје смо и сада. Срби у српским крајевима, Муслимани у муслиманским, Хрвати у хрватским, само потпуно хомогено.

И шта бисмо морали? Морали бисмо опет да сједнемо да се договарамо да ставимо три потписа. Без три потписа, нема решења БиХ.

[КРАЈ видео снимка]

Ево доказа 24. јануара. Овај оптужени каже свима је јасно, и њему је јасно да нема *fait accompli* — то је јануар 1992. То је месец дана пред Референдум.

Где је и било која злочиначка намера, коју Тужилаштво приписује овом оптуженом и његовим сарадницима, и заједници његовој националној? Где је? Када се каже: "Имаћемо то и то. Ако сада не постигнемо споразум, имаћемо то и то. Нећемо." Е, има још један део где овај оптужени каже: "Немојте да нам се деси да нам ситуација измакне из руку. Ред је у нашим рукама. Хаос није ни у чијим рукама. Ми смо у рукама хаоса."

the Muslims would flee from Serbian ones. The Croats would go to their own areas, and there would be plenty of shooting to go along with it, cities would be destroyed, we would be knee-deep in bloodshed, and where would that get us? The same place where we are right now. The Serbs in Serbian regions, the Muslims in Muslim regions, and the Croats in Croatian regions — except it would be completely homogenous.

And what would we have to do then? We would once again have to sit down at the negotiating table and to put three signatures to an agreement. Without three signatures, there's no solution for B-H.

[END video clip]

And here's the proof on January 24. The Accused says it's clear to one and all, and it's clear to him, too, that there was no *fait accompli* — that's January 1992. That's one month before the Referendum [on Independence].

Where is the criminal intent the OTP ascribes to the Accused, along with his associates and his national community? Where is it? When we say: "We're going to have this and this. If we do not reach an agreement now, then we are going to have that and that. We don't want that." And there's another part where the Accused says: "Let's not lose control of the situation. Order lies in our hands. No hand can hold chaos. We are in the hands of chaos."

So, these are matters which absolutely led us to ask Cutileiro to enable us to have our own police force, and it was accepted.

Sarajevo Was a Divided City

Now I'd like to call your attention to Sarajevo. Let's take a quick look. [EXHIBIT XX] This is greater metropolitan Sarajevo.

Е, то су, дакле, ствари које су апсолутно водиле нас да тражимо од Кутилера да нам се омогући да имамо своју полицију, и то је било и прихваћено.

Вашој пажњи сада препоручујем да бацимо један поглед на Сарајево. Ово је шири простор Сарајева. Дакле, плава линија је српска и видите на овом делу тамо где пише "ХВО," да су са једне стране према нама ХВО, с друге стране су Муслимани, а онда смо ми. Значи, ми смо у њиховом окружењу.

Видите, ако могу и да устанем. Ово је, дакле, део. Ово је зона Сарајева. Ово је *city proper*. То ћемо касније објаснити. Ово су српске територије и под српском су контролом. Не све, али су неке под српском контролом.

А те српске територије су у окружењу хрватско-муслиманских снага. Значи, ми смо такође у опсади. Овде је *city proper*. Имамо подељени град. А видећете зашто су Срби око Сарајева.

Сад бих молио да погледамо етничку мапу града Сарајева. Можемо да видимо то.

Ово је од истог оног института који је правио ону мапу целе Босне, а ово је град Сарајево које видите. То су границе града Сарајева. Бела линија суптилна, то је *city proper*. Плавом бојом су означена насеља и атари где су Срби значајна већина, а ови бледи у центру града, где су релативна већина.

Ово је Сарајево било целокупно српско. То су били поседи, имовина, властелинске породице Павловић. Кад су Турци дошли, та породица је пропала, али Срби су остали да живе око Сарајева и у Сарајеву. И дуго су били већинско становништво у Сарајеву.

Када је избио рат, онда су Срби успели да заштите овај део у центру града.

Ако можемо сада да ставимо линију фронта?

The blue line is the Serbs, and you see here where it says "HVO" — we have the HVO on one side, and on the other we have the Muslims, and then we are there. That means we have been encircled by them.

If I may rise, I'll show you [on the map]. So, this is the area. This is the Sarajevo zone. This is the "city proper." We'll explain this later. These are Serbian territories and they're under Serbian control. Not all of them, but some are under Serbian control.

And these Serbian territories are surrounded by Croat-Muslim forces. That means we are likewise under siege. Here is the "city proper." We have a divided city. And you will see why the Serbs are located around Sarajevo.

Now, can we please take a look at the ethnic map of the city of Sarajevo? Can we get that up on screen? [EXHIBIT XXI]

This map was produced by the same institute that produced the map of Bosnia we saw earlier, but this is the city of Sarajevo that you now see. Here are Sarajevo's borders. The thin white line is the "city proper." The blue areas indicate the settlements and districts where Serbs form a significant majority, and the pale blue areas in the city center where they form a relative majority.

This Sarajevo was entirely Serbian. It was the property, the estate of the Pavlović family, who were landed gentry. When the Turks arrived, the family was ruined, but the Serbs continued living in and around Sarajevo. And for a long time they formed the majority population in Sarajevo.

When the war broke out, the Serbs managed to protect this part of the city center.

May we now overlay the front lines? [EXHIBIT XXII]

Now we can see that the Serbs succeeded in protecting one part of the city — the well-known Serbian settlement of Grbavica on the left bank of the Miljacka River. On the right bank, Pofalići, a Serbian settlement that they did not succeed in de-

Сада видимо да су Срби успели да заштите и један део града — то је позната Грбавица, српско насеље Грбавица на левој обали Миљацке. На десној обали Миљацке, Пофалићи, српско насеље, нису успели да заштите, и већ 15. маја није било ни једне куће или једног живог становника тамо. Преко 250 људи је усред града надомак власти г. Изетбеговића, побијено, а ту је била и Младићева кућа. На сву срећу породица је побегла, али све је то уништено.

Екселенције, погледајте да овде — Срби контролишу само своје делове града. Само своје делове. Како *city proper*, тако и околине. И те српске територије се налазе у окружењу муслиманско-хрватске војске.

Препоручујем вашој пажњи доњи леви угао где је општина Хаџићи. Ако можете курсером да покажете. То је друга слика значи, да, општина Хаџићи, значи, леви доњи угао. Овде Тужилаштво каже: "Срби су преузели контролу над Хаџићима где су они мањина." Тачно је да смо ми мањина." Али све ово зелено крајње лево доле, то је општина Хаџићи, такође, коју Срби не контролишу. Срби контролишу само српски део Хаџића. И то је широм БиХ, где год вам кажу или пишу да су Срби преузели контролу над општином у којој су мањина. То није тачно. Срби контролишу само српски део те општине.

Онда ово где пише "Храсница." Храсница, број 5. Храсница је половина општине Илица. Срби контролишу само српску половину те општине Илица. Никада нису ни покушали да преузму контролу над Храсницом. Мислим да видимо Храсница испод броја 5 на овој мапи. Овде је, преко пута Хранице са десне стране, ту је Лукавица, Добриња, итд.

fending, and by May 15 there was not a single household, not a single resident left alive there. More than 250 people were killed in the middle of the city, well within the range of Mr. Izetbegović's authorities, and Mladić's house was there, too. Luckily, his family had managed to escape but the entire area was destroyed.

Your Excellencies, take a look here — the Serbs are only controlling their own parts of the city. That's all. In the "city proper" as well as in the surrounding areas. And those Serbian territories found themselves surrounded by the Muslim-Croat Army.

I'd like to call your attention to the Hadžići municipality in the lower left-hand corner. If you could point to it with the cursor. This is another map of the village of Hadžići, the lower left-hand corner. Here, the Prosecution claims that the Serbs took control of Hadžići where they were a minority. It was true that we were the minority. But this entire green area down on the extreme left, is the part of Hadžići county which the Serbs did not control. The Serbs controlled only the Serbian part of Hadžići. And likewise throughout B-H, wherever they claim or write that the Serbs had taken control of a certain county in which they were a minority. It just isn't true. The Serbs controlled only the Serbian part of such county.

Then here, where it says "Hrasnica." Hrasnica, number 5. Hrasnica comprises half of the Ilidža municipality. The Serbs controlled only the Serbian half of the Ilidža municipality. They never attempted to take control of Hrasnica. I think we can see Hrasnica below number 5 on this map. Here it is, opposite Hrasnica on the right is Lukavica, Dobrinja, etc.

We, so to speak, controlled not one Muslim settlement nor did we attempt to do so. Whereas the Muslims did control known Serbian areas where no one at all remained alive. By mid-May, people had to flee those areas.

Ми, такорећи, не контролишемо ниједно муслиманско насеље, нити то покушавамо. А Муслимани контролишу знатне српске просторе на којима нико жив није остао. Већ до половине маја су људи морали да побегну.

Мермерне истине у вези са Сарајевом су да Сарајево није било у српској опсади, него да је био подељени град. Како шире подручје града, тако *city proper*. Ево, на овом екрану видимо како изгледа *city proper*. А видимо линије фронта, које се негде држе на сто-двеста метара једна од друге, а негде на петнаест метара. Негде у једном стану су Срби, у другом Муслимани. Преко зграде иде линија фронта.

Ја бих се радо тамо поново појавио да мало објасним.

Ово је мој град. Овде сам провео педесет година живота. Ово је Грбавица, ово је река Миљацка по средини. Срби су заштитили Грбавицу, јер то је већинско становништво овде. Ово су Велешићи, у којима има војних објеката, војних циљева. А ово су Пофалићи, које нисмо —

СУДИЈА КВОН: Молим вас, из почетка са упаљеним микрофоном.

КАРАЏИЋ: Дакле, видимо сада линију фронта. Линија фронта прати — једна другу прати — можемо видети на овом што је на екрану. Ова дебела црвена линија, то она садржи и српску и муслиманску линију фронта. Ту смо једни до других. И када неко каже да је српска граната — видећете од сведока Тужилаштва — да они могу да кажу само из ког правца је дошла — граната. А ко ће да каже? Сада ћемо да видимо који су на овом делу, рецимо, који су легитимни циљеви у овом старом делу града. Који су легитимни циљеви на које је српска страна имала право

The truth is carved in stone: Sarajevo was not a city besieged by the Serbs; it was, instead, a divided city. This was the case in the "city proper," as well as in the surrounding areas. Here, on this screen we can see what the "city proper" looks like. And we see the front lines where, in some places, only 100 to 200 meters separate the opposing sides, and in some places there was as little as 15 meters separating them. In some places there were Serbs in one apartment and Muslims in another, and the front line ran right through the building.

I would like to approach the screen again so that I may explain this.

This is my city. I have spent fifty years of my life here. This is Grbavica, this is the Miljacka River cutting through the middle. The Serbs protected Grbavica because they were the majority population there. This is Velešići where there are military buildings, military targets. And this is Pofalići, where we haven't —

JUDGE KWON: Mr. Karadžić, could you start again with your microphone on?

KARADŽIĆ: So, now we see the front lines. [EXHIBIT XXIII] The front lines — one runs alongside the other — we can see this on the screen. This thick red line is comprised of the Serbian and Muslim front lines. There, we are right next to one another. And when somebody says it was a Serbian shell [that struck] — as you will hear from Prosecution witnesses — all they can say is what direction the shell came from. Now, who's going to say? Now we are going to see what legitimate targets there were, for instance, in this old part of the city. What were the legitimate targets to which the Serbian side had the right to respond? I'd like to call your attention to this area — this is still not a complete map — when the trial starts, we will have a complete map — but I'd like to call

да одговори? Вашој пажњи препоручујем — ово још није потпуна мапа — кад процес буде, биће потпуна мапа — али препоручујем Вам да видите колико су школе и обданишта претварени у војне објекте.

Значи, то је обданиште "Пчелица." Локација је Светозара Марковића, то је командно место 105. бригаде, батаљон војне полиције. У обданишту. То је тај град који је опсађени, који је невин, и који је беспомоћан, у коме се налази увек три пута више војске него у српском Сарајевско-Романијском корпусу. Увек имају три пута бројнију војску. Ево командно место 105. брдске бригаде, основна школа Разија Омановић. Ово је старо језгро града, такозвана Башчаршија. Старо, из Турског времена, језгро града одакле се пуца на нас. И наносе нам се губици. А видећете да имамо и минобацаче на овој обали овамо изнад пиваре. Ту су негде минобацачи, са којих се вероватно пуцало по Маркалама, јер је то тај правац из кога долазе гранате према делу града.

Имате у списку, ту на Бистрику. Да, ту негде.

Ето, ватрени положај, рејон Бистрик, улица Бистрик, минобацачи. Батерија минобацача. То је падина која гледа према граду и према њиховим положајима. Ми смо иза њих овамо на југу. А они су — одатле се може по целом граду пуцати кад год Вам падне на памет.

Погледајте још у том најужем делу града, колико има легитимних циљева. Ово је делић. Ово је десет посто легитимних циљева од оних који ћемо приказати током процеса, али овде су најупечатљивија — управо те злоупотребе, болница, школа, обданишта, која су претворена у војне објекте. Овде имамо команду 152.

your attention to all the schools and nursery schools that were transformed into military facilities.

This is the nursery school called Pčelica. [EXHIBIT XXIV] It is located in the Svetozar Marković area; it was the command post for the 105th Brigade, a Military Police battalion. In a nursery school, mind you. So this is the besieged city, innocent, helpless, in which there were always three times as many soldiers as there were in the Serbian Romanija Corps in Sarajevo. They always had three times as many soldiers as we had. Here is the command post of the 105th Mountain Brigade, the Razija Omanović Elementary School. This is in the very heart of the Old City, the so-called Baščaršija. It's old, and it dates back to Turkish times, the very heart of the old city from which they were firing at us. And we were suffering losses. And you will see that there were some mortars on this bank here behind the brewery. The mortars were over here somewhere — probably the ones that fired on Markale because that was the direction from which the shells were coming toward that part of the city.

You have that in the list. It's somewhere around there. Yes, in the Bistrik area. [EXHIBIT XXV]

There it is: firing positions, the Bistrik area, Bistrik Street, mortars. A battery of mortars. It's a slope overlooking the town and their positions. We were behind them this way to the south. And they were in a position — from here you could fire on any part of the city whenever you get the notion to do so.

Now take a look at this narrowest part of the city, and see how many legitimate targets there were. This is just a small part. This is only 10% of the legitimate targets which we are going to present over the course of the trial, but these are the most striking examples — I'm talking about the misuse of hospitals, schools, and nursery schools that were turned into military facilities. Here we have the command post of the 152nd Mountain Brigade. It is a foreign language school on Vasa Miskin Street —

брдске бригаде. То је школа страних језика у улице Васе Мискина — сада је то Ферхадија. То је иста она улица у којој је била експлозија у реду за хлеб, 27. маја 1992.

Ево командно место војне полиције. Дакле, то је Башчаршија. Доле, још ниже, још је низводно доле. Лево. Још према Скендерије. Ту, преко пута Скендерије, ту негде. Доситејева. Још је лево, ја мислим. Мало узводније од — ево командно место 105. То је зграда Шипада, цивилни привредни објекат, али он је претворен у војни објекат. И ако би са крова, равног, рецимо те зграде, или било одакле, пуцали по нама, па ми узвратили ватру, они би то приказали као неселективо гранатирање града од стране српске војске.

Ово је логистичка база хеликоптерска, Доситејева, сада Бранислава Ђурђева 2. То је Први корпус — хеликоптерска ескадрила у центру Сарајева. Хеликоптерска ескадрила. Легитимни војни циљ првога реда. Ево Маријин Двора, који је старо језгро. Одмах до Маријин Двора је Холидеј Ин, где живе страни новинари. И око Холидеј Ин-а је позорница, инсценација и бомби и граната које — ево како је, рецимо, у сенци Католичке катедрале, позадинско командно место 152. брдске бригаде, у центру града. Уз цркву. Ево, то је улица која излази на мост Врбања — ватрени положај, угао улице — минобацачи. Видите где су минобацачи. У центру града.

Ево такође ПАМ 12,7 — то је опрема опасно оружје — митраљеско гнездо у центру града. Ево снајперски положај, угао улице Гундулића и Бранимира Ћосића.

Сад ћете видети колико школа је злоупотребљено, и обданишта, факултета. Ту је факултет одмах до Врбање, где сте били малопре.

now it has been renamed Ferhadija Street. That is the same street where there was an explosion in a bread line on May 27, 1992.

Here is the command post of the military police. So, this is Baščaršija. Down, lower, further downstream. To the left. Move toward Skenderija. There, opposite Skenderija. There somewhere. Dositejeva Street. Further left, I think. Pan a little more upstream — here we have the command post of the 105th. [EXHIBIT XXVI] It's the Šipad Building, a civilian economic facility but it was turned into a military facility. And if, from a flat roof, for instance, from that building or any other building there, they fired at us, and then if we returned fire, they would portray it as indiscriminate shelling of the city by the Serbian Army.

This is a helicopter logistics base on Dositejeva Street, now called Branislava Đurđeva Number 2. This is the First Corps' helicopter fleet in the center of Sarajevo. A fleet of helicopters. This is a legitimate, first-rate military target. [EXHIBIT XXVII] Here we see Marijin Dvor,[133] which is in the Old Town. Immediately next to Marijin Dvor is the Holiday Inn where foreign journalists were staying. And around the Holiday Inn was the staging area for all these scripted bombs and shells which — this is how things stood. For instance, here in the shadow of the Roman Catholic Cathedral was a rear guard command post held by the 105th Mountain Brigade in the city center. Right next to the church. Here, this is the street that leads to the Vrbanja Bridge — there's a firing position on the street corner — mortars. You see where the mortars are. Right in the city center.

Here we have, as well, a PAM 12.7mm[134] — that's a dangerous piece of equipment — a machine-gun nest in the center of town. Here we have a sniper position at the corner of Gundulića and Branimira Ćosića Streets.

Now you will see how many schools were misused, and kindergartens as well as colleges. Here is the college right by Vrbanja Street, which you saw a moment ago.

Ево музеј. Зграда музеја. Ватрени положај. Зграда Земаљског музеја. Одатле се пуца на нас. Ако наши узврате, онда смо ми гађали Музеј, а нисмо гађали њих. Ево, зграда Скупштине БиХ. ПАМ 12,7. Одатле сеју смрт по нашим редовима, а ако ми одговоримо, онда нападамо неселективно.

Дајте Велешиће, горе где пише "Железничка станица Сарајево."

Овде, има један снимак где генерал Младић каже: "Окрени по Велешићима, тамо нема Срба." Али овај који пуца зна по чему у Велешићима да удари. Да удари по легитимном циљу. Не мора Младић њему да каже, "Удари по легитимном циљу у Велешићима." Пошто се зна да постоје легитимни циљеви у Велешићима. Ево га, Велешићи, ватрени положај, 101. Центротранс — Буђа поток. Али има у Велешићима онај сервис где сервисирају борна кола и зграда Саобраћајног института, такође, ватрени положај, односно легитимни циљ.

Код железничке станице, ту је — ево га! То је у Велешићима, истурено командно место у аутосервису. И када Младић каже, "Удари по Велешићима," не каже "удари по цивилним објектима." Него, кад он каже, "Удари по Велешићима," мисли на легитимни циљ Велешића. Ал' Тужилаштво сматра да ми који подразумевамо и знамо о чему се ради, треба пуном реченицом да кажемо, "Удари по Велешићима у сервису, по командном месту." То се тако не ради.

Кошевска болница. Ево болница Кошево. Тужилаштво ће потврдити да су бушили они својим оружјима и онда показивали новинарима. А ево и легитимног циља у болници Кошево. У дворишту болнице Кошево 105. бригаде.

Here is the Museum. The Museum building. A firing posi-
tion. The National Museum of Bosnia and Herzegovina Build-
ing. They were firing at us from there. If we returned fire, then
we would stand accused of firing on the Museum, but not at
them. Here we have the National Assembly of Bosnia and Her-
zegovina Building, a PAM 12.7mm. From there, they were sow-
ing death among our ranks, and if we returned fire, then we stood
accused of firing indiscriminately.

Let's get Velešići [on screen], up there where it says "Sara-
jevo Train Station." [EXHIBIT XXVIII]

There is an audio recording here in which Mladić says:
"Target Velešići. There aren't any Serbs there." But this man
who is firing knows what targets to strike in Velešići. To strike
legitimate targets. Mladić doesn't have to say, "Strike legitimate
targets in Velešići." Because it's obvious there are legitimate
targets in Velešići. Here it is: Velešići, a firing position, the
101st Centrotrans — Buća Potok. And in Velešići there is a
maintenance and repair shop for armored vehicles, and the
Transport Institute Building, a firing position, namely, a legiti-
mate target.

By the train station — there it is! This is in Velešići, a for-
ward command post in an auto repair shop. And when Mladić
says, "Fire on Velešići," he is not saying: "Fire on civilian facili-
ties." Instead, when he says: "Fire on Velešići," he is thinking of
legitimate targets. But the OTP thinks that we who understood
[the situation] and knew what it was about had to use a complete
sentence, such as: "Fire on the auto repair shop in Velešići, at the
command post." That's not the way it's done.

The Koševo Hospital. [EXHIBIT XXIX] Here's Koševo Hos-
pital. The OTP will confirm that they [the Muslims] riddled the
building with [gunfire from] their own weapons and then showed
it off to journalists. And this is a legitimate target in the Koševo

То је факултет за Физичку културу. Значи школска установа, високошколска установа злоупотребљена. Ево други факултет, грађевински. Ја мислим — јесте, то је Грађевински факултет: 105. бригада.

Зграда основне школе Вук Караџић. Верујем да се више не зове тако. То је мој предак. Из мог села, али рођен у Србији, који је реформисао српску културу и српско писмо.

Сада бих хтео да вам набројим, доста таксативно у вези са Сарајевом. Шта се може рећи у вези са Сарајевом. Дакле, Сарајево је у целини изграђено на српској земљи. Дуго је био већински српски град. Сва насеља око Сарајева и нека у Сарајеву су одувек већински српска. Неки квартови у ужем језгру града су до рата били већински. А до Другог светског рата, цело Сарајево је било — нарочито неки квартови били малтене сто посто српски.

Пре избијања овога рата (у оквиру конференције о БиХ, град Сарајево и његове општине), српска страна није предлагала поделу града, него трансформацију града, по типу Брисела. И ми смо говорили за БиХ "швајцаризација." Значи, кантонизација по швајцарском типу. За Сарајево, не подела, него трансформација по типу Брисела. У Бриселу, као што вероватно знате боље од мене, има седамнаест општина, ни једна није мешовита. Или је фламанска, или је валонска. Тако се избегавају сукоби, осим кад су у питању балкански народи, од којих се тражи да се мелтују у неком "мелтинг поту" и да живе уз непотребне анксиозности и напетости и сукобе. Значи, Сарајево је требало да се трансформише да свака заједница има своју општину и да се уклони један од разлога за напетости. То искључује било какву намеру терорисања града.

Hospital. The 105th Brigade was using the Koševo Hospital courtyard.

This is the College of Physical Education. It is an educational institution; an institution of higher learning that was also misused. And here's another college building. I think — yes, it's the Civil Engineering Building; the 105th Brigade [took up position there].

The Vuk Karadžić Elementary School. I don't believe it's called that any longer. Karadžić[135] was an ancestor of mine, [from my village but] who was born in Serbia, and who carried out reforms in Serbian culture as well as in the Serbian alphabet.

Now, I would like to enumerate a few things with respect to Sarajevo. What can be said about Sarajevo? Sarajevo was completely built on Serbian-owned land. For a long time, it was a city with a majority Serbian population. All of the settlements around Sarajevo and some neighborhoods in Sarajevo have always had a Serbian majority. Some neighborhoods in the city center had Serbian majorities until the start of the war. And up to Second World War — all of Sarajevo was — some neighborhoods were almost one hundred per cent Serbian.

Before the outbreak of this war (within the framework of the Conference on B-H, the city of Sarajevo and its boroughs), the Serbian side did not propose a division but instead a transformation of the city according to the Brussels model. We were in favor of reorganizing B-H along the lines of the Swiss model. This meant cantonization in accordance to the "Swiss" model. For Sarajevo, not division but transformation according to the Brussels model. Brussels, as you probably know better than I do, has seventeen boroughs and not one of them is [ethnically] mixed. A borough is either Flemish or Walloon. That is how conflicts are avoided, except when Balkan peoples are in question, who are being asked to "melt' into a "melting pot" where they live alongside needless anxiety and tensions and conflicts. This meant Sara-

Екселенције, на овој мапи на којој сте видели, војска није професионална. То су људи који живе на 50 метара од линије. Они немају куд да побегну. Они морају да се боре на 50 метара од своје куће. Иду кући да спавају. Не живе у касарни. Нису то дриловани војници. То је народна војска. Никада нису знали да ће да се ратује у Сарајеву — да се боре у Сарајеву. Да је рат избегнут, Сарајево би било трансформисано у више општина и свака општина би водила своје послове.

Хоћу да вам кажем да је у Сарајево посебно, мада у читавој Босни, извршено такозвано "џеримандерисање." Ђери Мандер је био мајстор манипулације изборне. Тако је умео да направи изборне јединице да слабија партија победи на изборима. Међутим, и за време комуниста, у Босни је био веома присутан тај феномен џеримандерисања тако да је, рецимо, Храсница припојена Илиџи да Срби не би имали своју општину. Рајловац, из кога је г. Крајишник (био је некад општина, па смо га у овом рату поново прогласили општином), али некада је била општина и развијао се, припојен је Новом Граду где су Срби постали мањина, и развој Рајловца је стао.

Широм Босне ћемо вам током процеса приказати како је џеримандеризам опустошио српске крајеве, јер је стао развој, јер су припојени неким другим срединама. Значи, Сарајево је било предвиђено да се реорганизује административно. Хоћу да вам кажем да је, иначе, потребно било правити мање општине. То су огромне општине у којима нико ништа не може да заврши без мита и корупције — и тако да је то био разлог и економски. И да није било рата и да није било кризе, требало је то урадити.

315

jevo had to be transformed so that each community had its own borough in order to eliminate one reason for tensions. This dismisses any possible intent of terrorizing the city.

Excellencies, the army that you have just seen on this map was not a professional one. They were people who were living fifty meters from the front line. They had nowhere to flee. They had to fight fifty meters from their own homes. They had to sleep in their own homes. They weren't living in barracks. They were not trained soldiers. This was a people's army. They never had any idea that a war was going to break out in Sarajevo — that they would have to fight for Sarajevo. Had war been avoided, Sarajevo would have been transformed into [several] boroughs, and each borough would have had control of its own affairs.

I want to tell you that gerrymandering, so to speak, was carried out throughout the entire territory of B-H, especially in Sarajevo. Gerry Mander[136] [sic] was a master of electoral manipulation. In this fashion, he was able to create electoral units that enabled weaker parties to win elections. During the Communist era, however, the phenomenon of gerrymandering was very much alive and well in B-H, so that, for example, Hrasnica was attached to Ilidža so that the Serbs would not have their own borough. Rajlovac, from which Mr. Krajišnik hails, used to be a borough (and over the course of this war we once again proclaimed it one), but it once was a borough and it was developing. It was attached to Novi Grad where Serbs had become a minority, and the development of Rajlovac halted.

Over the course of this trial, we are going to demonstrate how gerrymandering was applied throughout Bosnia, and it devastated Serbian areas, because their development was halted by attaching them to some other milieu. This means that Sarajevo's administrative reorganization had been anticipated. I want to explain that, in any case, it was necessary to create smaller boroughs. These were enormous boroughs in which no one could do

Срби су на територији града Сарајева, коју чини десет предратних општина, контролисали само српске општине, и у тим општинама само српска насеља, а у муслиманским већинским општинама, само српска насеља.

Ево, лево ако можемо да вратимо — овај са фронт линијом. Сасвим крајње лево. Ово је општина Пале. А овај ћошак овамо то је Реновица и муслиманска општина Пале, коју ми нисмо никад ни покушали да узмемо и да ставимо под својом контролу. Крајње десно.

Део града који је контролисала војска и полиција Странке демократске акције био је запоседнут Првим корпусом Армије БиХ, касније 12. дивизијом. Они су имали од 35 до 80 хиљада војника. Они су имали легитимне циљеве: Обданиште Чемерлија, то је она Пчелица, Капрузова, основна школа Разија Омановић, Бета Исаковић, Пирина кафана, Пастрма, Ферхадија, то је Васе Мискина Школа страних језика, војна полиција у Улици Маршала Тита, Шипад, исто тако цивилна зграда. Станови, Карингтонка (позната елитна стамбена зграда) је била легитимни циљ, пуна је биле војске, минобацача, и других разорних борбених средстава. На Врбања мосту био ПАМ, били су минобацачи, итд. Значи, то ћемо када буде процес, да прецизно утврдимо и да прецизно прикажемо апсолутну истину где су се све налазили циљеви.

Екселенције, УН ће вам рећи да никада Срби у Сарајеву нису започињали борбе. И стално смо им говорили: "Сачекајмо политичко решење. Наш је циљ је само да сачувамо становништво."

Сами Муслимани се хвале — ова унутрашња линија, на унутрашњем прстену према *city proper* је била на почетку рата дуга 42 километра. До краја рата, они су се

anything without resorting to bribery and corruption — so this also became an economic reason [for their continued existence]. This [administrative reorganization] had to be carried out even if there had been no war and no crisis.

The Serbs controlled only Serbian boroughs on the territory of Sarajevo, which was composed of ten boroughs before the war, and in those boroughs they controlled only Serbian settlements, and they controlled only Serbian settlements in Muslim majority boroughs.

If we can return to that map with the front line on the extreme left. [EXHIBIT XXIX] This is the borough of Pale. And this corner is Renovica and the Muslim borough of Pale, which we never tried to take and place under our control. To the extreme right.

The part of the city controlled by the SDA's Army and police force was occupied by the 1st Corps of the Army of B-H, and later by the 12th Division. They had between 35,000 and 80,000 troops. They were sitting on legitimate targets: the Čeremlija Nursery School, i.e., the aforementioned Pčelica; Kapruzova; the Beta Isaković and Razija Omanović Elementary Schools; Pira's Café; Pastrma; Ferhadija, i.e., Vasa Miskin School of Foreign Languages; the Military Police [Headquarters] on Maršal Tito Street; Šipad, as well as civilian buildings. Apartments in the Carrington Building (a well-known, exclusive apartment building) were a legitimate target because they were was full of troops, mortars, and other destructive combat weaponry. There was a PAM on Vrbanja Most; there were mortars, etc. During the upcoming trial, we are going to show you in detail and establish the absolute truth about where all these targets were located.

Excellencies, the United Nations will tell you that the Serbs never started battles in Sarajevo. And we kept saying: "Let's

хвалили да су то повећали на 64 километра. Е, па ако узмете у обзир да су то градске борбе, уличне борбе, 22 километра напредовати у уличним борбама, то јасно говори ко је у граду Сарајеву нападао, а ко се у граду Сарајеву бранио.

Као и у целој Босни, ни у Сарајеву Срби нису настојали да заузму више, јер су ионако били спремни за ради мира врате значајне територије. Зашто бисмо у граду ми уопште било шта чинили што је супротно нашим интересима? А наш интерес је био да доживимо политичко решење и по три потписа за којој смо знали да без њих нема политичког решења. Није било намерно гранатирање — никад! Никад! Сва масивна страдања — ми ћемо то овде доказати — су резултат "лукаве стратегије," како Сефер Халиловић Изетбеговићеву политику назива, односно, резултат ратних лукавстава са циљем довођења стране интервенције. А сећате се како је судија 1983. рекао: "Ово што хоће Млади муслимани, то се може постићи само терором, или страном интервенцијом." Изетбеговићева СДА, то није постигла терором, па је хтела да задржи терор, а да добије страну интервенцију. И сви ће вам страни посматрачи и посредници казати да све што се дешавало у БиХ са муслиманске стране било је срачунато на увлачење НАТО-а и западних земаља у рат у њихову корист.

Ја сам уверен да се без обзира на реформисање и на иновације у међународној судској пракси, принцип *in dubio pro reo* и даље поштује. А довољно нам је да знамо и да можемо да докажемо да су чинили нека гранатирања свога народа и нека убиства снајперима свога народа, па да захтевамо од Тужилаштва да нам докаже да су нека од тих Срби урадили, а не ми да доказ-

wait for a political solution. Our sole purpose is to protect the population."

The Muslims themselves boasted that this internal [front] line ringing the city proper was 42 kilometers long at the beginning of war. By the end of war, they boasted of having lengthened it to 64 kilometers. Now, if you take into consideration that this involved urban warfare, street fighting, and to advance 22 kilometers in street-by-street fighting gives a clear indication of who was launching the attacks and who was on the defensive in Sarajevo.

In Sarajevo, just as throughout all of Bosnia, the Serbs never strove to capture more territories because they were prepared to return significant amounts of territory for the sake of peace. Why would we have done anything at all in Sarajevo that was contrary to our interests? And our interest was to live to see a political resolution with three signatures, without which we knew there would be no political solution. There was never any deliberate shelling — never! Never! All the mass killings — and we're going to prove it here — were the result of "wartime cunning," as Sefer Halilović called Izetbegović's policy, namely, wartime deceptions whose goal was to bring about foreign intervention. And you remember what the judge said in 1983: "What the Young Muslims want can only be achieved by means of terror or foreign intervention." Izetbegović's SDA failed to achieve this through a reign of terror, so it tried to sustain the reign of terror in order to win foreign intervention. And all the foreign observers and mediators will tell you that everything that happened in B-H on the Muslim side was calculated to draw NATO and Western countries into the war for their benefit.

I am convinced, despite all the reforms and innovations in international jurisprudence, that the principle *in dubio pro reo*[137] is still valid. It is sufficient for us to know we can prove that the Muslims shelled their own people and that they had snipers kill, in some cases, their own people, so we demand that the OTP prove

ујемо да су то Муслимани радили. Оног трена кад постоје такви докази да су они то радили или да су и они то радили, онда морамо идентификовати које они нису урадили, и доказати да јесу Срби.

Наши одговори, *retaliation*, одмазде, ја сам у једном писму — видим да се то наводи, генералу Миловановићу — рекао, "Саопштавају ми страни посматрачи, који нам не замерају што вршимо одмазду ал' нам замерају на броју граната од којима одговарамо." И ја сам мислио да је то због тога што њих има три пута више војске, а наши имају нешто бољу технику. Ја то нисам проверавао и писао сам генералу Миловановићу као да је то тачно. И наружио сам нашу страну зашто се то ради. Међутим, показало се да баш ни то није тачно, или није толико тачно, али је чињеница да је могао неко ко има мало војника, уплашен великом навалом, да врати нешто више граната.

И видећете на седници Преседништва (негде око 10. јула) када ми кажемо: "Мора се смањити гранатирање, али за то треба довести бригаду из Крајине." Јер мора се стратешка равнотежа очувати, иначе ће овај народ бити уништен, поклан. Значи, на Председништву се — тај записник, који постоји — каже: "У реду смањите гранатирање, али доведите једну бригаду из Крајина, и овај народ овде не може да се одбрани." И то није рат војски; то је рат народа, и тамо где дође војска СДА, ни мачке живе нису остале.

Све је спржено. А рат је у Сарајеву трајао негде 1.200 и нешто дана, библијска је бројка је 1.260 из Апокалипсе.

Екселенције, град никада није био блокиран за оно што није било војно, а ни за војно није било блокирано. Видећете овде у случају Хрвата из Босне, како они

that some Serbs committed these crimes, while we are not going to prove that Muslims were the perpetrators. The moment such evidence appears that they [the Muslims] did this or that, then we must identify which killings were not committed by them and prove that those killings were committed by Serbs.

I wrote in one letter that our replies, "retaliation," reprisal — I think General [Manojlo] Milovanović[138] also quoted it — I said that: "I have been advised by foreign observers that they are not blaming us for retaliating; they are, instead, objecting to the [sheer] number of mortar shells with which we are replying." And I thought it was because they had three times as many troops, but our troops had somewhat better weaponry. I did not verify it but I wrote to Gen. Milovanović as if it were true. And I berated our side because that was going on. However, it turned out that it was not even true or was not so exact, but the fact remains that it is possible for someone who has fewer soldiers, frightened by an onslaught, to reply with a larger number of shells.

And you will see a session of the Presidency (around July 10) during which we said: "We must reduce the shelling, but in order to do that we have to bring in a brigade from Krajina." We had to maintain a strategic balance, otherwise the people would have been annihilated, slaughtered. That was in the Presidency — it's in the minutes — which exist — it states: "The next order of business is the reduction of the shelling, but you have to bring in a brigade from Krajina, and these people here cannot defend themselves." This was not a war between armies; this was the war between peoples, and wherever the SDA Army arrived, not even a stray cat survived.

Everything was burned to the ground. The war in Sarajevo lasted about 1,200 and some days; the Biblical number is 1,260 for Armageddon.

потврђују да су јединице могле улазити у, и излазити из Сарајева кад су хтеле. А видећете из наредби муслиманске војске, где кажу да са Игмана вратити једну бригаду у град, и тако даље.

Што се тиче транспорта, саобраћаја, прво на почетку рата сам ја предложио да Сарајево буде отворени град, и да се стави под Уједињене нације. Изетбеговић то није прихватио. Њему је Сарајево било потребно ради уцењивање међународне заједнице, емоционално уцењивање, изазивање емоција, и захтева за интервенцијом. Рекли смо, цивилни саобраћај и комерцијални саобраћај нема рестрикција. Рестрикције се односе само на војне робе, војне транспорте. Сарајевски криминалци никад нису допустили комерцијални саобраћај, ради тога што би цене пале на црној берзи, а тамо они су од тога живели, и од тога су зарадили велики новац.

Екселенције, погледајте. Овај *city proper* који је под контролом Армије СДА, није добио ни једну кап воде, ни један кубик гаса, ни један киловат струје, а да то није прешло преко српске територије. Увек, и све што су добили, добили су преко српске територије, и никада то намерно нисмо ускратили. Како је то терорисање града, када смо ми имали мало воде, ми смо је делили с њима? Сва околна извориште су на српској земљи, и ми смо ту воду делили с њима, кад смо и ми имали мање.

Има једно писмо која је овде такође уврштено. Ја пишем нашим генералима; они се љуте што ми пуштамо хуманитарну помоћ која се даје само Муслиманима. А никад Србима. Касније смо добили једну четвртину или трећину. Где овај оптужени каже: "Цивили нису наши ратни противници. Нису непријатељи. Нећемо ратовати храном, водом, и другим стварима."

Excellencies, the city was never under blockade when it concerned non-military matters, nor was it under blockade for military matters. You will see here, in the case of the Croats from Bosnia, who will confirm that these units were able to enter and leave Sarajevo as they pleased. And you will see orders from the Muslim Army, because they ordered a certain brigade to return from Igman to the city, etc.

As far as transportation and traffic are concerned, it was I who first proposed at the beginning of war that Sarajevo be an open city and that it be placed under UN control. Izetbegović did not accept that. He needed Sarajevo in order to blackmail the International Community with emotional provocations and demands for intervention. We said that there were no traffic restrictions for civilian and commercial traffic. The restrictions pertained only to military materiel, military transport. Sarajevan criminals never allowed commercial traffic because then prices on the black market would have fallen, but they lived off those proceeds over there, and they made a lot of money doing that.

Excellencies, please take a look. The "city proper," which was under control of the SDA Army, did not receive a single drop of water, a single cubic meter of gas, a single kilowatt of electricity unless it had crossed Serbian territory first. Everything they received always came across Serbian territories, and we never intentionally deprived them of it. We had little water, yet we shared it with them. How is this terrorizing a city? All the surrounding sources of water are in the Serbian territory, and we shared these water resources with them, even though we had less.

There is a letter which is included here. I'm writing to our generals. They were angry about the fact that we were allowing humanitarian aid to pass through that had been earmarked solely for Muslims. But never for Serbs. Later on, we received one-third or one-fourth [of what the Muslims were receiving]. Where the Accused says: "Civilians were not our opponents in this war.

Екселенције, овде код Храснице, између Храснице и где је овај пролаз уски на линији фронта, је аеродром који смо ми предали Уједињеним нацијама у јулу 1992. На тај аеродром је слетело преко десет хиљада хуманитарних летова. Ни један инцидент са српске стране није био. Понекад су они пуцали по авионима да би нас оптужили.

Десет хиљада летова хуманитарних. Зар је то терорисање града? То је српска страна обезбедила. Ми смо држали аеродром. И препустили смо га Уједињеним нацијама. Ушле су хиљаде камиона, хиљаде конвоја хуманитарне помоћи је ушло у Сарајево преко српске територије. И документација генерала Валгрена, г. Акашија и других, показаће вам да је инцидент са конвојима био искључиво ако конвој направи неку нерегуларност. И то у мом писму Валгрену објашњавам, а то потврђују и представници Уједињених нацијама. Каже, Срби не праве проблем са конвојима, али ако се појави камион вишка и ако има нека роба која није пријављена у декларацији, онда праве проблем.

Па ту се ради о једноставној војничкој памети. Он има на списку шта је одобрено, ако то одудара од тог списка, он каже: "Не може." Други начин да се направи инцидент са хуманитарним конвојем за ЦНН и за друге — увек је ту и нека екипа. Конвој се појави на прелазу који није обавештен о томе. И тај војник нема та овлашћења да буде креативан и флексибилан. На једном мосту је пријављен конвој, а он се појави на другом мосту. Та посада не зна ништа о томе.

Ето, ово је град Сарајево. То је наш град. Двеста хиљада Срба — 157,000 декларисани, и скоро 30,000 Југословена, од чега скоро сви су били Срби. То је српски град, такође. Ја сам живео у том граду по својој

They are not our enemies. We are not going to wage war by us-
ing food, water, and other things [as weapons]."

Excellencies, here in Hrasnica, between Hrasnica and this
narrow passage on the front line, is the airport that we handed
over to the United Nations in July 1992. Over 10,000 humanitar-
ian flights landed at this airport. There was not a single incident
from the Serbian side. They [the Muslims] occasionally shot at
the planes in order to blame us.

Ten thousand humanitarian flights. Is that terrorizing a city?
The Serbian side secured [deliveries of humanitarian aid]. We
held the airport. And we handed it over to the United Nations.
Thousands of trucks, thousands of convoys of humanitarian aid
entered Sarajevo through Serbian territory. And the documenta-
tion of General Wahlgren,[139] Mr. Akashi[140] and others will show
you that incidents with convoys were due solely to irregularities
caused by the convoys themselves. And I explained that in my
letter to Wahlgren, and representatives of the UN confirm even
it. They said Serbs were not causing any problems with convoys,
but if there were an extra truck or goods that had not been de-
clared in the manifest, then this posed a problem.

Straightforward military thinking is involved here. The sol-
dier has an authorized list, and if the shipment is different from
the list, he says that it can't go through. Another way is to create
an incident with a humanitarian convoy for CNN and others —
there was always some news crew involved. A convoy shows up
unannounced at a crossing. And the soldier is not authorized to
be creative and flexible. A convoy would be scheduled to cross
at one bridge, but then it would show up at another. The soldiers
on duty didn't know a thing about it.

This is the city of Sarajevo. This is our town. Two hundred
thousand Serbs — 157,000 have declared themselves to be
Serbs, and almost 30,000 have declared themselves as Yugo-
slavs, of which almost all were Serbs. It is, likewise, a Serbian

слободној вољи. Ја сам волео тај град, и волим га и сада, и нећемо никад од њега одустати. Имамо део града ту. Да је био прихваћен наш предлог да се прогласи отвореним градом, никаквог страдања не би било; да је било прихваћено да се трансформише у општине српске и муслиманске и хрватске — где је браон боја — то је била хрватска општина, Ступ и Доглоди до Илице, био би мир и просперитет. Али политика која хоће сто посто Босне, сто посто власти у сто посто Босне, против хришћанске већине, довела је до овога до чега је довела, а Тужилаштво сматра да нисмо имали никаква права да себе заштитимо.

И ја бих вашој пажњи препоручио — ја ћу прочитати један извештај из књиге генерала Роуза. Каже:

> Много су озбиљнији били извештаји Француза, да су муслиманске трупе у граду отварале ватру на сопствене грађане. Ово је било пре правило него изузетак.

> Босанском бригадиру Хајрулаховићу, званом Талијан, и генералу Јовану Дивјаку, рекао сам да је прво испитивање кратера бомбе која је експлодирала на Маркалама, показало да је она испаљена са босанске стране. У соби је завладао мук, а Хајрулаховић ме гледа непријатељски. Додао сам да угао путање мине очигледно доказује да је она испаљена са веома мале даљине или да је чак подметнута на лицу места и активирана. Затим сам га питао због чега су склонили неке делове распрснуте мине...

city. I lived in that city of my own free will. I loved that city, and I love it to this very day, and we're never going to give up on it. We have our own part of town. [EXHIBIT XXI] Had our proposal been accepted to declare Sarajevo an open city, there never would have been any casualties; had it been accepted to transform the city into Serbian and Muslim and Croat boroughs — the brown areas here — that was a Croatian borough — Stup and Dogloda to Ilidža — there would have been peace and prosperity. However, a policy that wants 100% of Bosnia, 100% of governing authority in 100% of Bosnia against the Christian majority, led to what it has led to, but the Prosecution believes that we did not have any right whatsoever to protect ourselves.

I would now like to call your attention to — I'm going to read an excerpt from General Rose's book. He says:

> *The French reports were much more serious, alleging that Muslim troops were opening fire on their own citizens. This was the rule rather than the exception.*[141]

> We were met by Deputy Commander, Gen. Divjak…. Brig. Hajrulahović … [who] was known in Sarajevo as the "Italian" … I told [them] that the first UN examination of the bomb crater in the Markale market place indicated that the bomb had been fired from the Bosnian side of the battle lines. The room went deadly silent and Hajrulahović looked anxious. He coldly asked me to explain. I told him that the angle of the trajectory of the mortar bomb suggested that it had been fired at extremely short range from their side of the lines or perhaps detonated *in situ*.

JUDGE KWON: Mr. Karadžić, since the interpreters do not have this material, I would ask you to slow down.

СУДИА КВОН: Господине Караџићу, пошто преводиоци немају тај материјал молио бих вас да говорите спорије.

КАРАЏИЋ: Извињавам се.

> Затим сам га питао због чега су склонили неке делове распрснуте мине пре него што су снаге Уједињених нација стигле на место догађаја?

Видећете, Екселенције, да ово Тужилаштво, као своје сведоке и експертне сведоке, а своје сведоке из Ујединених нација, овде не позива оне који су први стигли на место. И немамо њихове налазе. Овде нам позива човека који је дошао у једном случају 40 минута након инцидента у августу 1995., и седам дана након инцидента 1994. И када питамо те људе: "Које је најбоље време за истрагу инцидента?" они кажу: "Следеће минуте након инцидента." Значи, ко први дође на место инцидента има највећу шансу да дадне акуратан налаз.

А Тужилаштво је негде склонило или занемарило прве који су дошли на место ицидента, јер им се, очигледно, њихови налази не допадају.

Лорд Дејвид Овен у својој књизи *Балканска одисеја*, наводи — да је, цитирам:

> Босанска влада спречавала одлазак свога народа унутрашњим блокадама и бирократским зачкољицама. У радио емисијама, војска је — а не влада — говорила да је забрањен одлазак телесно способним мушкарцима од 18 до 65 година и женама од 18 до 60 година. Јер су неопходни у одбрани града. Али њихов главни разлог је био другачији. Српска опсада је у пропагандном рату будила

KARADZIĆ: Please excuse me.

> It was difficult, I said, to be precise when only one
> bomb had been fired and also because the Bosnian
> Army had removed some of the important forensic
> evidence before the UN arrived.[142]

You will see, Excellencies, that this OTP is not subpoenaing
witnesses who were the first to arrive on the scene; instead, it is
expert witnesses, witnesses from the UN. And we don't have their
findings. The OTP is subpoenaing a man to testify who arrived 40
minutes after the incident that took place in August 1995, and sev-
en days after the 1994 incident. When we asked these people
"What is the best time for investigating such an incident?" they
replied: "The first minutes right after the incident occurs." This
means whoever first arrives on the scene where the incident took
place has the best chance of providing accurate findings.

But the OTP has removed or ignored those who were the
first to arrive on the scene after the incident occurred because
their findings obviously did not appeal to it.

Lord David Owen says in his book *The Balkan Odyssey*, and
I quote:

> ... the Bosnian government army, with internal
> blockades and red tape bureaucracy which kept
> their own people from leaving. In a radio
> broadcast the army — not the government —
> said that able bodied men aged 18–65 years and
> women aged 18–60 years were forbidden to
> leave because they were needed for the city's
> defense; but their main reason was different. In
> the propaganda war the Serbian siege aroused
> the sympathy of the world, and for this they
> needed the elderly and the children to stay. It

саосећања света. Стога им је било потребно да старци и деца остану. Било је то њихово најемотивније пропагандно оружје да уведу Американце у рат, те нипошто нису желели да оно ослаби.

Даље, то је дакле био циљ и средство да се НАТО и Американци уведу у рат. Ово је све у вези са гранатирањем Сарајева. И на једном месту, генерал Роуз каже: "било би много лакше када они не би пуцали по свом становништву. Рат би се пре завршио."

Код тако масивних — не индикација *in dubio pro reo* — него доказа да су они то радили, мене чуди и код оног снимка којег сте јуче видели на празној пијаци — видели сте снимак припрема инцидента — ја се чудим, не само зашто је Генерал Галић добио доживотни затвор, него зашто Тужилаштво и даље држи те инциденте у оптужницама против Генерала Милошевића и против мене, итд. Значи, ми заиста морамо бити свесни да би било јако добро када би Веће наложило да Тужилаштво још једанпут погледа ту оптужницу и да добро размисли какав је то поступак и која је то штета да се овакви процеси против само једне стране, и то је страна која је била слабија, малобројнија, и која је била у дефанзиви цело време, и која је чекала политичко решење, да се она прогласи за ратоборну, агресивну и да се прогласи да је терорисала сопствени град из кога је истерано 80% српског становништва у ова приградска насеља.

И ја верујем, ако би они добро прегледали са чиме располажу, да би не само повукли оптужницу против мене, него да би тражили (у смислу заштите законитости) ревизију пресуда против мојих генерала Галића и Милошевића, и да се спаси идеја међународне правде, да се спаси идеја оваквих судова, јер је ово ве-

> was their most emotive propaganda weapon for
> bringing the Americans in to fight the war, and
> never wanted it to be weakened.[143]

Furthermore, it was the objective as well as the means to draw NATO and the Americans into the war. All this is connected to the shelling of Sarajevo. At one point, General Rose said it would be a lot easier if they [i.e., the Muslims] did not fire on their own population. The war would have ended earlier.

With such massive — not indications of *dubio pro reo*, instead — proof that they were doing these things. I am even astonished by the footage you saw yesterday of the empty marketplace — you saw footage of the preparations for that incident — I am astonished not only by the life sentence General Galić received but also by the fact that the OTP continues to use this in the indictments against General Milošević[144] and against me, etc. This means we must be aware of the fact that it would be very good if the Trial Chamber would order the OTP to take a good look at the Indictment once more and to carefully consider what kind of [legal] action this is, as well as how damaging it is to have these proceedings [conducted] against only one side, the one that was the weaker side, the one that had fewer soldiers, the one that was on the defensive during the entire time, and [the side] that was awaiting a political solution, to have it declared the belligerent, aggressive side, and to have it declared to be the one terrorizing its own city from which 80% of the Serbian population had been expelled into suburban areas.

And I believe that if they were at all to carefully examine the material they have at their disposal, they would not only withdraw the Indictment against me but they would even ask (with the idea of safeguarding the Law) for a review of the judgments against my Generals Galić and Milošević in order to rescue the idea of international justice, to rescue the very idea of such courts as these, because it is a great danger to have an ideal, international law as a

лика опасност да идеја, уопште међународне правде, буде компромитована, јер ја ћу овде доказати, ако се овај процес настави — и поготово са свим овим — ја ћу овде доказати шта се дешавало у БиХ, и видеће се да је ту одговорна, пре свега, део међународне заједнице — пре свега СДА, али она није ништа могла урадити да није имала подршку и охрабривање да иде на све или ништа — ништа за Србе и Хрвате — касније и Хрвате — а све за исламске фундаменталисте, наводно за муслимански народ, али муслимански народ од тога не би имао ништа, јер је структура власти у замислима фундаменталиста још увек отоманска, а не демократска. Ту би биле аге и бегови, Силајџић и други, који би имали комплетну корист од таквог режима који би они успоставили.

Имамо ли још пре паузе или — ?

СУДИЈА КВОН: Можете наставити још пет минута. Али ако желите, можемо да направимо паузу сада.

КАРАЏИЋ: Ја сам мислио да сам можда довољно рекао уопштених ствари о Сарајеву. Ја сам у току процеса — Сарајево претресати заиста у појединости. Ова одбрана се не слаже са приступом Тужилаштва — неки Срби убили неке Муслимане. Хоћемо тачно да знамо. Ја још немам нормалан форезички материјал за Маркале I, Маркале II, за ред за хлеб у Васе Мискина, за друге инциденте масовног страдања, а ја сам уверен да на Маркалама I и Маркалама II, можда чак није било цивилних жртава. Можда су све посејани лешеви, тела, а овде ће преставници Уједнињених нација потврдити да су их и њихови претходници упозоравали да буду опрезни у погледу сејања, подметања, *planting of bodies*,

whole, compromised, because I am going to prove that here. If, if this trial continues — and especially with all this — I will here prove that what happened in B-H, and you will first of all see that the International Community is responsible — the SDA is first and foremost responsible, but it could not have done anything had it not had the support and encouragement to go for all or nothing — nothing for the Serbs and Croats — and later on nothing for the Croats — and everything for the Islamic fundamentalists, allegedly for the Muslim people, but the Muslim people weren't going to get anything out of it, because the structure of the state authority as fundamentalists imagine it is still Ottoman, not democratic. There were *aga*s and *bey*s,[145] Silajdžić and others who were going to enjoy the principal benefits of such a regime as they would establish.

Do we have more time before the break or — ?

JUDGE KWON: We can go on for five minutes. But if you wish, we can take a break now.

KARADŽIĆ: I thought that perhaps I have said enough about general matters pertaining to Sarajevo. I am in the middle of a trial — I am, indeed, discussing Sarajevo in detail. This Defense does not agree with the approach taken by the OTP — that some Serbs killed some Muslims. We want to know exactly what happened. I still don't have regular forensic material for Markale I, for Markale II, for the bread line in Vasa Miskin Street, for other incidents of mass killing, and I am convinced that perhaps, there weren't any civilian casualties at all in Markale I and Markale II. Perhaps they were all corpses, bodies that had been planted, and the representatives of the UN are going to confirm here that their predecessors had warned them to be very careful about "planting bodies" throughout Sarajevo in order to have the Serbian side charged with it [i.e., their deaths]. How are we going to get to the bottom of all this?

подметања тела широм Сарајева, да би се српска страна оптужила. Како ћемо ми да изађемо са тим на крај?

Ми — пошто не можемо да рачунамо на објективну истрагу истражног судије — не можемо да рачунамо на спремност Тужилаштва, да пази шта ради — морамо да рачунамо искључиво на вас, на Веће, да ће Веће спречити оваква подметања и кодификовања лажи и трикова који треба у историји наших народа да остану као нека сушта истина.

У оно што смо видели јуче на Маркалама, у оно може да верује само неко ко жели у то да верује. Па чак и то тешко. А ко има разума, мора да види да то Срби нису урадили. И да то уопште није био инцидент суштински, него да је то инсценација. Али треба знати: шта то чини тим народима тамо? Шта то чини Србима и Муслиманима? А говорићемо данас и о Сребреници. Шта ти лажни митови, и лажне жртве чине у душама обичног света који не може да проникне у те суштине. И шта ће то за будућност значити? И које семе будућих покоља и будућих смрти је посејано овим лажима? Посејано за нашу децу и за нашу унучад. Ко проверује и ко кодификује ове ствари да се јесу десиле, и да су Срби то радили што нису радили, тај је обезбедио наставак даљих сукоба и даљих покоља. Кад год нека светска криза буде, као што је и до сада у свим ратовима била, поново буде грађанска и братоубилачка компонента.

Ето, за сада бих завршио за Сарајево.

СУДИЈА КВОН: Направићемо паузу од пола сата.

— Пауза почела у 11.59.

Since we cannot rely on an objective investigation conducted by an investigating judge, then we cannot count on the readiness of the OTP to pay attention to what it is doing. We must rely on you alone, that the Trial Chamber is going to prevent this kind of a set-up, the codification of lies and trickery that are supposed to remain permanently in the history of our people as an irrefutable truth.

In the footage we saw yesterday of Markale, only someone who wants to believe it could believe it. And even then with great difficulty. If we have any common sense, it is obvious that the Serbs did not do this. And it was absolutely not an incident; it was, instead, fundamentally a staged incident. But you must know: What effect does that have on the people over there? What does it do to the Serbs and the Muslims? And we're going to talk today about Srebrenica. What these false myths and these false victims do to the souls of ordinary people who cannot penetrate the heart of the matter. What is this going to mean for the future? And what seeds of future slaughter and future deaths have been sown by these lies? Sown for our children and grandchildren. Who confirms and codifies that such things actually took place? And that the Serbs did something they had not done? Whosoever says this has ensured the continuation of further conflicts and further slaughters. Whenever there is a crisis in the world, as the case has so far been in these wars, a civil and fratricidal war has once again become its component.

For now, I have finished with Sarajevo.

JUDGE KWON: We'll break for half an hour.

— Recess taken at 11:59 a.m.

— Наставак у 12.32.

СУДИЈА КВОН: Да, господине Караџићу.

КАРАЏИЋ: Хвала Вам, Екселенцијо.

Сада бих, по типу рекапитулације, односно, по типу једног набрајања факата у односу на први удружени злочиначки подухват, упутио вашу пажњу на неке факте које је током овог процеса — лако доказати — све што — чиме сам се бавио у овој уводној речи, бавио сам се на основу онога што ћу моћи лако и без икаквих проблема доказати током поступка.

Дакле, присилно уклањање босанских Муслимана и босанских Хрвата никад није био наш план. Никада ни у замисли нам није било, а камоли у плановима и камоли на начин да би се то могло остваривати. Навео сам током ових два дана који су све предлози српске стране били — било иницирани од Срба, било прихваћени од Срба — који су апсолутно искључивали било који удружени злочиначки подухват, а поготово пре-мештање, односно, истеривање Муслимана и Хрвата из Републике Српске.

Рекли смо да смо увек хтели да живимо са Муслиманима, да смо их молили да остану у Југославији, али да нисмо могли прихватити да изађемо из Босне, и западнемо под исламски фундаменталистички режим, о коме нема никакве сумње, јер је Устав тога режима требало да буде *Исламска декларација* г. Изетбеговића.

Сви споразуми — подсећам да је од пет мировних планова, пет мировних предлога, овај оптужени прихватио четири; да смо максимално редуцирали своје жеље и своје циљеве, да бисмо избегли рат. Хоћу да вас подсетим на једну, такође, мермерну чињеницу. Никада није било, а да нека конференција о БиХ није била на

— On resuming at 12:32 p.m.

JUDGE KWON: Yes, Mr. Karadžić.

KARADŽIĆ: Thank you, Excellency.

A Reply to the Charges of a Joint Criminal Enterprise

I'd like now, as a recapitulation, to summarize the facts with respect to the first charge of a joint criminal enterprise, to call your attention to some facts that during the course of this trial — they are easy to prove — everything I have dealt with in this opening statement. I dealt with matters that I could easily prove without any problems over the course of this trial.

Therefore, the forcible removal of Bosnian Muslims and Croats was never our plan. It was never even imagined, not to mention [that it was ever] in the plans, not to mention that it could have been achieved in any way. I have cited over the past two days what all the proposals the of Serbian side were — be they initiated by the Serbs, be they agreed to by the Serbs — which absolutely render null and void any [charge of a] joint criminal enterprise, especially the transfer, in other words, the expulsion of Muslims and Croats from the Republika Srpska.

We said that we always wanted to live together with the Muslims, that we begged them to remain in Yugoslavia, but that we could not accept leaving [the current political structure of] Bosnia to fall under the sway of a Muslim fundamentalist regime, of which there was no doubt because the Constitution of that regime had to be, of necessity, Mr. Izetbegović's *Islamic Declaration*.

All the agreements — let me remind you that of the five peace plans put forward — five peace proposals — the Accused agreed to four of them; and we maximally reduced our wishes and our goals in order to avoid war. I also want to call to your attention one fact that is likewise written in stone. There was never a time when the [legally binding decisions of a peace]

снази. У најмању руку, од фебруара 1992. Е, сада да видимо шта ради српска страна, а шта ради муслиманска страна.

Српска страна преговара *bona fide*, а предузима контрамере заштитног карактера за случај да преговори пропадну. За случај да будемо преварени. Тужилаштво сматра да нисмо имали право да будемо опрезни у погледу превара. Па каже: "Караџић је преговарао, али је имао и резервну варијанту." Па какав бих ја био политичар, и какав бих ја био службеник свога народа, када не бих имао резервну варијанту? А знам с ким имам посла. Али мени резервна варијанта није била приоритет. Мени су били приоритет преговори. И варијанте које су нуђене кроз преговоре.

СДА је обрнуто, преговарала лажно. И сами кажу — оставили су трагове да су преговарали лажно, а *bona fide* су припремали рат. То је сасвим обрнута позиција. И сами нас је Бог спасао да не настрадамо у тој ситуацији, у којој ми преговарамо *bona fide*, а припремамо — имамо противмере за случај да нешто пође наопако.

Кратко ћу Вам предочити један образац: шта се дешавало у општинама. У свим општинама у току су били договори о трансформацији тих општина у две или три општине, зависно да ли има и Хрвата тамо или, рецимо, има две муслиманске и једна српска, итд.

Када Тужилаштво каже, чим су преузели општину — наравно од себе — од кога ћемо преузети српске општине, него од себе? Ми смо тамо на власти. Ми смо могли преузети општину. Могли смо само увести мало прецизнију, мало одговорнију власт. То је параграф, мислим 105 "Pre-Trial Brief"— запамтио сам га. Каже: отпуштали и радили су ово и оно. Отпуштали су Муслимане из полиције, итд.

Conference in B-H was not in force. At least from February 1992. Well, now let's see what the Serbian side was doing and what the Muslim side was doing.

The Serbian side was negotiating *bona fide*, while taking countermeasures of a protective character in case the negotiations should fall through. In case we were tricked. The Prosecution supposes that we did not have the right to be cautious about such trickery. It alleges: "Karadžić did negotiate, but he had a back-up plan." Well, what kind of politician would I be, what kind of a servant of the people would I have been, if I did not have a back-up plan? And I know who I'm dealing with. But my back-up plan was not my priority. My priority was the negotiations. And the unexpected variations that are offered up during the negotiating process.

The SDA, on the contrary, negotiated in bad faith. And they said so themselves — they left clues that they were negotiating in bad faith, and were preparing a *bona fide* war. That is the diametrically opposite position. And it was God alone who saved us from perishing in that situation, where we were negotiating in good faith and were preparing — we had countermeasures in place in the event something went wrong.

Now I am briefly going to point out one pattern: what was unfolding in the counties. In all the counties, negotiations were underway on the reorganization of those counties into two or three [smaller] counties, depending on whether there was a Croat population or, for instance, two Muslim counties and one Serbian one, etc.

When the Prosecution says: As soon as they took over a county — of course, we were taking it over from ourselves — from whom would we be taking Serbian counties if not from ourselves? We were the governing authority there. We were able to take over a county. We only introduced a more detailed, more responsible civil authority. That's in Paragraph 105, I think, of

A ево шта је било у питању. Постоје српске општине: српска општина Сански Мост, српска општина Кључ, српска општина Приједор, српска општина итд. А за Бијељину не пише "српска општина." За Бању Луку, не пише српска општина, за Пале не пише српска општина. Зашто? Зато што нема услова да постоји и муслиманска општина. Дакле, тамо где пише српска општина, договори су да ће бити и муслиманска општина. Ако српска општина има српску полицију, онда су договори у току да Муслимани полицајци иду у муслиманску станицу. И то је извор тога што се овде наводи да су Срби отпуштали. Срби никога нису отпуштали.

Што нису отпуштени Муслимани из полиције у Бијељини? Што нису отпуштени у Градишки? Што нису отпуштени у Бања Луци? Што нису отпуштени било где, где није била српска општина? Не само полицајци, него свака институција која је требало да се — коју је требало да има и — то која није на нивоу града него на нивоу општина — свака институција коју је требало муслиманска општина да има — било је у преговорима и у договорима и договорено да има. И видећете ако негде пише "српска општина," онда значи да се ту раздвајају службе у две општина. А ако не пише "српска општина," нека ми покажу где смо ми то отпустили некога из Бање Луке или из Бијељине. Овде ће доћи сведок из Бијељине, Муслиман који је био у полицији, радио док је хтео. Сви су знали да је он Муслиман. Нико га није убио.

Погинуло је и Муслимана и Срба у Бијељини, али разлика између Муслимана који је погинуо и Муслимана који није погинуо била је изкључиво што је онај имао пушку. Те преговоре, видели сте из писма Рабије Шубић Изетбеговићу, где га позива да у целој Босни проведе

the Pre-Trial Brief — I remembered it correctly. It states: they dismissed people and they did this and that. Dismissed Muslims from the police force, etc.

Now, here's what was at stake. Serbian counties exist: Sanski Most is a Serbian county; Ključ is a Serbian county; Prijedor is a Serbian county, etc. But as far as Bijeljina is concerned, it doesn't say "Serbian county." It doesn't say "Serbian county" for Banja Luka; and it doesn't say "Serbian county" for Pale. Why? Because there were no conditions for it to form another, a Muslim county. So, wherever it says "Serbian municipality," the agreement was that there would also be a Muslim municipality. If a Serbian county had a Serbian police force, then negotiations were underway for the Muslims to go to the Muslim police station. And that was the source of what is cited here, that the Serbs were dismissing people. The Serbs did not dismiss anyone.

Why weren't Muslims dismissed from the police force in Bijeljina? Why weren't they dismissed from Gradiška? Why weren't they dismissed from Banja Luka? Why weren't they dismissed anywhere else where there was no Serbian county? Not only policemen but every institution which needed — which had to have — not at the municipal level but at the county level — it had every institution a Muslim county was supposed to have — it was in the negotiations and in agreements, and it was settled that they were supposed to have these institutions. And you will see, if it says "Serbian county," then that means the services there were being divided into two counties. If it doesn't say "Serbian county," let them show me where we dismissed someone from Banja Luka or Bijeljina. A witness is coming [to testify], a Muslim who worked for the police force for as long as he wanted. Everybody knew he was a Muslim. No one killed him.

Muslims and Serbs were killed in Bijeljina, but the difference between the Muslim who got killed and the Muslim who didn't was exclusively because one was carrying a rifle. These

споразуме какве су постигли Срби и Муслимани у Власеници и у Братунцу. Да ће имати по две општине и да ће живети мирно, не сметајући једни другима.

Тај процес преговора, који су такође спасавали мир и искључивали било какво премештање становништва, грубо је прекинула Странка демократске акције свим средствима, а посебно наредбом, односно, директивом "Борбена готовост одмах" од 12. априла. Онда, по налогу Странке демократске акције од 12. априла, сво борбено способно становништво креће, јер је општа мобилизација — што значи од 16 година до 65 — општа мобилизација проглашена је 4. априла. Сви су војници по њиховим трвдњама и њиховим документима, преко 75% нема униформу. Целе прве године рата, нема униформу. И ако погине у цивилном оделу, не значи да је био цивил.

И Срби нису сви имали униформу, али Муслимани поготову нису имали униформу. Нису ишли у војску, саботирали су ЈНА целу годину дана пре тога, и зато су ратовали у цивилном. И ако победе негде, онда то славе и они и њихови страни савезници. Ако изгубе негде, онда надају вику како је агресија, агресија, агресија. Како ће бити агресија? И чија агресија у Котор Варошу, рецимо, или у Санском Мосту или у Кључу где живе Срби и Муслимани, домаћи Срби, домаћи Муслимани.

Овде ће сведок из Приједора потврдити кад га адвокат, у једном другом случају пита — случају Ковачевић — "Како сте се усудили?" Он каже: "Па изгубили смо. Они су били боље организовани. Боља војска." А адвокат га пита: "Како сте се усудили да поведете свој народ против такве војске?" "Шта сам могао," каже, "то је било наређење из Сарајева."

negotiations, you saw them in [the excerpts from] Rabija Šubić's letter to Izetbegović, where she called on him to implement throughout Bosnia such agreements as those that had been reached by the Serbs and Muslims in Vlasenica and Bratunac. That they would each have two counties side by side and that they would live in peace without interfering in one another's affairs.

This negotiation process, which served to preserve peace and to exclude any kind of population resettlement, was brutally interrupted by the SDA which used all the resources at its disposal, but especially the order, in other words, the directive for Immediate Combat Readiness issued on April 12. Then, pursuant to the orders of the SDA issued on April 12, all members of the population who were fit for combat duty were on the move because it was a general mobilization — which meant men between the ages of 16 and 65 were called up — a general mobilization was proclaimed on April 4. All of them were, according to their assertions and documents, soldiers [even though] over 75% did not have uniforms. For the entire first year of the war, there were no uniforms. And if a person wearing civilian clothing were killed, it did not necessarily mean that he was a civilian.

And not all Serbs had uniforms, but the Muslims had practically none. They [i.e., the Muslims] dodged the draft, they sabotaged the JNA for the entire previous year, and that's the reason they went to war wearing civilian clothing. And if they scored a victory somewhere, then they and their foreign allies would celebrate. If they were defeated elsewhere, then they would raise a cry that it was aggression, aggression, aggression. How could that be aggression? Who was the aggressor in Kotor Varoš, for instance, or Sanski Most or Ključ, which was inhabited by both the Serbs and Muslims, local Serbian and Muslim householders?

A witness from Prijedor will testify here, and when he was questioned by an attorney in another case — the Kovačević[146]

Видећете неколико образаца. Један образац је Вишеград и Зворник. У Вишеграду, који је избачен из моје оптужнице, нажалост, целу годину дана влада терор Муслимана над Србима и силовања девојчица и девојака на етничкој основи, и убиство споменика Иви Андрићу, нобеловцу српском из Босне, католик по вери — то су нам забраниле неке западне земље да Срби католици остају и даље Срби, али Андрић је остао. Споменик је 1991. срушен.

И убиства на слави — Срби имају славу. То је светац заштитник његове породице. И дођу два Муслимана. Он их позове, они ручају, и на крају, на излазу, пуцају му у чело ради тога што он слави у њиховој Босни хришћански празник. И чупали су попове за браду, враћали ходочаснике који су кренули у манастир у Херцеговину, па морају да прођу кроз Вишеград. Враћали су их. Заустављали су ЈНА целе 1991. године. Кад год су хтели, заустављали су ЈНА. Онда су Срби побегли из Вишеграда у околину, и онда су се вратили, и војска је успоставила ред. Срби су се вратили, и онда су Муслимани рекли да су они из чиста мира нападнути, извршена агресија.

У Зворнику је страховлада муслиманска била такође. Срби су избегли у Каракај, у српске општине. Иначе тај Зворник кажу да смо ми контролисали. Ми смо контролисали у Зворнику претежно српске делове, а када се одбију Сапна, Ковачевић, и друге муслиманске концентрације, видећете да оно што је остало није муслиманска већина. Онда су се Срби вратили, и опоравили се и победили — е, онда је то агресија. На страну, колико је наше учешће, то је било на самом почетку, тако да нисмо имали могућности.

case — "How dare you —?" He replied: "Well, we lost. They were better organized. It was the better army." And the attorney questioned him: "Why did you dare lead your people against an army like that?" He said, "What could I do? That was the order from Sarajevo."

You will see several models. One model is Višegrad and Zvornik. In Višegrad, which was unfortunately dropped from my Indictment, the Muslims instigated a year-long reign of terror against the Serbs and they raped young girls and young ladies on an ethnic basis, and they destroyed the memorial statue of Ivo Andrić, the Serbian Nobel Prize winner from Bosnia, Roman Catholic by faith — some Western countries have forbidden Serbian Catholics to remain Serbs, but Andrić always remained a Serb. Andrić's memorial statue was destroyed in 1991.

And the murders that took place on the *slava* — Serbs celebrate the *slava*, [the feast day of] the guardian saint of a family. And two Muslims came. The host invited them, they sat down to eat, and at the end [of the meal] as they were leaving, they shot the host in the forehead for celebrating the feast of his patron saint, a Christian holiday, in their [Muslim] Bosnia. And they tore out the beards of priests, they turned away people who were going on a pilgrimage to a monastery in Herzegovina, so they had to go through Višegrad. They turned them away. They were stopping the JNA throughout all of 1991. Whenever they felt like it. Then the Serbs fled from Višegrad to the surrounding areas, and then they returned, and the Army established law and order. The Serbs returned, and then the Muslims claimed that the Serbs had attacked them for no reason at all, an act of aggression.

The Muslims likewise established an administration of fear in Zvornik. The Serbs fled to Karakaj, to Serbian counties. In any case, they say that we controlled Zvornik. In Zvornik, we controlled predominantly Serbian areas, and when you deduct Sapna, Kovačevići and other areas where Muslims were concen-

У Приједору је било нешто слично. Договор је био да се — прво, 12. су изгубили, и спречени су. А онда су добили нови налог. Цела долина Сане, то је, значи, Кључ, Сански Мост, Приједор, Босански Нови, да чим Југословенска народна армија, после 20. маја, оде, они нападну. Имали су у долини реке Сане елитну бригаду Патриотске лиге. И долина Сане се запалила по налогу из Сарајева.

Имамо тај — то је Сански Мост, из кога ћемо добити — ја још нисам спреман да испитам сведоке Санског Моста, али толико знам. Има села, и села, што би рекао Изетбеговић, има закона и закона. Има села, и села. Има села којима ништа није фалило, има села која су имала сукобе. Ал' та села која су имала сукобе, Хрустово и остала, имале су 900 бораца. И лепо Муслимани пишу у својим књигама: "Док смо чували страже, нисмо имали проблема. А кад смо кренули у офанзиву, добили смо по прстима." Ми смо знали да они чувају страже и није нам то сметало. То је дефанзивна мера. Ако се осећају несигурно, нека чувају страже. Али кад крену да убијају по српским селима, онда је сукоб неизбежан.

Значи, два типа је, мање више два типа: терор, Срби беже, враћају се, и заштите своје куће, и евентуално победе у једном делу града или у једном делу општине. Други је тип — договори да се поделе општине. Зна се да ће Сански Мост бити српски са Лушци Паланком и делом града да ће остали део бити муслимански — све договорено. А онда се то изневери, нападну нас, и онда кад изгубе, онда имамо ту буку. Дванаест хиљада Муслимана је живело током рата у Санском Мосту под српском контролом. Сански Мост је познат из Другог светског рата. Шушњар, брдо на коме је убијено у јед-

trated, you will see that what remained was not a Muslim majority. Then the Serbs returned, they recovered their strength, and were victorious — well, then that's aggression. Besides, as far as our participation was concerned, that was at the beginning of the war, so we did not have any opportunities there.

Something similar took place in Prijedor. There was an agreement to — first of all, they were defeated on April 12, and they were thwarted. And then they got a new order. The whole Sana valley, that means Ključ, Sanski Most, Prijedor, Bosanski Novi, that as soon as the JNA left, after May 20, they were going to attack. They had an elite Patriotic League brigade in the Sana River Valley. And the Sana River Valley was put to the torch pursuant to orders from Sarajevo.

We have the case of Sanski Most, from which we're going to get — I'm still not ready to examine witnesses from Sanski Most, but I do know this much. That there are villages, and then there are villages, as Izetbegović would say — there are laws, and then there are laws. There are villages, and then there are villages. There are villages where nothing happened, and then there are villages where conflicts took place. But those villages that had conflicts, Hrustovo and the others, had 900 fighters. And the Muslims write lovely passages in their books, such as: "While we were standing guard we didn't have any problems. But when we launched an offensive, we got rapped across the knuckles." We knew that they were standing guard and that didn't bother us. That was a defensive measure. If they felt unsafe, let them stand guard. But when they started killing people in Serbian villages, then conflict was unavoidable.

There were more or less two types of terror. The Serbs flee, they return, they protect their homes, and eventually they come out victorious in part of a town or part of a county. The second type [of terror] — negotiations on the division of counties. It was common knowledge that Sanski Most was going to be Serbi-

ном дану 5.300 Срба. Е, ти Срби — нико нема право да од њих дочекује да буду неопрезни, и да пусте да поново буде пет хиљада Срба у једном дану побијено. То је познати Шушњар. Дванаест хиљада Муслимана живи и ради у Санском Мосту без икаквих проблема, а неколике стотине — не знам колико — је на Мањачи, а разлика је само у томе што су се ови борили, а ови се нису борили.

У Приједору, Екселенције, власт је дала оглас на телевизији кад су одлучили да нападну 23. маја. Пуцали су на кола у којима су била четири Србина и два Хрвата. Двојицу убили, двојицу лако ранили, и двојицу тешко ранили. Видеђете како то смешно изгледа кад они објашњавају да су ова шесторица напали њих на пункту односно, просто је смешно.

Власт је, када су Муслимани кренули на Приједор, дала оглас на радију да цивили не излазе док се с терористима не обрачуна. Али многи нису послушали, и то ђе овде потврдити, ти сведоци, да нису послушали, и веђ имамо њихове — у јавности — изјаве.

Омарска и Кератерм нису логори. Омарска и Кератерм су истражни центри редовних државних органа. Тужилаштво има, а није ми доставило, преко три хиљаде докумената истражних радњи, које су забележили истражни органи у Кератерму и у Омарској. Хиљаду и пет сто и нешто је било заробљених, у два дана. То ђе потврдити хрватски интерцепти, и други извори. Масивно заробљавање бораца, и цивила који су изашли и умешали се, а нису ратовали. Тријажа у центрима Омарска и Кератерм даје следеђи резултат: 41% утврђује се да нису учествовали у борбама. И пуштени су. И они се докопају Трнопоља и тамо направе себи сигурност, јер немаш толико полицајаца да чуваш

an, with Lušci Palanka, and the remaining part of the town was going to be Muslim — everything had been agreed upon. And then that agreement was betrayed, they attacked us, and once they lost, we had this brouhaha. During the war, twelve thousand Muslims lived in Sanski Most under Serb control. Sanski Most is well known from World War II. That's where Šušnjar is, a hill where 5,300 Serbs were killed in a single day. Well, those Serbs — no one has the right to expect those Serbs to be careless and to allow five thousand more Serbs to be killed once again in a single day. That's the well-known Šušnjar. Twelve thousand Muslims live and work in Sanski Most without any problems, while several hundred — I don't know the exact number — are in Manjača, and the only difference is that the latter took up arms, while the former did not.

In Prijedor, Your Excellencies, the [Muslim] authorities announced on television that they had decided to attack on May 23. They fired on an automobile in which there were with four Serbs and two Croats. Two were killed, two suffered minor injuries, and two were seriously wounded. You will see how ludicrous it was when they explained that those six men attacked them at a check-point. It's simply ludicrous.

When the Muslims started moving toward Prijedor, the [Serbian] authorities made a radio announcement that civilians should not leave their homes until accounts with the terrorists had been settled. But many did not pay attention to this, and witnesses will testify to that here, that these people did not obey [the authorities] and we already have their affidavits, which have been made public.

Omarska and Keraterm were not concentration camps. Omarska and Keraterm were investigative centers that were a part of regular state institutions. The Prosecution has in its possession, but has not disclosed, over 3,000 investigative documents which the investigative authorities recorded in Keraterm and Omarska.

сваку кућу, а кад су они у Трнопољу, онда пет поли-
цајаца може да их чува да им тамо нико не нашкоди. И
они ће то сами потврдити, и види се на оном филму и
чује се кад они кажу. Четрдесет један посто приведених
у Кератерм и Омарску су пуштени након тријаже на
основу истраге. Они су подједнако Муслимани као и ови.
Педесет девет посто је нађено да су били борци и они су
послати на Мањачу у ратни заробљенички логор, а 41%
је пуштено.

Е, нека ми Тужилаштво прво ми дадне тих три
хиљаде докумената истражних, а друго, нека погледа
мало како су те истраге вођене. То су државни органи.
То су нормалне институције. То није страначка
полиција. Па да онда утврдимо — боље би било да је
било утврђено пре процеса — и на процесу да утврдимо
како се десило да за кратко време кад су заробљени, да
је од хиљаду пет сто, да је 41% пуштено.

То говори против онога што Тужилаштво каже, да је
то било хапшење људи који немају никаквих
одговорнисти.

Што се тиче других премештања итд., односно,
депортација. Овде ћемо доказати, помоћу докумената
које смо добили љубазношћу Тужилаштва, да су цивили
из једне и друге средине тражили да иду. Срби су морали
да плаћају грдне паре, и у Сарајеву, да би били пуштени
да изађу, и у централној Босни, а у централној Босни
понегде су нам помогли Хрвати да их пропусте. Јер су
бежали безглаво, а и ми смо Хрвате и Муслимане
пуштали где год је требало да цивиле спасимо и
пустимо.

Over the course of two days, about 1,500 people were captured. Croatian [telephone] intercepts will bear this out, as will other sources. There was a capture *en masse* of combatants as well as civilians who had gone out and gotten mixed up with them, but had not fought. The triage conducted in the Omarska and Keraterm Centers yields the following results: 41% confirmed that they had not taken any part in combat. And they were released. And then they managed to reach Trnopolje and they felt safe there even though there weren't enough policemen to guard every single house, and while they were in Trnopolje, five policemen were enough to protect them so no one came to any harm. And they themselves will confirm this, and it can be seen in the film footage what they have to say. Forty-one percent of the detainees in Keraterm and Omarska were released after this triage had been conducted on the basis of an investigation. They were Muslims just as the others were. Fifty-nine percent were found to be combatants, and they were sent to Manjača to the military prisoner of war camp, while 41% were released.

Well, first I'd like the Prosecution to provide me with those 3,000 investigative documents; and second, they should take a look and see how these investigations were conducted. Those were state organs. They are normal institutions. They were not a police force with party affiliations. So let's establish — it would have been better to have established this before the trial — here during the trial [to establish] how it happened that within a short period of time after their capture, 41% of the 1,500 detainees were released.

This contradicts the Prosecution's claim that this was the arrest of people who were completely innocent.

As far as other relocations, in other words, deportations, etc., are concerned, we will prove, with the aid of documents provided to us, courtesy of the Prosecution, that civilians from both communities sought to leave. Serbs had to pay exorbitant

У зони Сребренице и Зворника, генерал Моријон је био под сталним притиском српске и муслиманске стране. Муслиманска страна је тражила од њега да води цивиле у Тузлу. А српска страна је рекла "у реду." Допустићемо то, али изведите нам Србе из Тузле, јер тамо пате. Тамо су у опасности. Несумњиво је да је Моријон био под таквим притисцима, да је то посведочио, и да је омогућавао да муслимански цивили оду у Тузлу, а нажалост, Муслимани из Тузле нису дали да Срби из Тузле изађу, и то је био начин како је СДА компромитовала СДС код српског народа. Рекла, ево ваше СДС, не може вас да изведе из Тузле.

У дневнику Николе Кољевића, имамо доказ да су Муслимани из Требиња преко Биљане Плавшић вршили притисак да им допустимо да иду из Требиња. И ја сам побеснео. По том дневнику, био сам бесан и рекао сам да не долази у обзир. Ако им нешто смета, има полиција да их заштити. Они су ипак отишли по налогу СДА, и имамо тај документ који ћемо овде приказати. За три месеца, СДА је тражила Требиње по основу етничког чишћења. Ма то су примитивни трикови! Имамо их. Знамо да су они наредили требињским Муслиманима да иду у Црну Гору, иако нико није убијен. Ништа им није било.

У истом том дневнику, професор Кољевић, сведок и учесник, потпредседник Републике, диван човек, одговоран, у врло добрим односима са Муслиманима, Бањалучанин рођени, живео у Сарајеву, сведочи како је једна од две међународне организације — Црвени Крст и УНХЦР су биле најповлашћеније и најпоштованије с наше стране — захтевала од мене да допустим да велики број Муслимана и Хрвата из Босанске Крајине, из околине Бања Луке, одведу у треће земље. И ја сам

amounts of money, even in Sarajevo, to be allowed to leave, as well as in Central Bosnia, but in Central Bosnia the Croats helped us in some places to grant them safe passage. Because they were fleeing head over heels, but we granted Croats and Muslims safe passage wherever it was necessary in order to save civilian lives and allow them to leave.

In the Srebrenica and Zvornik zones, General Morillon was under constant pressure from both the Serbian and Muslim sides. The Muslim side wanted him to take the civilians to Tuzla. And the Serbian side said it was alright. We shall allow that, but let the Serbs from Tuzla leave because they are suffering there. They are in danger there. There is no doubt that Morillon was under such pressures, and he testified to that, and he enabled Muslim civilians to leave for Tuzla, but, unfortunately, the Muslims from Tuzla did not allow Serbs from Tuzla to leave, and that was how the SDA compromised the SDS in the eyes of the Serbian people. They said: Look, your SDS is incapable helping you leave Tuzla.

In Nikola Koljević's diary,[147] we have evidence that the Muslims from Trebinje exerted pressure on Biljana Plavšić in order to be allowed to leave Trebinje. I was infuriated. According to the diary, I was enraged and I said that it was out of the question. If they had any problem, the police were there to protect them. They, nevertheless, left according to the SDA's order, and we have that document which we will produce here in court. Three months later, the SDA sought to gain possession of Trebinje on the basis of ethnic cleansing. O, this is low-class con-artistry! We've got them. We know that they ordered the Trebinje Muslims, not one of whom was killed, to go to Montenegro. Nothing happened to them.

In that same diary, Prof. Koljević, who was a witness to as well as a participant in these events, a Vice-President of the Republic, a wonderful, responsible man, who had excellent rela-

354

наравно био бесан. И нисам дао. И након дугих притисака, ја сам дао сагласност по пет камиона дневно, а не по осамдесет како су они хтели. Значи, ако је неко угрожен и баш жели да иде, жели да се споји — то су они под спајањем породице, итд.

Али да не верујемо покојном професору Кољевићу. Сведок овог Тужилаштва истим речима, у својој изјави — није досад сведочио — сведочиће у мом случају — истим речима, то исто каже. И Тужилаштво ће да каже да смо ми очистили те људе из Босанске Крајине, а они су тражили. И из Босанског Новог су употребили УНПРОФОР да их преведе у Хрватску. Захтеви су њихови били. Јуче сам поменуо да су многе општине правиле сметње, тражиле су потврду да су платили порез, да су ово, да су оно. Правили су сметње. То се не ради ако се неко тера из куће, а оставља топао ручак, као што су Срби бежали из муслиманских крајева.

Срби су из муслиманских крајева бежали навратнанос. Муслимани су из српских крајева одлазили организовано, на њихов захтев, уз пратњу полиције коју су они такође захтевали. То ћемо све доказати. Значи, Босанкса Крајина није очишћена. Министар, Хрват, који сада живи у Бањалуци, у Влади је Републике Српске, ових дана је дао интервју и рекао: ”Ја нисам нигде одлазио из Републике Српске. А они који су отишли, љутили су се на мене што ја остајем.” Дакле, његови Хрвати који су отишли из Добоја, отишли су демонстративно, отишли су да могу да то експлоатишу. Љутили су се на њега зашто је остао и тако негира њихову тврдњу да се не може живети са Србима. Ето, то имамо, живог тог министра. Имамо његов тај интервју.

tions with the Muslims, who was born in Banja Luka and lived in Sarajevo, witnessed how one of the two international organizations — the ICRC and the UNHCR were the most favored and the most respected by our side — demanded that I allow a large number of Muslims and Croats from Bosanska Krajina, the area surrounding of Banja Luka, to be escorted to a third country. Of course, I was enraged. And I didn't allow it. And as a result of long-standing pressure, I approved five trucks a day to be allowed leave instead of the eighty they had demanded. If someone had been subjected to threats and wanted to go, and wanted to be reunited — I'm referring to people who wanted to be reunited with their families, etc.

But let us not lend credence to the late Prof. Koljević. A Prosecution witness who used these same words in his statement — he has not yet given testimony — will testify in my case to the same things with the same words. And the Prosecution is going to claim that we cleansed these people from Bosanska Krajina, but they, in fact, wanted to leave. And the people from Bosanski Novi actually used UNPROFOR to escort them to Croatia. Those were their demands. Yesterday, I mentioned that many counties created obstacles, seeking proof of payment of taxes, and then one thing after another. They created obstacles. That's not done if you're driving people out of their homes, people who are leaving a hot lunch behind, as when Serbs were fleeing Muslim areas.

The Serbs fled head over heels from Muslim areas. Muslims left Serbian areas in an organized fashion, at their own request, escorted by the police, which they as well had demanded. We are going to prove all this. Bosanska Krajina was not ethnically cleansed. A minister, a Croat who now lives in Ladija, Republika Srpska, recently gave an interview and said: "I never left the Republika Srpska. But those who did leave were angry with me for staying behind." So, his fellow Croats who left Doboj did so

Дакле, то је ствар коју ћемо оспорити и верујем и надам се да ћемо доказати да она није таква. Доказаћемо да ниједно село које је предало оружје, или га није ни имало, није имало никаквих проблема. И да ниједан Муслиман, који се није борио, није имао никаквих проблема. И видећете који су то који нису имали проблема, и који су имали проблема и били у затворима — они су били екстремисти, јер редовно су били екстремисти.

Сада бих прешао на тему Сребренице. "Елиминација Муслимана из Сребренице са организовањем убијањем мушкараца, и депортација жена и деце, и геноцид Сребреничких Муслимана."

Овде у наслову нема мушкараца и дечака које Тужилаштво прилепи уз мушкарце, не спецификујући шта је то "дечак." Али то је емоционално — овако добро звучи у свету — значи Срби су убијали дечаке. А под "дечацима" подразумева момка од седамнаест година, шестнаест и више који су били мобилисани, били су у јединицама.

Морам само кратко — да не буде *tu quoque*, није *tu quoque* — да кажем да су ужасне битке и терор који су Муслимани из целог тог подручја испољавали према Србима. Пуцали у леђа војске — ниједна војска на свету то не мора да трпи — цела села убијали на празнике хришћанске: Божић, славе. И то је јасно, то постоји — лако је доказати. Овај оптужени је за све муслиманске празнике и католичке празнике издавао наредбу да се максимално уздржава. А они су нас и у Другом светском рату, и у овом рату, на највеће српске празнике убијали. Видећете овде шта су урадили у Кравици 1993. године на Божић — то је Божић, значи, осам, девет месеци после од избијања рата, како су покасапили неспреман народ

demonstratively in order to exploit their departure. They were angry with him for staying behind and thereby nullifying their claim it was impossible live together with Serbs. Look, we have a flesh and blood minister. We have his interview.

So, we are going to contest this and I believe and I hope to prove that this was not so. We will prove that not one single village that had surrendered its weapons, or didn't have them at all in the first place, had any problems at all. And that not one Muslim who was not a combatant had any problems at all. And you will see who those were who didn't have any problems, as well as those who did have problems and were imprisoned — they were extremists, each and every one of them.

I would now like to move to the subject of Srebrenica. "The Elimination of Muslims from Srebrenica by Means of the Organized Killing of Men and by the Deportation of Women and Children, and the Genocide of Srebrenica's Muslims."

In the title there is no reference to the "men and boys" whom the Prosecution bundles with the men without specifying what "boy" means. But this has emotional impact — it sounds good [broadcast] throughout the world — it means that the Serbs were killing boys. But the word "boy" means a seventeen-year-old male, sixteen or older who had been mobilized, who was a member of a unit.

I must briefly state — so that it does not appear as *tu quoque* — it's not *tu quoque* — that there were horrible battles and terror which the Muslims from that entire area inflicted on Serbs. They shot [members of] the Army in the back — and no army in the world has to put up with that — they slaughtered entire villages on Christian holidays: Christmas and *slava*s. And it's clear it happened — and it's easy to prove. The Accused issued orders to exercise maximum restraint during all Roman Catholic and Muslim holidays. They were killing Serbs on their great Christian holidays during the Second World War, as well as during this

који се спремао да слави. То је било напад на цивиле без икаквих разлога.

Овде ћу тражити од Тужилаштва да нам донесе поуздане податке, колико је жена муслиманских погинуло, а колко српкиња; колико деце муслиманске, а колико српске. А показаћемо, Екселенцијо, где су гинули Срби а где Муслимани. И Срби и Муслимани су претежно гинули у српским селима. Дакле, дође муслиманска војска, нападне српско село, и гину и Срби и Муслимани. Место смрти ће јасно показати ко је шта радио у овоме рату.

Пре Сребренице, бих само хтео једну ствар да кажем у вези са директивама. Овде се помињу Директива 4 и Директива 7. Директива 4, директива 7. Ја сад не улазим у то, да ли сам ја и где сам и коју сам потписао, него шта је суштина реченице генерала Младића када он каже да има да са становништвом напусте зону. А ево како ствар стоји.

Становништво ултимативно тражи да буде пуштено. Рецимо, 2. и 3. новембра у Котор Варошу, дигли су устанак Муслимани и траже да се њихово становништво пусти. И ја то одобравам. Младић, не знајући за моју — он каже "не." Могу само да иду и они. Не могу они да пусте цивиле, а да они остају да се боре у дубини на нашој територији.

Две недеље после тога, Младић издаје Директиву број 4, која се односи на источну Босну, и каже исто ово. Да са цивилима напусте или да се разоружају и остану да живе као цивили — то Тужилаштво преводи да се "предају", разоружати се и "предати се."

Имамо проблем са транскриптом, је'л?

one. You will see here in court what they did in Kravica on Christmas in 1993 — I mean Christmas day, eight/nine months after the war broke out, how they slaughtered people who were not prepared [to defend themselves], people who were preparing their *slava*. It was a senseless attack on civilians.

I'm going to request that the Prosecution provide reliable information on the number of Muslim women who were killed; the number of Serbian women who were killed; the number of Muslim children who were killed; and the number of Serbian children who were killed. And we are going to demonstrate, Excellencies, where Serbs were being killed and where Muslims were being killed. Both Serbs and Muslims were killed chiefly in Serbian villages. So, the Muslim Army arrives, attacks a Serbian village, and both Serbs and Muslims die. The place of death will clearly demonstrate who was doing what in this war.

Directives No. 4 & 7

Before I move on to Srebrenica, I would like to say something in connection to those directives. Directives No. 4 and 7 are mentioned here. Directive No. 4 and Directive No. 7. And I'm not going to go into whether I signed or where I signed or which one I signed; instead I will focus on the essence of General Mladić's statement when he said that they [the combatants] had to leave the zone together with the population. Here's how the matter stands.

The population issued an ultimatum that it wanted to be allowed to leave. For instance, on November 2 or 3 in Kotor Varoš, the Muslims staged a rebellion, and they wanted their population to be allowed to leave. I approved it. Mladić, unaware of my decision, said no, only the rebels could leave. They could not allow the civilians to go and leave them [the combatants] there to fight against us deep in our own territory.

Two weeks later, Mladić issued Directive No. 4, which related to Eastern Bosnia, and he said the same thing: That they

Видите, да мало разјасним. У Директиви бр. 4, једна реченица има која се перпетуира у даљим директивима. У Директиви бр. 7, и она гласи — та реченица коју Тужилаштво ставља мени и Младићу на терет — да смо наредили да се војска и цивили изгубе из одређене зоне. Али то није тако. Младић је рекао да борци иду са цивилима, а не цивили са борцима. Овде ћемо доказати да су цивили тражили и да им је било одобровано да иду, а Младић каже: "Има да идете и ви са цивилима." И у тој директиви не каже Младић има војска да напусти да поведе цивиле, него обрнуто, пошто цивили иду, нека иде с њима и војска. И то је недвосмислено.

Две недеље пре Директиве бр. 4, имамо тај случај у Котор Варошу, и тај случај сада постаје модел српског понашања: ако хоће цивили да иду, могу да иду, али немојте ви да остајете да се борите, да нам пуцате у леђа. Идите и ви, пустићемо вас. Суштина Директиве 4 и Директиве 7 је да цивили са собом поведу војску, пошто цивили иначе хоће да иду. Захтеви су са муслиманске стране и у источној Босни, према Моријону, и у Котор Варошу према кризном штабу општине, односно, ратном председништву општине, у ултимативни захтеви да се њихови цивили пусте. И има доказ да ја сам рекао, "у реду, пустите их, омогућите им да безбедно прођу." Али војници имају своју логику, они кажу: "Извините, зашто бисте ви сада да цивили иду преко целе наше територије, да би ви после да нас убијате? Идите и ви с њима." Е, то је основа Директиве 4 и Директиве 7, којима овде маше Тужилаштво и осудили су неке људе, а то уопште није тачно. Реченица не гласи да цивили оду с војском, него обрнуто, да војска оде с цивилима. А видимо две недеље раније утврђено је да ће из Котор Вароша цивили отићи, и да треба да иде и војска с њима,

[the combatants] had to either leave with the civilians or disarm and remain there living as civilians — the Prosecution translates this as they "must surrender," disarm and "surrender."

We have a problem with the transcript, don't we?

You see, I want to clarify things a little. In Directive No. 4, there is a sentence which was repeated in subsequent directives. In Directive No. 7, and this sentence — with which the Prosecution charges both Mladić and me — declares that we had ordered the Army and the civilians to disappear from a certain zones. But that is not so. Mladić said that the combatants should leave together with the civilians, not the civilians with the combatants. We are going to prove here that it was the civilians who asked and who received permission to leave, but Mladić told them: "You too have to go with the civilians." Mladić didn't say in this directive that the Army had to leave and take civilians along with them, but quite the opposite, that, since the civilians were leaving, then the Army had to go with them. And this is unambiguous.

Two weeks before Directive No. 4 was issued, we had that case in Kotor Varoš and this case now serves as a model for Serbian conduct: if civilians want to leave, they may leave, but don't stay behind to fight and shoot us in the back. You go too, and we'll allow it. The essence of Directive Nos. 4 and 7 was that the civilians must take the Army with them because the civilians, in any case, want to leave. These requests were made by the Muslim side in Eastern Bosnia to Morillon, and in Kotor Varoš to the county crisis staffs, in other words, to the wartime presidency of the county, as an ultimatum that their civilians be allowed to leave. There is proof that I said: "All right, let them go. Grant them safe passage." But soldiers have their own logic and they say: "Pardon me, why would you allow civilians to go across all of our territory so that you can then kill us? You ought to go with them, too." Well, that is the basis for Directives No. 4

а не да остане да се у нашој дубини иза наших леђа бори против нас.

За Сребреницу ћу кратко да пређем тај период пре 1995. Сребреница и Жепа су у 1993. проглашене за заштићене зоне након што сам ја обуставио напредовање српске војске. Из Каменице, из околних места између Сребренице и Зворника, стално су нас нападали. И не само војску, него су постављали заседу, па аутобус цивила побију на Црном врху. То се није више могло толерисати. Никакви предговори нису дали резултате. Они су слушали наредбе из Сарајева да узнемиравају Србе и војску свуда и на сваком месту. Тако су се развиле борбе на подручју између Зворника, Каменица итд., према Сребреници. И тада су они изгубили и многи су отишли у Сребреницу. Била је страшна пропаганда око Церске. Иста као што је било и за Сребреницу. Крв тече потоцима, Срби су покасапили, итд.

Генерал Моријон је тражио сагласност од мене да уђе у Церску да види. Генерал Моријон је ушао у Церску и известио: нема ни трага о борбама, а камоли о масакрима. Зато смо ми касно наредили истраге око Сребренице, јер је иста пропаганда, истим речима за Церску поновљена две године касније за Сребреницу.

Ја сам зауставио напредовање наше војске код Сребренице познатом наредбом. Она је овде презентована. И наредио сам чак да не врше ни истраге о ратним злочинима, а било је јако много ратних злочина, да бисмо избегли евентуално неку неконтролисану освету.

and 7, which the OTP is waving around and with which they have convicted some people, but it is utterly incorrect. This sentence does not state that the civilians must leave with the Army, but the reverse, that the Army must leave with the civilians. And we saw two weeks prior to this that it was confirmed that the civilians would leave Kotor Varoš, and that the Army had to leave with them, and not to stay behind deep in our territory and fight us while we had our backs turned.

Srebrenica

As for Srebrenica, I will briefly cover the period before 1995. In 1993, Srebrenica and Žepa were declared safe havens after I halted the advance of Serbian Army. They were constantly attacking us from Kamenica, from the areas between Srebrenica and Zvornik. They were constantly attacking us. And not only were they attacking the Army, but they also set up an ambush, and they killed a bus load of civilians on Crveni Vrh. It was impossible to tolerate this any longer. Negotiations did not yield any results whatsoever. They were following orders from Sarajevo to harass Serbs as well as the Serbian Army anywhere and everywhere they could. That was how fighting broke out in the area between Zvornik, Kamenica, etc. towards Srebrenica. And then they lost, and many of them went to Srebrenica. There was an enormous propaganda campaign surrounding Cerska just as there was surrounding Srebrenica. Rivers of blood flowed. The Serbs were slaughtering people, etc.

General Morillon sought my agreement to enter Cerska to see for himself. General Morillon entered Cerska, and he reported: there was no trace of fighting at all, let alone a massacre. That's the reason why we were late in ordering an investigation to be conducted on Srebrenica, because the same propaganda campaign, the same words that were applied to Cerska were repeated two years later in connection with Srebrenica.

Проглашена заштићена зона, договорене границе две заштићене зоне, између две заштићене зоне које нису спојене, остављен је наш пролаз у нашој територији између Скелана и Милића, итд. Цело време, као што сведочи Генерални секретар Ујединих нација, да Сребреница и Жепа нису заштичене зоне него *stronghold*, упоришта војна, оружана упоришта из који перманентно, свакодневно бар један Србин, војник или цивил, гине око тих "заштићених зона." Свакодневно, имамо извештаје Генералног секретара Савету безбедности, шта се дешава тамо. Тужилаштво је, ваљда на основу тога, прихватило да је то легитимна акција била, али наша акција није била усмерена на узимање Сребренице.

У свим споразумима, у свим планови мировним, ми смо прихватали да ће Сребреница и Жепа бити чак повезане са Гораждем и да ће у том делу бити кантон као сада што има у Горажду кантон, да ће бити Жепа и Сребреница муслиманске. Значи, није нам падало на памет да то узимамо. Када су се наши војници вратили у границе заштићене зоне, одједном се показало да су они напустили Сребреницу. И онда сам ја одобрио да уђу да разоружају банде, да успоставе власт, да успоставе ред и мир, да чувају, итд. Има и то писмо овде. Посебно је генерал Толимир обавештаван шта сам ја одобрио.

Кад су наши ушли у Сребреницу, нема цивила! Нема ни војске. Нема никога. Војска је побегла у шуме, цивилна власт је извршила предају. Војска није послушала цивилну власт, одметнула се у шуме да се бори, а цивиле — није српска војска извела из кућа, него су их извеле Уједињене нације.

I halted the advance of our Army toward Srebrenica with the well-known order I gave. It has been presented here. And I even ordered them not to investigate any war crimes, although there were plenty of them, just in order to avoid any eventual uncontrollable revenge killings.

A safe haven was declared, borders were agreed to for the two safe areas, and between two safe areas that were not connected, a passage was left for us on our territory between Skelani and Milići, etc. Throughout this entire time, as the UN Secretary-General himself testified, Srebrenica and Žepa were not safe havens but were instead military "strongholds," military bases, armed bastions from which, as a permanent daily occurrence, at least one Serb, be it a soldier or a civilian, was killed around these "safe havens." We have daily reports from the Secretary-General of the Security Council about what was happening there. The Prosecution, perhaps on this basis, accepted that it was a legitimate operation, but our operation was not designed to capture Srebrenica.

In all the agreements, in all the peace plans, we had accepted that Srebrenica and Žepa would even be connected to Goražde and that the area would become a canton, just as there is a Goražde canton, and Žepa and Srebrenica would be Muslim. It never occurred to us to take them. When our soldiers returned to the safe haven, it was immediately apparent that they [i.e., the Muslims] had abandoned Srebrenica. And then I ordered them to enter the town to disarm roving gangs, to establish authority, to establish order and maintain peace, to protect, etc. I have that letter here. General Tolimir,[148] in particular, was advised of what I had approved.

Once our troops entered Srebrenica, there were no civilians! There was no Army. There was no one at all. The [Muslim] Army had fled into the woods; the civilian authorities surrendered. The [Muslim] Army did not obey the civilian authorities; it fled

Имамо овде доказе, и сведока муслиманских да су, полазећи од села, а не из саме Сребренице, ишли са планом и са намером да се мушкарци придруже јединици за пробај према Тузли, а цивили да иду у Поточаре да их Уједињене нације пребаце у Кладањ и у територију под муслиманском контролом. Потпуно изненађење било кад смо ми ушли, и потпуно изненађење било да нема цивила код својих кућа, и потпуно изненађење је било да сви цивили хоће да напусте.

Овде, и даље Тужилаштво инсистира да је то била присилна депортација, а имамо све могуће доказе да није била присилна депортација. И имамо доказ да није била планирана. Ништа нисмо имали средстава.

Морали смо, кад смо чули да неће да иду кућама, да хоће да буду премештени у Кладањ и Тузлу под муслиманску контролу, наврат-нанос смо тражили аутобусе и кола и камионе, јер смо се плашили освете. У толикој маси, неки осветник баци бомбу, то би била касапница. Никаквих убијања нема до 14. Има 13. инцидент у Кравици — изазвао је заробљеник — Муслиман — отео је пушку и пуцао је и ту се десио инцидент.

До 14. нема никаквих инцидената. Крунски сведок Тужилаштва против мене у случају Сребренице, покојни Дероњић, на кога се они највише надају, по 92 quarter правилу, у ствари сведочи у мој корист. Он каже да је два пута 13. увече и 14. ујутро, наводно неког пуковника који је био расположен да ликвидира неке ратне заробљенике, спречио мојим именом. Рекао му је, и 13. у вече и 14. ујутро: "Ако тако наставиш, ја ћу звати Председника." И он се повукао.

into the woods to continue fighting, while the civilian population — the Serbian Army did not escort them from their homes; instead, the UN did.

We have proof, and Muslim witnesses will testify to the fact, that starting out from the villages, and not from Srebrenica itself, they [i.e., Muslim Army] went with the plan and intention to join units to break through our lines in the direction of Tuzla, while the civilians were supposed to go to Potočari so that UN forces could transfer them to Kladanj and territory under Muslim control. A complete surprise was waiting for us when we entered; the absence of civilians in their homes was a complete surprise; and it was a complete surprise that all the civilians wished to leave.

Here, the Prosecution still insists that this was a forcible deportation, but we have all manner of proof that that was not a forcible deportation. And we have proof that this had never been planned. We had no means to carry this out.

When we heard that they did not want to return to their homes, that they wanted to be transferred to Kladanj and Tuzla, [towns] under Muslim control, we bent over backwards to look for buses and automobiles and trucks [to provide transportation] because we were afraid of acts of revenge. With such a great mass of people, some avenger could throw a bomb, which would have resulted in sheer butchery. There had been no killings until the 14th. There was some incident in Kravica on the 13th — caused by a prisoner of war — a Muslim — he had seized a rifle and started shooting, which resulted in an incident.

There were no incidents prior to July 14. The Prosecution's crown witness against me in the Srebrenica case, the late Deronjić, on whom the OTP had laid its greatest hope according to the 92 quarter rule, was in fact actually testifying in my favor. He said that on two occasions, the evening of the 13th and the morning of the 14th, there was allegedly a colonel who was inclined

Detainees. Ратни заробљеници. Ја вас молим, језик је проблем. И видећете касније да кад кажу "размена заробљеника." "Заробљеник" код нас није "затвореник." Кад се каже "заробљеник," то значи "ратни зароб-љеник." То је, такорећи, таутологија. Заробљеник је ратни. А затвореник је *detainee.* Значи, ово су били ратни заробљеници. И кад каже "размена ратних зароб-љеника" — а не каже "ратних" — онда се то ставља на терет мојој полицији да је размењивала затворенике. То је такође један од језичких проблема. "Ратни зароб-љеник," довољно је рећи "заробљеник." Зна се да је ратник. "Заробљен" значи ухваћен у борби. А "затворен" значи ухапшен по неком другом основу.

Хвала за контролу транскрипта.

14. ујутро, како сведочи Дероњић — ја не знам да ли се то збивало тако са тим пуковником — али сам Дероњић каже: "На Жутом мосту сам га срео — он ми тражи да употреби Циглану. Ја му кажем ја идем на Пале код Председника." И стварно је дошао код мене 14. и он се повукао.

Два пута члана главног штаба, један мали председник општинског одбора СДС-а, два пута стопира именом Радована Караџића. Како ће, да је Караџић наредио нешто, неко незаконито убијање? Овај би пуковник рекао: "Ма седи ти, мали. Бежи мали, шта ти—?" "Имам ја својих инструкција. Мени је Председник рекао." И да му је Младић чак рекао: "Шта ме брига за твог шефа. Имам ја мога шефа."

to liquidate certain prisoners of war, and that he had prevented him from doing so by invoking my name. He said to him on the night of the 13th or the morning of the 14th: "If you keep acting like that, I'm going to call the President." And he [the colonel] backed off.

Detainees. Prisoners of war. Please, the language is a problem. And you will see later that when they use the expression "exchange of prisoners." A "prisoner" in our language is not a "detainee." When you say "prisoner," that means "a prisoner of war." That is, so to speak, a tautology. The prisoner is a prisoner of war. Anyone who is detained is called a *detainee.* That means these people were prisoners of war. And when we speak about an "exchange of prisoners of war" — without saying "of war" — then the Prosecution charges me with having exchanged detainees. This is, likewise, a linguistic problem. For "a prisoner of war," it is sufficient to say "a prisoner." It goes without saying that he is a combatant. "Prisoner" means captured in battle. "Detained" means arrested for a different reason altogether.

Thank you for this correction in the transcript.

On the morning of the 14th, as Deronjić testified — I don't actually know whether this incident with the colonel actually took place as he describes it or not, but Deronjić himself says: "I met him on the Yellow Bridge — he wanted me to give him permission to use Ciglana, the brick factory. And I told him I'm going to Pale to see the President." And, indeed, he did come to see me on the 14th, and this other fellow backed off.

The young president of an SDS county board twice stopped a member of the general staff by invoking the name of Radovan Karadžić. If Radovan Karadžić had issued an order, how could someone carry out an extrajudicial killing? The colonel would have said, "Easy does it, kid. Get lost. What are you —?" "I have my instructions. The President gave them to me." Mladić

Ето, најјачи сведок Тужилаштва, према ономе што је до сада рекао, апсолутно не говори у корист оне тезе коју Тужилаштво заступа.

Дероњић сведочи исто тако да ми је наводно 14. рекао да неки официри хоће да убију заробљенике, а да сам ја рекао: "Ма ти сви официри су луди!" Возач који га је довезао сведочи: "Кад се вратио Дероњић до мене и сео у кола, рекао: 'Не могу да верујем да Председник за ово не зна ништа.'"

То је дато у овом Тужилаштву. Ја се не сећам да ми је он то рекао. Ако ми је рекао, могао је направити неку алузију коју ја нисам озбиљно схватио. А да сам рекао да су официри луди, па може бити, и ту је било доста напетости између цивилне власти и официра. Једни другима смо свашта замерали, али није дословно. Кад психијатар каже да је неко луд, то звучи као дијагноза, али ово није била дијагноза, него је била једно, овако, пренесено значење. Значи да они не могу Дероњића употребити против мене, а немају друго ништа.

И извештај владе Холандске каже да је нејасна улога Караџића, а по правила *in dubio pro reo*, ако је нејасна улога, онда улоге нема.

Нема истраге. Нема истраге за Сребреницу и не могу ништа да знам ни да кажем за Сребреницу, јер нема истраге. Они су тамо направили једно светилиште. Опет је то мит. На камену пише осам хиљада и не знам колико Муслимана, али нису могли да сахране више од две и по хиљаде и не знам колико већ има. А погледајте, молим вас, одакле су ти Муслимани који су сахрањени у том светилишту. Ми знамо да и сада — ево га. Значи, из Братунца, Бијељине (која је далеко сто педесет километара), Фоче, Хан Пијеска, Рогатице, Сарајева, Сокоца, Сребренице — Сребреника (који је далеко још

even could have even said: "What do I care about your boss? I've got my own boss, see?"

There you have it. The strongest Prosecution witness, according to what he has so far said, absolutely does not speak in favor of the premise advocated by the Prosecution.

Deronjić likewise testifies to the fact that on the 14th he allegedly told me that some officers wanted to kill prisoners of war, and that I had replied: "All these officers are crazy!" The chauffeur who drove him [i.e., Deronjić] testified as follows: "When Deronjić returned and got into the car, he said, 'I can't believe that the President doesn't know anything about this.'"

This was provided to the OTP. I don't remember him telling me about it. If he had said this to me, he could have been alluding to something that I didn't take seriously. And that I said that the officers were crazy — well, perhaps in that case there could have been quite a bit of tension between the civilian authorities and officers. We reproached one another for all sorts of things, but it was not to be taken literally. When a psychiatrist says that someone is crazy, then it sounds like a diagnosis, but this was not a diagnosis; it was, instead, just an instance of speaking figuratively. This means they cannot use Deronjić against me — and they really don't have anything else.

And the Dutch Government Report says that Karadžić's role is unclear, and according to the *in dubio pro reo* rule, if the role is unclear, then the role doesn't exist.

There was no investigation. There was no investigation of Srebrenica and there is nothing I can learn or anything I can say about Srebrenica because there has been no investigation. They created a sanctuary [i.e., the Potočari Memorial Cemetery] over there. Once again, it's a myth. And the stone monument that says 8,000 and I don't know how many Muslims [lie buried there], but they couldn't bury more than 2,500 there — I don't know what the exact figure is now. And please take a look at where

више) — Угљевика, Вишеграда, Власенице и Зворника. А то важи као да су Срби убили мушкараца и дечака 8.320.

А све са природним смртима за четири године рата, са погибијама у борбама за четири године рата, са погибијама у борбама по шумама око Сребренице, при насилном пробијању кроз српске територије, они нису могли да индентификују ни да сахране више од, не знам, две и по или три хиљаде људи.

И онда тај истражни материјал. Овде се суди људима за Сребреницу. Тај истражни материјал иде онако од ока. Не убијени су осам и по хиљада. Да видимо тај материјал. Да видимо ДНК.

Ја сам сада у фази утврђивања истине око Сребренице. Да видимо да ли је било незаконитог и како, и како је дошло до незаконитог убијања и који је то обим, то незаконито убијање. Али ми имамо извештај саме муслиманске општине, каже: "Имамо 37.000 људи. Приказујемо 45 (хиљада) ради хуманитарне помоћи да храним војску." И када саберемо природне смрти, смрти током борби, и оно што је изашло у Кладањ и у Тузли, и када видимо шта су индетификовали, на који начин су погинули — не може од гранате бити егзекуција. Морају бити истраге ради будућности — не ради Караџића — ради будућности тих народа тамо. Морају бити истраге; мора се утврдити ко је кад, како погинуо. Када, на који начин. А ово да се суди, од ока, неколико Срба убило неколико Муслимана. Ја се надам да то ово Веће неће то допустити, и да ће ово Веће стати на страну, да ће подржати одбрану да се једном за сва времена утврди шта се десило у Сребреници.

these Muslims came from who are buried in this hallowed ground. We know even now — here it is. That means: from Bratunac, Bijeljina (which is about 50 kilometers away), Foča, Han Pijesak, Rogatica, Sarajevo, Sokoc, Srebrenica, Srebrenik (which is even farther away), Ugljevik, Višegrad, Vlasenica, and Zvornik. And now this validates [the assertion] that Serbs killed 8,320 Muslim "men and boys."

And all this added to the natural deaths that occurred over the course of four years of war, along with all the combat fatalities in the forests surrounding Srebrenica during the violent attempt to break through across Serbian territory, they could neither identify nor bury more than — I don't know — 2,500 or 3,000 people there.

And then this investigative material. Here, people are being tried for Srebrenica. This investigative material making the rounds is guesswork. 8,500 people were not killed. Let's have a look at this material. Let's see the DNA.[149]

Now I am in the phase of establishing the truth about Srebrenica. Let us see whether it was unlawful or not, and how it came to extrajudicial killings as well as the scope of the extrajudicial killings. However, we have the report issued by the Muslim county itself that says: "We have 37,000 people. We are showing 45,000 for the sake of humanitarian aid so that we can feed our troops, too." And when we add up the natural deaths, combat fatalities, along with all those who managed to leave for Kladanj and Tuzla, and when we see whom they have identified as well as the cause of death — people are not executed by shells. There must be an investigation for the sake of the future — not for Karadžić's sake — for the sake of the future of the people [who live] there. Investigations must be conducted; it must be established who was killed, how, and when. The time of death and the manner of death. And to try this in court, making charges that are guesswork, that some Serbs killed some Mus-

Морам да кажем да не могу да оптужим Већа што нису то утврдили. У нашем систему, судије то истраже и утврђују, али ове одбране нису биле у стању да већима предоче истину, јер нису извршиле истрагу. Нема истраге. Једноставно не постоји основ да се каже ово је било или оно је било, ради тога што нема истраге.

Тако да ћемо након истраге око Сребренице, а ја ћу захтевати сваки извештај. Ја сам добио сагласност од Већа да добијем сав материјал — да добијем податке — а онда да направимо узорак од пет посто за ДНК и на основу тог пет посто ћемо видети да ли има значајних одступања. Ако има значајних одступања, онда има све да се прегледа.

Иначе, видите, јер ми знамо и сада да се ископавају гробови по Босни из неких места, да би у јулу било неког да се сахрани у Сребреници. Па, дајте да видимо — злочин је један човек ако се убије. Чему измишљати и чему претеривати.

На крају бих хтео да кажем — имам још петнаест минута својих — је'л тако?

Хтео бих да кажем нешто о овоме, тачки 11, односно, Удружени злочиначки подухват, који се односи на узимање талаца.

Моја суштинска примедба одбране ће бити да војска не може бити талац, да су таоци цивили, који ни на који начин не учесвују у борбама.

Ова господа која су била утаочена — кад тако кажем — нису били цивили и били су умешани у борбе.

Одмах да кажем, лако ће ми бити доказати да ја с тим немам везе. Сведок Тужилаштва је рекао: "Караџић је сазнао из медија." И цео свет је сазнао из медија — да су људи у паници пред незаконитим бомбардовањем од стране НАТО савеза, незаконитим бомбардовањем, јер

lims. I hope this Trial Chamber will not allow this, and that this Trial Chamber will come out in favor of and will support the Defense in establishing once and for all what happened in Srebrenica.

I must say that I cannot blame the Trial Chambers for not having established this [i.e., what happened in Srebrenica]. In our system, it is the investigating judges who investigate and confirm the charges; however, the Defense team was not in a position to present the truth to the Trial Chamber because no investigation had ever conducted. There was no investigation. There is simply no basis for saying this or that happened because there was no investigation.

That is what we're going to do after the inquiry on Srebrenica, and I am going to demand [copies of] each and every report. I have been given the consent of the Trial Chamber to receive [copies of] all the material involved — to get all the information — and then let us take a sample of 5% of the DNA and, on the basis of this 5% sample, we will see whether there are significant deviations. If there are significant deviations, then all of it must be reexamined.

In any case, you see, we know even now that graves are being exhumed in B-H in certain places in order to have [enough] bodies to bury in Srebrenica in July. Well, let's see — it is a crime if one person is killed. Why bother concocting [charges] and exaggerating?

Finally, I would like to say — I have another fifteen minutes left — is that right?

Charges of Taking Hostages

I would like to say something about this Paragraph 11, namely, the joint criminal enterprise which pertains to hostage-taking.

се није радило о блиској подршци, *close air support*, која је била легитимна ако је јединаца Уједињених нација угрожена. Ово је било оперативно — да не кажем стратешко — бомбардовање српских положаја, да се ослаби српска способност да се брани.

У паници су људи, цивили, узели те странце, задржали код неког моста, или негде, да им тај мост не буде погођен, јер онда ће их војска Странке демократске акције поклати, а неће моћи да се евакуишу.

Сведок тврди, а ја то добро знам — а он је то у првом свом интервју рекао — генерал Миловановић — Караџић је сазнао из медија, назвао и наредио да се одмах пусте. Али више није било од помоћи. Медији су то објавили и сви који су се осећали угрожени почели су да узимају те људе.

Зашто они нису таоци? Зашто су они борци? Овде ћемо показати да сви генерали Уједињених нација моле своје цивилне шефове: "Молимо вас, не мешајте нас у сукоб. Изложићете нас опасности, сврстаћете нас на једну од страна." Свесни су. Сви њихови команданти су свесни: ако буду бомбардовали Србе уз позив ових трупа, да ће те трупе бити умешане. А не само да су умешане акцијом њихових команданата, него су умешани и појединачно.

Код генерала Роуза имамо буквално пренос са радија транскрипт како су његови војници умешани — они су нишанџије оних авиона горе. И тај момак у радио преносу каже: "А, ево одабрао сам циљ, чујем Sea Harrier долази, излази испод облака, ја сам нанишанио. О, Боже мој! Боже мој! Срби су га погодили, он пада," итд.

My fundamental comment for the Defense will be that an army cannot be held hostage; that civilians, who do not participate in the fighting at all, are hostages.

These gentlemen who were held hostage — if I may put it that way — were not civilians, and they were involved, mixed up in, and participated in combat.

Let me say right now it will be easy for me to prove that I had nothing to do with that. A Prosecution witness said: "Karadžić learned about it from media reports." The whole world learned about it from the media reports — that people were panic-stricken as they faced illegal air-strikes by the NATO alliance, illegal bombardment, because this was not about *close-air support*, which would have been legitimate if UN units had been endangered. This was operational — not to mention strategic — bombardment of Serbian positions in order to weaken their capability to defend themselves.

Panic-stricken people, civilians, took these foreigners and kept them close to some bridge or somewhere so that that bridge would not be hit, because then the SDA's Army would have slaughtered them, and they would not have been able to evacuate.

A witness claims — as I know well — and he said this in his first interview — General [Milovanović] — that Karadžić found out about it from media reports and that he ordered that they be immediately released. But it was no longer of any use. The media had already broadcast the news and anyone who felt threatened started taking these men as hostages.

Why are they not hostages? Why are they combatants? Here, we are going to show that all the UN generals were begging their civilian chiefs: "Please do not involve us in the conflict. You are going to expose to us to danger, and they will treat us as belonging to one of the warring parties." They were aware of it. All of the commanders were aware of it: if they bombed the Serbs in re-

Да оставимо оно што су наше сумње, а доказане су сумње да су те јединице Уједињених нација шверцовале — УНПРОФОР је у једно време су га звали "такси муслиманске војске," јер су кроз наше линије пролазили ненајављено, итд. Шверцовали су оружје, муницију, али нико их за то не би узео као таоце, него их су узели као таоце кад је дошло до тога да су бомбардовани — не због *close air support*, него тактички и оперативно — а богами, за мало и стратешки.

А сви ти војни посматрачи — овде нам је сведок којег смо интервјуисали — посведочио да су то војници, борци, да су они нишанџије, да су експерти. Један такав вреди више од моје чете, јер је експерт, и умешани су до гуше. Наравно да је мени жао. Прво ми је жао да су нас они бомбардовали, што су нам нанели штету. А ми је жао што смо тако одговорили, али то није задржавање талаца. Они су били умешани у тај рат против нас. Позвали су НАТО авионе да нас бомбардују. Помагали су им. Били су нишанџије њихове. Е, па то не може бити талац.

Дакле, видећете током доказног поступка колико је муслиманска страна убила страних војника у Босни. Видећете да су они оборили италијански авион, јер никако га није могла оборити српска војска, након чега смо добили забрану летења. Видећете колико су пута Муслимани гранатирали конвој у пратњи УНПРОФОР-а са Игмана — све из доказног материјала које Тужилаштво има против мене. Видећете шта су они радили тим странцима, који су их штитили, чували, и шверцовали оружје за њих, давали им огромну хуманитарну помоћ. Они су њих гранатирали и пуцали снајперима, итд., да би изазвали одијум против Срба, а у ствари је било јасно и недвосмислено, и утврђено да су

sponse to an appeal made by these troops, that these troops would be involved. And not only were they involved through the actions taken by their commanders, but they were even involved individually.

We have with General Rose a true and accurate transcript of a radio transmission about how his soldiers were involved — because they were spotters for aircraft flying overhead. And then this young man says in the radio transmission: "Look, I approved the target and I can hear the Sea Harrier coming, emerging from a cloud, and I assigned the target. O, my God! O, my God! The Serbs hit it. It's falling," etc.

Let us leave aside our suspicions for the moment, and the proven suspicion that these UN units were involved in smuggling — at one time, they called UNPROFOR "the taxi service of the Muslim Army" because they traveled across our lines unannounced, etc. They smuggled weapons, ammunition, but nobody would have taken them as hostages because of that; instead, they took hostages when they started bombing — not for the sake of *close-air support* but tactically, operationally — and, I swear to God, almost even strategically.

All of these military observers — here we have a witness whom we interviewed — testified that these men were combatants, that they were spotters, experts. One of them is worth more than an entire company of mine, because these experts were deeply implicated [in these events]. I am, of course, very sorry. I am sorry that they bombed us in the first place, that they caused us damage. And I am sorry that we replied in this fashion, but this was not hostage-taking. They were involved in this war against us. They called on NATO aircraft to bomb us. They helped them. They were their spotters [who were selecting targets]. Well, that can't be considered a hostage.

You will see during the presentation of evidence how many foreign soldiers the Muslim side in Bosnia killed. You will see

то они радили. А нећете наћи, осим у једном случају, да су Срби то урадили.

Један потпуковник у нервном растројству растурио је један конвој — није убио никога, него је просто побацао ствари — и ја сам га сменио.

Признао сам генералу Валгрену и извинио се, и сменио сам човека, који је живчано био попустио због тога што се УНПРОФОР тако понаша — пролази кроз наше линије, и ради све што не треба да ради. Али оно што је најважније, то је оно што команданти УНПРОФОР-а кажу. "Немојте нас мешати у рат. Ако будете бомбардовали Србе изван *close air support*, ми постајемо ратујућа страна." И то је тачно. Онога трена, кад су почели да нас бомбардују изван *close air support*, они су постали ратујућа страна. Е, даље о томе не морам ништа рећи.

Довољно је то да не могу бити војници који се сврстају на једну страну, било да им је оружје пушка или ласер којим нишане, они не могу бити таоци. Они су борци. Они су задејствовани борци, дејствују против једне од страна која у најмању руку може да их зароби. Наравно, то није била одлука ни цивилних власти, нити је била одлука војних команди, али се десило да је народ то урадио и имамо доказ у материјалу Тужилаштва да је то било тако. Ја знам да је било, и сећам се да је било тако. Сећам се да су слике отишле у све медије по свету и више није било начина да се они пусте у тишини, пошто је бомбардовање још трајало, а народ је одједном видео да би то био спас.

that they downed an Italian aircraft because the Serbian Army absolutely could not have done it — after which a no-fly zone was imposed on us. You will see how many times the Muslims shelled convoys that were being escorted by UNPROFOR from Igman — all of this drawn from evidence that the OTP has in its case against me. You will see what they did to those foreigners who protected them, guarded them, who smuggled weapons for them, and were giving them vast amounts of humanitarian aid. They shelled them and subjected them to sniper fire, etc., in order to evoke odium against the Serbs, but, in fact, it has been clearly and unambiguously established that they were the ones who were doing these things. You will not find a single case but one in which the Serbs did such things.

A lieutenant-colonel who was suffering a nervous breakdown broke up a convoy — he did not kill anyone, but he simply ransacked the convoy's shipments — and I personally relieved him of duty.

I acknowledged this to Gen. Wahlgren, and I apologized to him, and I dismissed this man, whose nerves had been shot because UNPROFOR was behaving as it did — crossing our lines and doing all sorts of things it was not supposed to be doing. But of utmost importance is what the UNPROFOR commanders said: "Don't get us mixed up in this war. If you bomb the Serbs outside of the framework of *close-air support*, we will become a warring party." And that was true. The moment they started bombing us outside the framework of *close-air support*, they did become a warring party. Well, I don't have to say anything else on the subject.

Suffice it to say that soldiers who take a particular side, regardless of whether their weapon is a rifle or a targeting laser, cannot be considered hostages. They are combatants. They have taken a side; they were fighting against one of the sides that could, at least, take them prisoner. Of course, that was not a decision

Екселенције, ја се не бојим овог процеса. Са великим ентузијазмом се припремам. На жалост, могу да угрозим своје здравље, радим по целу ноћ, јер времена немам довољно, а немам га, и између осталог, не само зато што ми нису плаћени три и по месеца, четири — колико? — четири и по месеца — нису ми плаћени — нисам имао помоћ, нисам имао своје сараднике — него и зато што је Тужилаштво неселективно набацало огроман број материјала и огроман број наводних доказа, руковођено чињеницом да немају доказ. Па онда, као и марксисти наши, сматрају да ће једног дана квантитет прећи у квалитет, или да је боље на птицу пуцати сачмаром, једно ће је зрно ваљда погодити.

Уколико Савет безбедности не донесе резолуцију да санкционише споразум са Холбруком о мом имунитету — ја размишљам о томе — ја ћу да кажем шта мислим, а не знам да ли је то све могуће. Ја размишљам о томе да би добро било када би Веће вратило оптужницу Тужилаштву да размотри шта је све изнело ту што је лако помести метлом као фалш доказ, као лажни доказ, па или да преуреди и смањи оптужницу и да се усмери на изоловање дела, а не речи туђих. Не могу да кажу Караџићева намера се види у речима Јанка и Марка. Не може. Не може се моја намера ни из мојих речи — ја сам политичар. Ја говорим. Ако хоћу неку меру које се народ боји да проведем, ја морам да их умирим говорећи другу страну те приче. Него дела — *deeds, not words*.

Ако не ни то, ако неће да повуче оптужницу или да је редуцира и да се усмери и да изолује моја дела, да видимо та дела, онда би добро било да добијем време и средства, као што је Председник Суда утврдио да сам неоправдано ускраћен био за средства за припрему током овог периода, и да се припремим да направимо

made by the civilian authorities, nor was it a decision made by the military command, but it turned out that [these] people did do that, and we have evidence of it in the OTP material that it happened that way. I know what happened, and I remember what happened. I remember that the pictures [of the hostages] were broadcast in all media all over the world, and there was no way to release them [i.e., the prisoners] quietly because the bombardment was still going on and the people all of a sudden realized that this would rescue them.

Conclusion

Excellencies, I'm not afraid of this trial. I am preparing for it with great enthusiasm. Regrettably, I may endanger my health because I am working all night long because I do not have sufficient time [to prepare my defense], and I do not have sufficient time because, among other things, for three and a half or four months — four — how many? — four and a half months — my support staff has not been funded — I had no help, I didn't have a staff — but also because the OTP has indiscriminately thrown together an enormous amount of material and an enormous amount of alleged evidence, altogether determined by the fact that they have no evidence. And then, like our Marxists back home, suppose that one day quantity will become quality or that it's better to use a shotgun against a bird because at least one buckshot will hit the target.

If the Security Council does not pass a Resolution sanctioning my agreement with Holbrooke concerning my immunity from prosecution — I'm thinking it over — I'm going to tell you what I think, but I don't know whether all that will be possible. I'm considering whether it would be good if the Trial Chamber were to return the Indictment to the OTP to examine all the things that they set forth therein that can easily be swept away as false, trumped up evidence, so they could either alter the Indictment or narrow the scope of the Indictment and direct it to iso-

егземпларан процес, који ће служити као матрица и служити на част и Већу и Тужилаштву и одбрани, егземпларан процес који ће бити матрица, која ће рехабиловати и међународно право и овај подухват и овај Трибунал, и бити пример како треба судити у оваквим стварима.

У том случају, ја бих могао да узмем обавезу да до краја маја или до половина јуна — обнова процеса до половина јуна — до половине маја доставим хиљаде чињеница, моју *agreed facts list*, чињеница од којих Тужилаштво неће моћи да оспори скоро ништа. На пример, просте чињенице, каже Срби су преузели општину, ту и ту, а ту Срби живе. И Срби, каже се, контролисали, рецимо, Хаџиће, а Срби су контролисали мали део Хаџића, у српским насељима. Та врста факата, око којих бисмо се сагласили, ја бих могао до краја маја, до половине маја да доставим, што би овај процес очистило и ослободило огромног броја непотребних ствари око којих ћемо се овде доказивати, и то би скратило овај процес максимално, на годину, годину и по дана, јер би остало веома мало факата који би били спорни и око којих бисмо се овде бавили њима у овој судници.

Екселенције, толико. Ја мислим да би најбоље било да се уважи Холбруков споразум, јер је то било, али неко није довршио свој посао.

Ја сам се држао споразума — ако то не, онда Тужилаштво да изврши ревизију и да тражи дозволу од вас да повуче оптужницу. Ако идемо у процес, онда ће Тужилаштво — ја се надам — мораће да се десе ревизије других процеса у којима су невини људи осуђени. Јер ћу ја овде успети да докажем да су они невино осуђени бранећи себе, бранеће факте. А, ако се иде у процес,

lated actions, and not base it on hearsay evidence. They cannot simply say that Karadžić's intentions may be divined by what any Tom, Dick, and Harry may have to say. It's impossible. It's impossible [to infer] my intentions from my words — I'm a politician. I make speeches. If I intend to carry out some measure which the people fear, I have to assuage them by telling them the other side of the story. It is deeds — *deeds, not words.*

If this does not result in the withdrawal the Indictment or a reduction of its scope, if it is not aimed at isolating my actions, to see these actions, then it would be good for me to receive the time and the resources [to answer them], as the President of the Tribunal also determined that I had been unjustly deprived of resources in order to prepare myself during this period of time, so I can prepare, so that we can have an exemplary trial that will be a blueprint that will restore the honor of the Trial Chamber, the Prosecution, as well as the Defense, an exemplary trial that will be a blueprint which will rehabilitate international justice as well as this undertaking and this Tribunal and stand as an example of how such matters should be tried.

In that case, I would take it upon myself to — by the end of May or mid-June — resuming the trial by mid-June — then by mid-May I could deliver thousands of facts, my *agreed facts* list, facts that the OTP will be practically unable to challenge. For example, the simple fact that the OTP says that Serbs took over certain counties here and there, even though Serbs lived there in the first place. And it says the Serbs, for instance, controlled Hadžići. The Serbs controlled a small part of Hadžići — only the Serbian neighborhoods. Such facts, on which we could agree, I could deliver by the end of May or by mid-May, in order to purge and liberate these proceedings from the enormous number of unnecessary matters that we can prove here, and it would shorten this trial to a maximum of one or one and a half years, because there would be very few facts that

онда ћу ја и то урадити. Ако хоћемо да процес буде брз, егземпларан, да буде на част међународној заједници, међународном правосуђу, да не пропадне идеја о суђењима за кршење међународних норми, онда ћу ја да даднем конструктиван допринос као и цело време до сада, а мој конструктиван допринос би био у томе што бих ја издвојио факте око којих ћемо се сви сагласити и очистити овај процес од непотребног материјала око кога ћемо се овде исцрпљивати и заиста бавити се само једним меритумом који је суштински.

Хвала.

СУДИЈА КВОН: Хвала вама.

could be disputed that we would be dealing with here in this court-room.

So much for now, Excellencies. I think it would be best to validate the agreement with Holbrooke because it actually did take place, but someone did not do his job.

I held up my part of the agreement — if not, then the OTP must execute a revision [of the Indictment] and seek your permission to withdraw the Indictment [as it now stands]. If we are to go to trial, then the OTP — I hope — will have to review other trials where innocent men were convicted. Because I will succeed in proving that they were convicted as innocent men by defending myself, by defending the facts. If we go to trial, however, then I'm going to go through with it. If we want to have an expeditious, exemplary trial that would will be an honor to the International Community as well as to international jurisprudence, so that the very idea of trials for violations international norms is not destroyed, then I shall have made a constructive contribution, as I have been doing all along up to now, and my constructive contribution is going to be singling out the facts on which we can all agree and purge these proceedings of unnecessary material that would simply exhaust us, and we must, indeed, deal solely with the fundamental merits of this case.

Thank you.

JUDGE KWON: Thank you.

389

EXHIBITS
(Screen Captures from "Uvodna rijeć odbrane" (YouTube.com))

EXHIBIT I

Oružani sukobi i incidenti u B-H prije 6/4/1992 godine
(Armed Conflicts and Incidents in B-H before April 4, 1992)

EXHIBIT II

EXHIBIT III

EXHIBIT IV

EXHIBIT V

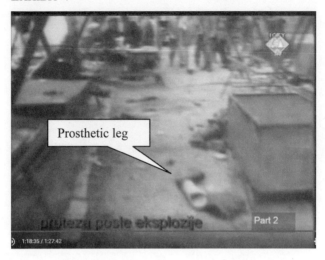

EXHIBIT VI

EXHIBIT VII

EXHIBIT VIII

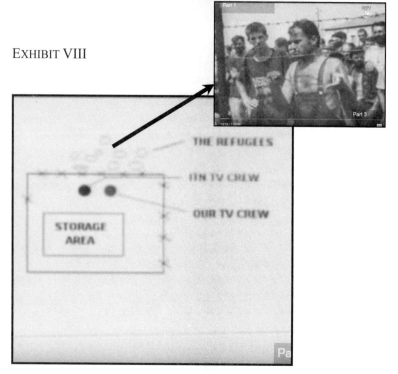

EXHIBIT IX

EXHIBIT X

394

Exhibit XI

Exhibit XII

EXHIBIT XIII

EXHIBIT XIV

(This is a high-resolution copy of the map presented during the trial. See *Liar's Poker: The Great Powers, Yugoslavia, and the Wars of the Future* (see *Bibliography*).

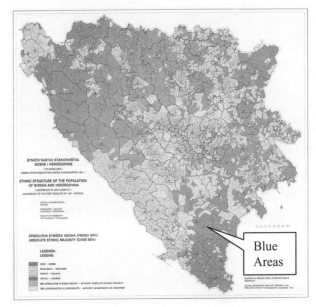

396

EXHIBIT XV

(For text of this Slide, see endnote 88.)

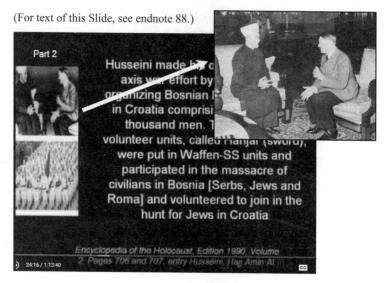

EXHIBIT XVI

EXHIBIT XVII

(Recreation of graphic)

Patriotic League

Supreme Commander
Alija Izetbegovic

Legal/Political Staff
Ejup Ganic
Omer Behmen

Military Staff
Sefer Halilovic
Meha Kalisik

Regional Political Staff

Regional Military Staff

Municipal Political Staff

Municipal Military Staff

EXHIBIT XVIII

(Recreation of graphic)

Republic Crisis Staff

Regional Crisis Staffs

Municipal Crisis Staffs

Local Crisis Staffs

EXHIBIT XIX

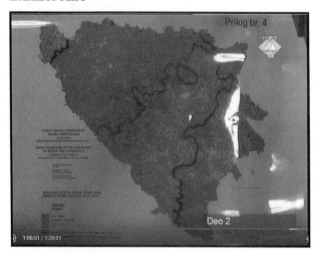

EXHIBIT XX

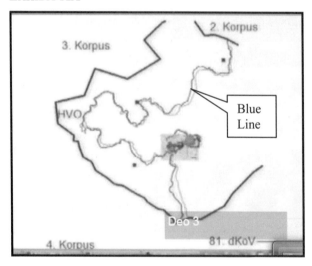

EXHIBIT XXI

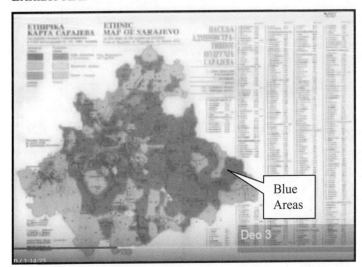

EXHIBIT XXII

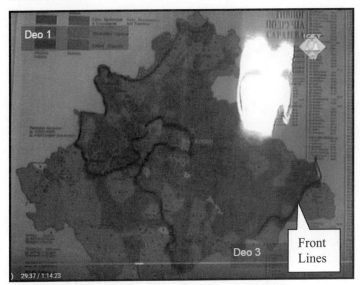

400

EXHIBIT XXIII

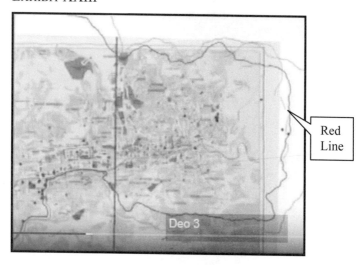

Red
Line

EXHIBIT XXIV
(Location of Pčelica nursery school not indicted in video.)

EXHIBIT XXV

EXHIBIT XXVI
(Location of 152nd Mountain Brigade
command post not indicated in video.)

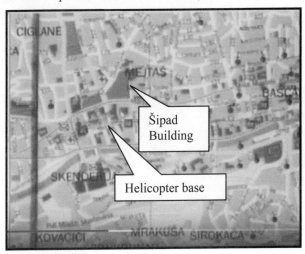

402

EXHIBIT XXVII

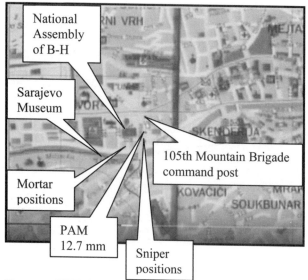

National Assembly of B-H

Sarajevo Museum

105th Mountain Brigade command post

Mortar positions

PAM 12.7 mm

Sniper positions

EXHIBIT XXVIII
(101st Centrotrans position not indicated.)

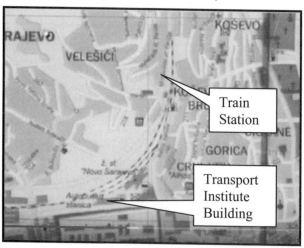

Train Station

Transport Institute Building

EXHIBIT XXIX

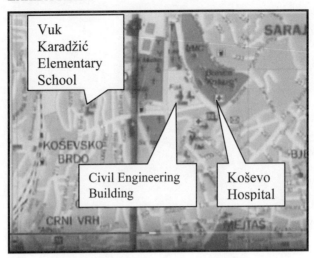

So a young man hits Nikola Gardovic, the father of the bridegroom on that day, and already the next day he appears on TV as a hero, and he said, "Yes, I shot at him. Why would he carry a Serb flag?" Serb flags were carried even in the Turkish days at weddings. It was not a national flag. It was a religious flag and it was customary.

Then on the 2nd of March, barricades were put up in Sarajevo. At the time, Mr. Koljevic, Mr. Krajisnik and I are negotiating in Belgrade. So we were not there. Barricades were put up, and they were there for a few days. The SDS did negotiate with the Presidency of Bosnia-Herzegovina with regard to these barricades, and the Crisis Staff that was headed by this gentleman, who was arrested in London just now, Mr. Ejup Ganic. He was a member of the Presidency, a Yugoslav who turned against Yugoslavia.

So in this situation rife with tension, on 18th of March, an agreement was reached, the Lisbon Agreement. The Cutileiro Peace Plan was adopted, stating that this territory of Bosnia-Herzegovina would be reorganised with three internal units of the Serb, Croat, and Muslim people, and we all celebrate.

May I remind you that Mr. Ajanovic celebrated the most, saying that 80 to 85 per cent of all Muslims will be in their constituent unit, and only about 20 per cent of the Serbs and Croats would be in their unit, whereas the Serbs fared the worst. Only 50-something per cent will be in the Serb unit, whereas the rest would be scattered throughout Bosnia. Even then or after that, no one referred to any population exchanges or any expulsions.

On the 24th of March, the SDA withdrew their agreement. I remind you that on the 18th of March, Ajanovic said, If the Serbs refuse this agreement this is going to be yet another foolish thing that they are doing, and it will be proof that they had opted for

war. However, a week later they are the ones that annul the Lisbon Agreement.

Mr. Ajanovic says, Well, we did this sort of as a trick in order to buy time, to wait for recognition, to wait for international recognition at that.

So <u>it was there that</u> a young man ~~hits~~<u>fires into a wedding party and happens to shoot</u> Nikola ~~Gardovic,~~<u>Gardović,</u> the father of the ~~bridegroom on~~<u>young priest who was getting married</u> that day~~, and already~~<u>.</u> <u>And over</u> the next ~~day~~<u>few days</u> he appear~~s~~<u>ed</u> on ~~TV~~<u>television</u> as a hero, and he said~~, "Yes, :~~<u>: "I</u> shot ~~at~~ him. <u>So what?</u> Why ~~would~~<u>was</u> he carry<u>ing</u> a Serb flag?" Serb<u>ian</u> flags were carried even in ~~the~~ Turkish ~~days~~<u>times</u> at weddings. ~~It~~<u>It was merely a religious flag: it</u> was not a national flag~~.~~<u>,</u> ~~It was~~<u>, but simply</u> a ~~religious~~<u>church</u> flag ~~and~~<u>with a cross on</u> it ~~was customary~~<u>, etc.</u>

Then on ~~the 2nd of~~ March~~,~~<u>2, the</u> barricades ~~were put~~<u>go</u> up in Sarajevo~~.~~<u>.</u> At the time, <u>Prof. Koljević, Mr.</u> ~~Koljevic, Mr.~~ ~~Krajisnik~~<u>Krajišnik,</u> and I ~~are negotiating~~<u>were</u> in Belgrade~~. So we~~ <u>for negotiations. We</u> were not there. ~~Barricades were put~~<u>The barricades went</u> up, and they ~~were there for a few days.~~ ~~The SDS did negotiate~~<u>stayed up for two days. The SDS's [governing] committee met since there was no one present from the governing board, and it entered into negotiations</u> with the Presidency of ~~Bosnia-Herzegovina with regard to these barricades, and~~<u>B-H on behalf of those who were manning the barricades, as well as with</u> the Crisis Staff that was headed by this gentleman~~,~~ who was <u>just now</u> arrested in London~~just now~~, Mr. Ejup ~~Ganic. He was~~<u>Ganić,</u> a member of the Presidency, a Yugoslav who turned against Yugoslavia~~.~~<u>.</u>

So <u>it was</u> in ~~this~~<u>such a</u> situation<u>,</u> rife with tension~~,~~<u>and uncertainty, that</u> on~~18th of~~ March~~,~~<u>18</u> an agreement was reached, the Lisbon Agreement~~.~~<u>.</u> The Cutileiro Peace Plan was adopted, ~~stating~~<u>which stated</u> that thi~~s~~<u>s</u> territory of ~~Bosnia-Herzegovina~~<u>B-H</u> would be ~~reorganised with~~<u>reorganized as</u> three internal units~~of the Serb, Croat~~<u>: Serbian, Croatian,</u> and

Muslim ~~people~~, and we all ~~celebrate~~found it to be a cause for celebration.

May I remind you that Mr. ~~Ajanovic celebrated~~Ajanović, who found more cause for celebration than the ~~most, saying~~rest, said that 80 ~~to~~ ~~%~~ 85 ~~per cent~~% of ~~all~~the Muslims ~~will be~~ would remain in their own constituent unit, and that only about 20 ~~per cent of~~% would be with the Serbs and Croats ~~would be~~ in their ~~unit, whereas~~entities, while the Serbs fared the worst~~.~~ ~~Only 50~~ with only fifty-something ~~per cent will be~~percent being in the ~~Serb unit, whereas~~Serbian entity while the rest would be scattered throughout Bosnia~~. Even~~. No one ever, either then or ~~after that, no one~~afterwards, referred to any population exchanges or any expulsions.

On ~~the 24th of~~ March 24, the SDA withdrew ~~their~~from the agreement. ~~May~~ I remind you that on ~~the 18th of~~ March~~,~~ ~~Ajanovic~~ 18, Ajanović said~~,~~: "If the Serbs ~~refuse~~ reject this agreement ~~this is,~~ it's going to be yet another ~~foolish thing that they are doing~~one of their stupid moves, and it will be proof that they ~~had opted for~~have chosen war~~. However,~~." But a week later, they ~~a~~were the ones ~~that annul~~who rejected the Lisbon Agreement~~.~~.

Mr. ~~Ajanovic says,~~Ajanović said: "Well, we ~~did~~pulled off this ~~sort of as a trick~~ruse in order to buy some time~~,~~ to ~~wait for recognition, to wait for~~await international recognition ~~at that.~~."

(*See* p. 233 for a clean version of this passage.)

CHRONOLOGY OF THE BOSNIAN WAR

Source: Wikipedia (Serbian)

June 25, 1991 — Croatia and Slovenia unilaterally secede from the Federal Republic of Yugoslavia; Germany immediately recognizes the new states, and with the U.S., it encourages the political leadership of B-H to secede, which leads to a brutal civil war.

March 19, 1992 — The U.S. sabotages an agreement reached by the Serbs, Croats, and Muslims (the Lisbon Accords) on a unified Bosnian state. The civil war continues for three more years.

March 1, 1992 — The day after the Referendum on the Independence of B-H, Ramiz Delalić, a member of the Green Berets, fires into a Serbian wedding procession in the Baščaršija district of Sarajevo, and kills Nikola Gardović, the father of the groom. He is the first casualty in the war. This results in Serbs erecting barricades in their neighborhoods.

March 1992 — The Croatian Army invades and attacks Bosanski Brod, Kupres, and the Neretva River Valley in B-H. Among the cities attacked by the Croatian Army, which is operating in conjunction with Muslim paramilitary units, is Sijekovac where 46 Serbs are massacred.

April 6, 1992 — The European Community recognizes the independence of B-H on the basis of the Badinter Commission Report on the Referendum of February 29, 1992.

April 7, 1992 — The Assembly of the Serbian People of B-H is established at the Holiday Inn Hotel in Sarajevo and it proclaims the independence of the Republika Srpska of B-H, which "may unite with other entities in Yugoslavia." is proclaimed.

April 8, 1992 — Ninety percent of the Serbian members of the MUP resign and join the newly established Serbian MUP.

May 15, 1992 — Muslim forces attack a JNA column in Tuzla and inflict a toll of 50 dead and 44 wounded.

May 27, 1992 — An explosion on Vasa Miskin Street in Sarajevo leaves 17 dead. The Muslims claim the Serbs are responsible for the attack on civilians.

July 29, 1992 — The International Community pressures the Serbs into surrendering the Sarajevo airport to the UN for deliveries of humanitarian aid.

August 26, 1992 — The London Conference, established to end the war in B-H, convenes.

January 7 and 16, 1993 — Muslim forces commit massacres against the Serbian residents of Kravica and Skelani.

February 22, 1993 — At the insistence of U.S. Secretary of State Madeleine Albright, the International Criminal Tribunal for the Former Yugoslavia (ICTY) is established in The Hague to try Balkan leaders, especially Serbs.

March 11, 1993 — General Philippe Morillon, UNPROFOR Commander in B-H, arrives in Srebrenica, which has been surrounded by Serbian forces.

March 18, 1993 — The UN Security Council designates Srebrenica to be a "protected area."

May 2, 1993 — Radovan Karadžić, President of the Republika Srpska, signs the Vance-Owen Peace Plan in Athens. The Plan has to be ratified by the Assembly of the Republika Srpska.

May 5, 1993 — The Assembly of the Republika Srpska rejects the Vance-Owen Plan.

June 16, 1993 — A new peace plan, the Owen-Stoltenberg Plan, is proposed in Geneva. The Serbian and Croatian sides accept the proposed maps.

August 24, 1993 — Croatians in B-H proclaim the independence of The Republic of Herceg-Bosna.

September 21, 1993 — The Muslim side rejects the Owen-Stoltenberg Plan.

February 5, 1994 — An explosion in the Sarajevo market square Markale is reported to have killed 68 and wounded 200. The Serbs are held to be responsible for the explosion.

March 18, 1994 — Franjo Tuđman and Alija Izetbegović sign an agreement on the formation of the Muslim-Croat Federation in B-H.

April 10, 1994 — The Army of the Republika Srpska launches an offensive against Goražde, a Muslim enclave with 60,000 inhabitants.

April 25, 1994 — The United States, Germany, France, the United Kingdom, and Russia form the Contact Group.

July 18, 1994 — The Muslims and the Croats accept the plan proposed by the Contact Group, according to which B-H is divided with 51% going to the Muslim-Croat Federation, and 49% to the Republika Srpska.

August 4, 1994 — After the Republika Srpska rejects the Contact Group's Plan, the Federal Republic of Yugoslavia breaks off relations with the Republika Srpska and closes the border on the Drina.

July 11, 1995 — The Army of the Republika Srpska takes Srebrenica.

July 16, 1995 — The Hague Tribunal issues indictments against Radovan Karadžić and General Ratko Mladić for the siege and bombardment of Sarajevo.

August 4, 1995 — The Croatian military, led by the future head of the Kosovo Liberation Army, Agim Ceku, launches "Operation Storm" with U.S. military backing, which drives 250,000 Serbs from their ancestral regions in Krajina.

August 28, 1995 — One more explosion is detonated at the Markale Market in Sarajevo in which 37 people were killed. The Serbs are held accountable for this explosion, too.

August 29, 1995 — The leadership of the Republika Srpska authorizes the President of Serbia, Slobodan Milošević, to represent the Republika Srpska in peace negotiations.

August 30, 1995 — The NATO Air Force begins intense bombardment of the Republika Srpska and destroys chiefly military and communications targets.

September 8, 1995 — The Republika Srpska is officially recognized as one of the two entities of B-H.

September 14, 1995 — After two weeks of NATO air strikes, the Serbs agree to withdraw their heavy weaponry from the area surrounding Sarajevo.

October 5, 1995 — One of the key negotiators who drew up the peace treaty, Richard Holbrooke, U.S. [Assistant Secretary of State], announces a two-month cessation of hostilities in B-H. Muslim-Croat seized more than 50% of B-H territory by this date.

November 16, 1995 — The Hague Tribunal broadens the indictments against Radovan Karadžić and Ratko Mladić by charging them with responsibility for the alleged massacre in Srebrenica.

November 21, 1995 — President Milošević and the presidents of Bosnia and Croatia initial the Dayton Peace Accords which officially ends the Bosnian War. U.S./NATO occupation begins.

December 14, 1995 — The Dayton Peace accords are ratified during an official ceremony in Paris.

SUGGESTED READINGS

Books

Aarons, Mark, and Loftus, John. *Unholy Trinity: The Vatican, The Nazis, and The Swiss Banks*. New York: St. Martin's Griffin, 1998.

Brock, Peter. *Media Cleansing, Dirty Reporting: Journalism and Tragedy in Yugoslavia*. Los Angeles: GM Books, 2005.

Collon, Michel. *Liar's Poker: The Great Powers, Yugoslavia and the Wars of the Future*. New York: International Action Center, 2002.

Dedijer, Vladimir. *The Yugoslav Auschwitz: The Croatian Massacre of the Serbs during World War II*. Buffalo: Prometheus, 1992.

Ivanišević, Milivoje. *The Srebrenica ID Card*. http://www.serb-victims.org/en/content/blogcategory/20/33/ (last accessed 2/22/14).

Karganović, Stephen and Simić, Ljubiša. *Rethinking Srebrenica*. New York: Unwritten History, Inc., 2013.

Kohlmann, Evan F. *Al-Qaida's Jihad in Europe: The Afghan-Bosnian Network*. New York: Berg, 2004.

Koljević, Nikola, *Creating the Republika Srpska*, New York: Unwritten History, Inc., 2014.

Milošević, Slobodan. *The Defense Speaks: For History and the Future*. New York: International Action Center, 2006.

Schindler, John R. *Unholy Terror: Bosnia, Al-Qa'ida, and the Rise of Global Jihad*. St. Paul: Zenith Press, 2007.

The Serbian Eastern Orthodox Diocese for the United States and Canada. *Martyrdom of the Serbs: Persecutions of the Serbian Orthodox Church and Massacre of the Serbian People, Documents and reports of the Trustworthy United Nations and of Eyewitnesses*. Chicago: The Serbian Eastern Orthodox Diocese for the United States and Canada, 1943.

Sremac, Danielle. *War of Words*, Westport, CT: Praeger, 1999.

Yelesiyevich, Milo, et al. *Ratko Mladić: Tragic Hero*. New York: Unwritten History, Inc., 2006.

Internet Resources

www.ebritic.com

grayfalcon.blogspot.com

www.juliagorin.com/wordpress

www.serb-victims.org

www.serbianna.com

www.slobodan-milosevic.org

www.srebrenica-project.com

www.srpska-mreza.com

theremustbejustice.wordpress.com

Islamic Declaration, by Alija Izetbegović
There are several versions available on the Internet.

ENDNOTES

1. *Mehmet-Paša Sokolović* (Bajo Sokolović) (1505?–1579), Serbian by birth, was one of the greatest viziers of the Ottoman Empire. He was taken as a child by the Ottomans as a blood tribute under the *devşirme* system, then Islamized and educated in Edirne, Turkey. He was named third vizier in 1555 for his distinguished military service. Thanks to Mehmed-paša, the Ottoman Empire pursued a political policy of *laissez faire* toward Serbia during this time, which allowed for the building of monasteries, the introduction of printing, and the re-establishment of the Patriarchate of Peć in 1557. He compelled Austria to sign a peace treaty in 1568, and conquered Arabia in 1570. He had many enemies, and was the victim of an assassination plotted by a dervish. The famous bridge on the Drina in Višegrad, which was Ivo Andrić's inspiration for his novel, *The Bridge on the Drina*, was Mehmed-paša's endowment.

2. *Osman Đikić* (1879–1912) poet and dramatist from Mostar.

3. *Hasan Rebac*, poet and husband of the Serbian poet Anica Savić-Rebac.

4. *Meša Selimović*, (1910–1982) novelist, best known for *Death and the Dervish* (1966).

5. *Muslim Bosniak Organization* ("MBO"), which called for a democratic Yugoslavia and supported Yugoslavia at the expense of the sovereignty of individual republics, was founded in 1990 by Adil Zulfikarpašić and Muhamed Filipović. The party disavowed the use Islam for political ends, and it distanced itself from the SDA, which was founded by Alija Izetbegović.

6. *Zulfikarpašić, Adil*, (1921–2008) Bosnian Muslim politician who joined the Communist Party in 1938. He became a party organizer in 1942, and was subsequently captured and tortured by Ustaše, but escaped with the help of Partisans. He became Minister of Trade after the Communist victory, but fled to Switzerland after he was disillusioned by Tito. He returned to Bosnia on the eve of the Bosnian War and formed the MBO with Muhamed Filipović.

7. *Filipović, Muhamed* (b. 1929) Bosnian Muslim academic, historian, and member of the Academy of Sciences of B-H.

8. *Young Muslims* (Mladi Muslimani), a Muslim youth organization that was established in the 1930s in Yugoslavia as a party of Islamic renewal but ended up as a fascist organization that recruited soldiers for the Nazi Handžar Division during WWII.

9. *Muslim Brotherhood*, a Muslim Fundamentalist organization formed by Hasan El Banna, an Egyptian, in 1928. It seeks to establish Muslim states based on Sharia Law and the caliphate system of political rule. Sayed Qutb continued the movement, which inspired the young Alija Izetbegović.

10. *tu quoque* (Latin, "you, too"), a retort that discredits an opponent's position by turning his own accusations against him.

11. Carla Del Ponte (1947–) former Chief Prosecutor of the ICTY (1999–2008).

12. *the agreement between Karadžić and Holbrooke*, U.S. Special Envoy Richard Holbrooke signed an agreement guaranteeing Dr. Karadžić immunity from prosecution in exchange for his withdrawal from politics. Gojko Kličković, who was also a defendant at the ICTY, testified during his trial in 2009 that he witnessed the signing of the agreement in July 1996. In 2007, Richard Holbrooke described the Karadžić's allegation as an "outrageous lie" and said he was "astonished that people would believe a war criminal over the word of the United States or people who brought peace to the Balkans." A copy of the agreement appeared in the *Kurir* (Serbian) in August 2008. In March 21, 2009, *The New York Times* ran an article entitled "Study Backs Bosnian Serb's Claim of Immunity." In October 2009, the ICTY finally rejected Dr. Karadžić's appeal and ruled that the agreement with Holbrooke was not binding.

13. EC Peace Conference held in February 1992.

14. *Momčilo Krajišnik* (b. 1945), was a co-founder of the SDS, speaker of the Serbian Assembly (1990–1992), and later a member of the Presidency of the Republika Srpska. After the war, he served as the Serbian member of the tripartite Presidency of B-H. In 2006, he was convicted by the ICTY of crimes against humanity and sentenced to twenty years' imprisonment. He was granted an early release in 2013.

15. SLIDE: Krajišnik Trial Judgment, Paragraphs 907, 908.

16. SLIDE: Radovan Karadžić's speech at the 11th session of the Serbian people in B-H, 18 March, 1992.

17. SLIDE: "A war in B-H will not solve anything. We must study the situation regarding the saving of lives, property, and territory. We have no other plans. We should strive to maintain peace." Radovan Karadžić's speech to the first session of the Serbian People in B-H, March 27, 1992.

18. *March [April] 12*, Dr. Karadžić misspoke here: he said "March 12," however, he meant "April 12," which is the actual date the cease fire agreement was signed.

19. *Hasan Efendić* was appointed Commander of the Bosnian Muslim Army on April 4, 1992 by Alija Izetbegović.

20. SLIDE: "As far as other nations are concerned, we have to have a proportion participating in the municipal authorities. We have to be responsible, as we are creating a state. You are the organ creating it. The state must be created in the best way. We need to make it with all the ingredients." Radovan Karadžić's speech at the 1st session of the Serbian people in B-H, 12 August, 1997.

21. Dušan Kozić, an MP, later Prime Minister of the RS.

22. SLIDE: "Commenting on the Fifth Round of the conference on the future of B-H, the SDA spokesman Ifran Ajanović estimated that the Muslim people will make up 82% of the population of their own ethnic unit and that the Serbian people will make up 50% of the population of the Serbian unit." Ifran Ajanović, Sarajevo, 18 March, 1992.

23. SLIDE: "We do not envisage or recommend population exchange. We propose reciprocal protection of minority rights." Radovan Karadžić at a press conference, May 3, 1992.

24. SLIDE: From Slobodan Milošević's Indictment by The Hague Tribunal, ¶¶ 19–20 (22 May 1999).

25. SLIDE: "There would not have been a war if Croatia had not wanted it. Had we not wanted it and had we not armed ourselves, we would not have reached our goal." Franjo Tuđman, at Ban Jelačić Square, May 1992.

26 SLIDE: Alija Izetbegović's interview on Sarajevo TV, 15 February, 1993.

27. SLIDE: MAP and "Statement of Principals for new constitutional arrangements for Bosnia and Herzegovina"
    D) Constituent Units

    Within Bosnia and Herzegovina three constituent units would be established. Members of the nations who would be a minority in a particular constituent unit would receive protection similar to that in Article 2(3) of the Draft Convention."
    23 February 1992.

28. SLIDE: Sovereign and Independent
                Bosnia and Herzegovina
                and within it
                Serbian constituent unit
                and within it
                Muslims, Croats, and Serbs
                living freely.

29. SLIDE: After several rounds of talks, our "principles for constitutional arrangements for Bosnia and Herzegovina" were agreed [to] by all three parties (Muslim, Serb, and Croat) in Sarajevo on 18 March, 1992. These continued until the Muslims reneged on the agreement. Had they not done this, the Bosnian question might have been [settled] earlier with less loss of (mainly Muslim) life and land. To be fair, President Izetbegović and his aides were encouraged to support that deal and to fight for a unitary Bosnian state by well-meaning outsiders who thought they knew better." Jose Cutileiro, Secretary-General Western European Union, BRUSSELS, Cutileiro's Letter to *The Economist*, December, 1995.

30. SLIDE: Radovan Karadžić's speech at the 9th session of Bosnia & Herzegovina's Assembly 24-25 January 1992.

31. *Uti possidetis juris* (Latin, "what you possess you may hold and use by law"), a concept originating in Roman law that governs the lawful possession of property. It later evolved into a principle that governs international relations that defines the borders of newly sovereign states in a treaty, which leaves belligerents mutually in possession of what they have acquired by force of arms during a war.

32. James Bissett, Canadian Ambassador to Yugoslavia, Speaking Notes, U.S. Congressional Hearing, July 14, 2000.

33. Colin Powell, *The New York Times*, September 19, 1995; *The New Yorker*, September 17, 1995.

34. Roland Dumas, French Foreign Minister 1988–1993, *Le Monde*, 22 June, 1993.

35. Perez de Cuellar, UN Secretary General, 10 December, 1991.

36. Ralph Hartmann, GDR Ambassador to Yugoslavia (1982–1988)

37. James Baker, U.S. Secretary of State, 1989–1992. *Yugoslavia, the Avoidable War*, at 13:42.

38. James Bisset, Western Interference, Part VI, Premature Recognition.

39. David Owen, *Balkan Odyssey*.

40. George Kenny, U.S. Department of State official until August 1992, *Yugoslavia, the Avoidable War*, at 54:45.

41. Cyrus Vance, UN Special Envoy to Yugoslavia 1991–1993, *The New York Times*, April 14, 1993.

42. Ruud Lubbers, Dutch Prime Minister, 1982–1994, *Die Volkskrant*, December 21, 1997.

43. SLIDE: "The United States fought and won the wars in Bosnia and Kosovo. We will win in Afghanistan, too." Richard Holbrooke's statement in Doha, February 2010.

44. SLIDE: "The Serbs had never attacked the Muslims, nor will they ever attack the Muslims, nor is there such an intention. Irregular and outvoting decisions will create chaos and chaos is in no one's hands. That is how we can announce that there will not be a war, that I show we can guarantee that there will be no chaos, because the order is in our hands and chaos is in no one's hands." Radovan Karadžić's speech at the Bosnia & Herzegovina Assembly, 15 October 1991.

45. Video of Markale. These are screen captures from the YouTube version of Dr. Karadžić's Opening Defense Speech (*Uvodna reč*). This video clip is, incredibly, evidence that was submitted to the Trial Chamber by the Prosecution, which apparently did not watch it closely.

46. *General Stanislav Galić* (b. 1943), Commander of the Sarajevo-Romanija Corps of the Army of the Republika Srpska (VRS) during the Bosnian War. The ICTY convicted him in 2003 on charges of crimes against humanity and violations of the laws and customs of war. He was sentenced to twenty years in prison.

47. SLIDE: "Humanitarians" and "Journalists"
Spying for NATO, their countries or ABiH
Creating and spreading false reports
Abusing press documents
Smuggling enemy soldiers through combat lines
Reconnaissance and intelligence work for ABiH
Smuggling of arms and ammunition for ABiH

48. These are clips from *Judgment: The Bosnian 'Death Camp' Accusation: An Exposé*, produced by Jared Israel in conjunction with www.emperors-clothes.com. Available on YouTube:

420

http://www.youtube.com/watch?v=xox7TR11evI (last accessed on 10/10/14).

49. SLIDE:

"Zulfikarpašić emphasized the fact that it would be tragic for us if two nations that inhabit 92% of Bosnia and are profoundly mixed were to initiate a confrontation.

"Karadžić and Koljević displayed open satisfaction that we had agreed to talks. They accepted our proposition about defining the so-called minimum about which there cannot and will not be any negotiation.

"Alija Izetbegović knew about these talks. The SDA had set things up to undermine us and the talks, which they succeeded in the end."

Muhamed Filipović about the Muslim-Serb Historic Agreement, from *I Was Alija's Diplomat* (2000).

50. Prosecution Pre-Trial Brief Para. 10. *See:* http://www.icty.org/x/cases/karadzic/custom3/en/090518.pdf (last accessed 1/14/15).

51. Prosecution Pre-Trial Brief Para. 11.

52. Transcript of the conversation between Tuđman, Holbrooke, Peter Galbraith, and General Clark (1995).

53. Prosecution Pre-Trial Brief, Para. 12.

54. SLIDE: According to international law, the six Yugoslav republics do not have the right to external self-determination. […] The acquisition of independence of Slovenia, Croatia, BiH, and FRY Macedonia, can accordingly be observed as [ILLEGIBLE]. Antonio Cassese, comment on Article 1, Section 2 of the United Nations Charter, Paris Economica, 1991, p. 49-50.

55. SLIDE: "Jasenovac was the largest concentration camp in Croatia. Between 1941 and 1945, over 600,000 were murdered there, the Serbs, the Jews (around 30,000), and the Gypsies." *The Simon Wiesenthal Center.*

SLIDE: "The Ustashe were a Croatian nationalistic and terrorist organization. Their hatred toward the Jews could have been surpassed only by their hatred toward Serbs. After the creation of the Croatian puppet state by Hitler in 1941, the Ustashe terrorists had murdered 500,000 Serbs, expelled over 250,000, and forcibly converted 250,000 to Catholicism." *The Simon Wiesenthal Center.*

56. SLIDE: "The terrible deeds were committed by the Ustaše in Croatia against the Serbs. The Ustaše groups had committed their horrendous acts especially against the elderly, women, children, in the most atrocious ways. The estimation of about 300,000 Orthodox Christian individuals, whom the Ustaše had butchered and tortured with their sadistic methods must be taken into account." Letter of the Chief of German's secret police Turner addressed to Heinrich Himmler, February 17, 1942.

57. SLIDE: Genuine Indictment Paragraph 10.

58. SLIDE: Genuine Indictment Paragraph 12.

59. SLIDE: Croats (Muslims) earmarked territories considered Croat (Muslim), created separate Croat (Muslim) institutions to resist Yugoslav authority, declared independence and forcibly took control of large parts of Yugoslav territory, killing thousands of Serbs and expelling hundreds of thousands from their homes.

60. *Stefan Lazarević* (c. 1377–1427) held the title of prince (1389-1402) and despot (1402–1427). He was considered to be one of the finest knights and military leaders in Europe, and is regarded as one of the best Serbian writers of the Middle ages.

61. SLIDE: "The Independent State of Croatia (NDH) was not just a Quisling creation and a fascist crime, but the expression of the historical aspirations of the Croatian people." Franjo Tuđman, February 24–25, 1990.

62. NDH (*Nezavisna Država Hrvatske* or the Independent State of Croatia) the Nazi government that came to power in Croatia during World War II.

63. SLIDE: Lord Owen, *Balkan Odyssey*, p. 100.

64. Sometimes referred to as the *Špegelj Tapes*, these video tapes contain a secretly recorded conversation which was leaked to the Yugoslav press in January 1991. Špegelj and Boljkovac claimed the tapes were fakes, but they were subsequently proved to be authentic.

65. *Dalibor Brozović*, (1927–2009) was a Croatian linguist, Slavicist and dialectologist who sought to eliminate the standard Serbo-Croatian language in favor of a Croatian language as conceived by nationalist politicians. He was a co-founder and Vice-President of the *Hrvatska demokratska zajednica* (HDZ, i.e., Croatian Democratic Union), which won the 1990 elections. He became

422

the Vice-President of the Presidency of the Republic of Croatia, and served as a member of the Croatian Parliament (1992–1995).

66. SLIDE: Prosecution Pre-Trial Brief, Paras. 15, 16.

67. SLIDE: Genuine Indictment, paragraphs 15 and 16. "Karadžić and the BSL were aware of the nature and the purpose of Croat arming campaign, creation of an illegal army, dismissals of Serbs from work on ethnic grounds, killing of Serbs, legal degradation of Serb constitutional status, glorification of Ustaša symbols, promotion of Ustaša immigrants to official positions.

Karadžić supported the efforts of Krajina Serbs to protect their existence and cited them as an example to the Bosnian Serbs in case Bosnia chooses the same path as Croatia.

68. SLIDE: "The Republic of Croatia establishes as the national state of the Croatian people and the state of the Croatian people and the state of the members of autochthonous national minorities: The Serbs, Czechs, Slovaks, Italians, Hungarians, Jews, Germans, Austrians, Ukrainians, Russians and others." Croatian "Christmas" Constitution, 22 December, 1990.

69. SLIDE: "Croatia attacked the Serbs and Yugoslavia, not the other way around." Josip Boljkovac, Croatian Minister of Internal Affairs (May 1990–July 1991), *Vesti*, 13 February, 2009.

70. VIDEO: The murder of Sašo Geršovski in Split; JNA Barracks in Bjelovar, showing the bodies of murdered JNA soldiers.

71. SLIDE: "The JNA was in its own country. Its troops were legitimately spread around all Yugoslav republics. After the pronounced independence of Slovenia and Croatia, the troops were treated as the occupational, even when they were not leaving their barracks. Slovenian tactics (and later Croatian too), who could not be taking particular pride in heroism, was based on the avoidance of open conflict and the attempts to get the soldiers, through blockades of the barracks, to the brink of starvation and force them to leave." *Origins of a Catastrophe: Yugoslavia and Its Destroyers*, Warren Zimmerman, Zagreb, Globus International, Znanje, 1996.

72. SLIDE: "Germany is celebrating your military success and we express our tribute. It has to be noted that even experts who understand the issue have not predicted such a quick and glorious action." Representative of the German Embassy in Croatia on Radio Zagreb.

73. SLIDE: *See* Pre-Trial Brief: http://www.icty.org/x/cases/karadzic/custom3/en/090518.pdf (last accessed 1/14/15).

74. Dr. Karadžić is, of course, speaking sardonically.

75. SLIDE: "The Serbian Assembly made a decision. There is no one who could change that. Not Karadžić, not Milošević, not God himself! Everyone must respect that Assembly. There is no other way! If the Assembly passes something, well who am I to change that? I am a small player who serves that Assembly and the entire party and the entire Serbian nation. I am not any kind of boss who can change anything." Telephone conversation between Radovan Karadžić and Momčilo Krajišnik, 9 November, 1991.

76. SLIDE: "No one will stand behind crime. There is justice, no doubt about that. None of them can act any differently than any honest citizen. There is no change in the political position regarding the legality of the state. We'll not rely on criminals anywhere and they have to know that. The influence of politics on the law and the courts must not be realized any longer." Telephone conversation between Radovan Karadžić and Momčilo Krajišnik, 20 December 1991.

77. SLIDE: "It cannot be done that way. That is the pushing of purely political will against the legal norms. That cannot be. The Communists did that in 1945. We as a democratic party cannot allow for that. I would not socialize with half the people I work with now. I would not want to see them. But I have to work with them, because the Party is not my private property for me to introduce an element of affinity or lack of affinity. We cannot do whatever we want." Telephone conversation between Radovan Karadžić and Momčilo Krajišnik, 12 January, 1992.

78. SLIDE: "Ethnic Cleansing" and other war crimes can only be committed in war. If Radovan Karadžić wanted to avoid a war at all costs — there could not have existed any JCE plan.

79. SLIDE:
- Chronological analysis of events
- Causality
- Sequence of events
- Options at one's disposal
- Genuine, NOT false consequences of events

424

- Personal contribution of Accused
- State of mind of the Accused
- Reasons AT THAT POINT IN TIME that influenced the Accused's acts

80. *Pravaška strana*, established in 1861 by Ante Starčević, a half-Serbian Croatian racist who insisted on the creation of a Croatian state. The party was re-established in 1991, with Dobroslav Paraga as its first President.

81. *Prosveta* is a Serbian educational and cultural society that was founded in 1902 in Sarajevo. Its stated purpose was the preservation of Serbian culture and identity in Bosnia-Herzegovina. The Communist authorities banned the institution in 1949 and confiscated its property. *Prosveta* was re-established on St. Vitus Day (June 28) in 1990 and it continued its work in Sarajevo even during the war.

82. *mens rea* (Latin for "guilty mind"), a legal concept in criminal law that refers to the subjective mental element of the offense that accompanies the commission of a crime.

83. *Tsar Stefan Uroš Dušan IV* (1308–1355), crowned King of Serbia in 1331, and Emperor of the Serbs and Greeks (1346–1355). Tsar Dušan was one of the most powerful monarchs of the era. He is remembered for his codification of the law, *Dušan's Code*.

84. B-H had a seven-member, multi-ethnic rotating Presidency

85. MUP (*Ministarstvo unutrašnjih poslova*) the Ministry of Internal Affairs, which is in charge of law enforcement and security.

86. SLIDE: "A sovereign and integral Bosnia and Herzegovina on one side and its peaceful achievement on the other are not of equal value to me. I would sacrifice peace for a sovereign Bosnia. But I would not sacrifice a sovereign Bosnia for peace." Izetbegović's speech at the Bosnia and Herzegovina Assembly, 27 February, 1991.

87. SLIDE: "By announcing a rebirth, we are not announcing an age of peace and security, but one of unrest and trial. There are too many things crying out to be destroyed." *Islamic Declaration*, Alija Izetbegović, 1970 (reprinted in 1990).

88. SLIDE: "Husseini made his contribution to the Axis war effort by recruiting and organizing Bosnian Muslim battalions in Croatia comprising some twenty thousand men. These Muslim volunteer

units, called Hanjar (sword), were put in Waffen-SS units and participated in the massacre of civilians in Bosnia [Serbs, Jews, and Roma] and volunteered to join in the hunt for Jews in Croatia." *Encyclopedia of the Holocaust* (1990 Edition) Volume 2, Pages 706-707. Entry listed under Husseini, Haj Amin Al.

89. *Handžar* means *long dagger* (Turkish).

90. *The Serbs: The Guardians of the Gate*, by R.G.D. Laffan. Originally published: Oxford: Clarendon Press, 1918. Reprinted: New York: Dorsett Press, 1989.

91. Paragraph 23 of the Prosecution Pre-Trial Brief reads in part: "KARADŽIĆ repeatedly underscored that Muslims and Croats represented an existential threat to the Serbs, and that Serbs faced the same genocidal threat they confronted in World War II. He told the Assembly at its inaugural session that Serbs faced the "same plans, the same villains and the same victims" as World War II. He insisted that Muslims sought an Islamic state, were preparing laws to subjugate Serbs and that Serbs were unwilling to 'go back to slavery'."

92. SLIDE: "I will fight uncompromisingly against everything non-Islamic; I will sacrifice everything on God's path, including my life, if the interests of Islam require that." (The oath taken by Muslim Youth.)

93. SLIDE: "We announce to our friends and enemies alike that Muslims are determined to take the fate of the Islamic world into their own hands. A Muslim can die only in the name of Allah and for the glory of Islam. There can be neither peace nor coexistence between the Islamic religion and non-Islamic social and political institutions. Whoever wishes our community well will not try to spare it struggle, danger, and misfortune. The Islamic movement should and can start to take over power as soon as it is morally and numerically strong enough to be able to overturn not only the existing non-Islamic Government but also to build up a new Islamic one." *Islamic Declaration*, Alija Izetbegović, 1970 (reprinted 1990).

94. SLIDE: "IZETBEGOVIĆ became a member of 'Fedayeen of Islam' organization, of an Iran-based radical group [...] which by the late 1980s had recognized the leadership of the Ayatollah Khomeini. Following Khomeini's accession to power in 1979, IZETBEGOVIĆ stepped-up his efforts to establish Islamic power in Bosnia and was jailed by the communists in 1983." U.S. Senate

Republican Party Committee, "Clinton-Approved Iranian Arms Transfers Help Turn Bosnia into Militant Islamic Base."

95. SLIDE: "Izetbegović advocated that Islam must be a state structure in all states where Muslim population lives, and that one must work on creating the conditions for Bosnia to become an Islamic republic with Islamic laws [...] The imams in Bosnia should be armed as the Iranian Shiite imams." *Judgment of the Sarajevo District Court 20, August 1983.*

96. *The Memorandum of the Serbian Academy of Sciences and Arts* (or the *SANU Memorandum*) was a draft document produced by Serbian Academy of Sciences and Arts, excerpts of which were published in 1986. The memorandum argued for a fundamental reorganization of the state. Its guiding idea was that decentralization was resulting in the disintegration of Yugoslavia and that the Serbs were being discriminated against by Yugoslavia's constitutional structure.

97. SLIDE: "The goal of the Islamic revolution in the country is the creation of a unified state, which will be comprised of the territories of Bosnia, Sandžak and Kosovo. Jihad should be implemented to the maximum and through it we must annihilate the enemies and infidels ... we should not wait for a challenge or a reason to do that." Judgment of the Sarajevo District Court 20, August 1983.

98. *Green Highway (Zelena transversala)* is the name given by Muslims to a continuous land bridge leading from Istanbul to Europe via the former Yugoslavia.

99. Dr. Karadžić is referring to Pat Robertson's call to assassinate Hugo Chavez. *See* "Assassinate Chavez, Pat Robertson tells a stunned America," by Andrew Buncombe, 24 August, 2005 *(The Independent (UK)).*

100. SLIDE: Judgment of the Sarajevo District Court 20, August 1983.

101. *Fikret Abdić* (b. 1939) was the most popular Bosnian Muslim leader. He was Izetbegović's political opponent in the presidential elections in Bosnia in 1990, in which he won the most votes. He was allied with the Bosnian Serbs and he supported the preservation of Yugoslavia.

102. SLIDE: Genuine Indictment, para. 24.

103. SLIDE: "We announce to our friends and enemies alike that Muslims are determined to take the fate of the Islamic world into their own hands. A Muslim can only die in the name of Allah and for the

glory of Islam. There can be neither peace nor coexistence between the Islamic religion and non-Islamic social and political institutions. Whoever wishes our community well will not try to spare it struggle, danger and misfortune. The Islamic movement should and can start to take over power as soon as it is morally and numerically strong enough to be able to overturn not only the existing non-Islamic Government but also build up a new Islamic one." The Islamic Declaration, Alija Izetbegović, 1970 (reprinted 1990).

104. SLIDE:

- The Assembly of Bosnia and Herzegovina establishes the Council for the protection of equality among the nations and nationalities of Bosnia and Herzegovina.

- Equal number of representatives from each of the nations of Bosnia and Herzegovina — the Muslims, Serbs, and Croats are elected to the Council.

- If at least twenty members of the Assembly consider that the equality of nations has been breached, the matter will be brought before the Council.

- Decisions are made by consensus.

Amendment LXX to the Constitution of Bosnia and Herzegovina, 31 July, 1990.

105. SLIDE: Alija Izetbegović, Bosnia and Herzegovina's Presidency Session, 15 October, 1991.

106. SLIDE:

- According to the Bosnia and Herzegovina Constitution as well as from the historical point of view, the Serbs enjoyed the status of a constituent people.

- Any change of the status of Bosnia and Herzegovina was not possible without the consent of the Serbian people

- The Serbian people enjoyed an explicit right to self-determination

- Unilateral secession of Bosnia and Herzegovina was prohibited by SFRY Constitution and existing international laws

- The right of self-determination belonged to peoples and not to the administrative territories

107. SLIDE: The SDA (Party of Democratic Action) led an organized preparation for the defense and command of all forces.

108. SLIDE: One of the priority tasks of the crisis staffs was the acquisition of weapons. *Analysis and Experience from Combat Operations, District Headquarters — Zenica Municipality.*

109. SLIDE: By the beginning of the war, every local community in 103 municipalities had a Patriotic League leadership and units ranging from a squad to a company. *The Role of the Patriotic League, Green Berets, and Other Organized Patriots.*

110. SLIDE: *Analysis and experience from combat operations — Zenica Municipality.*

111. SLIDE: The Patriotic League Main Staff decided: War will be all-encompassing. It will be led throughout all of Bosnia with the participation of all human and material resources. *The Role of the Patriotic League, Green Berets, and Other Organized Patriots. 5 January, 2000.*

112. *Franz Josef Strauss* (1915–1988), German politician who served as Chairman of the Christian Social Union and held several positions in the federal cabinet, most notably as Defense Minister and Minister of Finance.

113. *Pierre Marie Gallois, General* (1911–2010), French brigadier general and politician, known as *the father of the French atomic bomb.* He campaigned against the treaty creating a European Constitution, and was a staunch defender of Serbia.

114. Prosecution Submission pursuant to Rule 65 ter (E)(i)-(iii) paragraph 43, May 18. 2004.

115. *Ibid.*

116. *Ejup Ganić* (1946–) Serbia charged Ganić, Bosnia's wartime Vice-President, in late February 2010 with ordering Bosnian Muslim forces to shoot and kill wounded Yugoslav National Army troops who were departing from the Bosnian capital in a convoy in May 1992. He was arrested at Heathrow Airport on March 1, 2010 on a Serbian arrest warrant. A UK judge later ruled that the charges were political in nature and released Ganić.

117. *Irfan Ajanović* was a pre-war member of the Yugoslav Federation, as well as an important ally of Alija Izetbegović, who later turned on him, allowed Ajanović to languish in prison in the Republika Srpska, and would not negotiate for his release.

118. *Armin Pohara* was a local commander of the Patriotic League. "The League is the embryo of a Bosnian army.... We have two platoons with a total of 60 men but they get bigger every day and

this is hard to control." (The Independent (London), March 30, 1992.)

On the barricades in Bosanski Brod some soldiers wear the blue and white coat of arms of Bosnia, others the red and white Croatian flag, or the green flag of Islam.

119. Prosecution Submission pursuant to Rule 65 ter (E)(i)-(iii) paragraph 43, May 18. 2004. Available on www.icty.org.

120. *Kljujić*, Stjepan (b. 1939) was member of the collective presidency of B-H and was a founding member of the Croatian Democratic Union (HDZ) party in 1990. He was also President of the Bosnian chapter of the Croatian Democratic Union (HDZ) and he urged Croats to support the elected government of Alija Izetbegović.

121. *Brkić*, Miljenko (b. 1944) succeeded Stjepan Kljujić as the President of the Bosnian chapter of the Croatian Democratic Union (HDZ)

122. *Kukanjac*, General Milutin (1935–2002) Serbian JNA Colonel General during the Bosnian War. Kukanjac was commander of JNA troops in Sarajevo from March–July 1992. Kukanjac was also in charge of JNA units on Dobrovoljačka Street in Sarajevo when the Army of B-H attacked the convoy of withdrawing soldiers, killing 46 and wounding many others in 1992.

123. *Eve-Anne Prentice* (1952–2007), reporter for the *London Times* who covered the Bosnian War.

124. Prosecution's submission pursuant to rule 65 ter (E)(i)-(iii), May 18, 2009.

125. SLIDE: No. 1258-3/91.

126. SLIDE: Telephone conversation between Karadžić and Žepinić, 8 July, 1991.

127. SLIDE: Telephone conversation between Karadžić and Mandić, 22 July, 1991.

128. SLIDE: Telephone conversation between Karadžić and Plavšić, 17 September, 1991.

129. *Milan Babić* (1956–2006) was the first President of the Republika Srpska Krajina.

130. February 27, 1992

131. ICTY Trial Judgment, Krajišnik, September 27, 2006.

132. Owen, Lord David, *Balkan Odyssey*. New York: Harcourt Brace Jovanovich, 1995, p. 120.

133. *Marijin Dvor*, a large apartment/office complex built in 1895. It also lends its name to the surrounding neighborhood.

134. *PAM 12.7mm*, a heavy-duty machine gun (designed as an anti-aircraft weapon) that had a range of 1,500 meters.

135. *Vuk Karadžić* (1787–1864), Serbian linguist, language reformer, and originator of the study and collector of Serbian oral epic poetry.

136. *Gerry Mander*, Dr. Karadžić incorrectly supposes that the name of the practice of gerrymandering derives from such a putative individual; however, the name finds is origin in the name of Massachusetts Governor *Gerry*, who tailored such electoral districts, and sala*mander*, which denoted the long and winding shape of such artificially drawn electoral districts.

137. *in dubio pro reo* (Latin, *when in doubt, favor the accused.*) Over time, this tenet of Roman Law evolved into the concept of "innocent until proven guilty."

138. *General Manojlo Milovanović* headed the General Staff of the Army of the Republika Srpska during the Bosnian War.

139. *Wahlgren*, Lars-Erik General (Swedish), UNPROFOR Commander in Bosnia (March–June 1993).

140. *Akashi*, Yasushi, Japanese-born UN career diplomat who was the Secretary-General's Special Representative to the former Yugoslavia during the War.

141. The translator has been unable to locate this italicized passage in General Rose' book.

142. *Fighting for Peace: Lessons from Bosnia*, by General Sir Michael Rose (Warner Books, a Division of Little, Brown and Company (UK) (London: 1998), p. 70–71.

143. Owen, Lord David, *Balkan Odyssey*. New York: Harcourt Brace Jovanovich, 1995, pp. 59–60.

144. *Milošević, General Dragomir* (b. 1942), Commander of the Sarajevo-Romanija Corps of the Army of the Republika Srpska (VRS). The ICTY convicted him of war crimes in 2006 and sentenced him to twenty-nine years imprisonment.

145. *agas and beys*, Dr. Karadžić is saying that the current Muslim ruling class in Bosnia is composed of the descendants of the former Ottoman gentry who have usurped the reins of political pow-

er from ordinary citizens, those who had been empowered by the socialist revolution.

146. *Kovačević, Milan* (1941–1998) an anesthesiologist by profession, he served as Vice President of the Municipality of Prijedor Crisis Center in Prijedor in April 1992. He was indicted for genocide by the ICTY and captured by SFOR in 1997. He died in The Hague while in detention.

147. *Koljević's diary....* This diary was published under the title Стварање Републике Српске (Службени Гласник: Републике Српске, 2008). An abridged American edition is now available: *Creating the Republika Srpska*, by Nikola Koljević, Unwritten History, Inc.: New York, 2014.

148. *General Zdravko Tolimir* (b. 1948), Assistant Commander of Intelligence and Security for the Bosnian Serb Army (VRS) who reported directly to General Ratko Mladić. He was sentenced to life imprisonment after the ICTY convicted him on six counts of genocide.

149. The International Committee for Missing Persons, which is in charge of identifying the remains, is a fake NGO that was created by the Clinton Administration and whose chairpersons have been appointed by the State Department. The ICMP knowingly had the DNA testing performed on alleged human remains from Srebrenica in an uncertified laboratory in an attempt to inflate the alleged death toll, so its findings are not reliable and would not be accepted in a US court of law. Finally, the ICTY ceased its exhumations in 2005 and it refuses acknowledge or enter into evidence exhumations performed thereafter. See *Rethinking Srebrenica*, by Stephen Karganović and Ljubiša Simić, pp. 28–39.

INDEX

434

436

440

CREATING THE REPUBLIKA SRPSKA
by Nikola Koljević

Unwritten History, Inc.
Publication Date: 2014
ISBN-13: 978-0970919847
672 pages
$29.95

Available on www.amazon.com and
www.unwrittenhistory.com

Nikola Koljević provides an intimate view of the aspirations, strategies, and point of view of the Bosnian Serbs during their numerous attempts to achieve peace during the Bosnian War. These eloquent memoirs describe what transpired at all the peace conferences from Lisbon to Dayton.

Nikola Koljević was a professor of Shakespearean studies who was elected Vice President of the Republika Srpska (1992–1996). He was a member of the Delegation of the Republika Srpska that participated in all the international peace conferences on Bosnia and he also served as the Chairman of the Committee for Cooperation with the United Nations and International Humanitarian Organizations. His duties in these positions determined much of the content of these memoirs.

This work will challenge many of the conclusions and perspectives of the war that were built upon the over-engaged and often biased reporting of many journalists and by a host of pop-historians pushed into the spotlight by their bombastic appeals for military intervention based on righteous moralism as well as an utter disregard for the Serbian point of view. The war, its causes and consequences will be debated for many years to come; Nikola Koljević's testimony as registered on the following pages makes a strong case that the Serbian leadership at the time desired peace and that the obstacles to peace actually were raised by the Bosniak leadership under Alija Izetbegović and from many international actors, including American and European journalists.

— from the *Introduction*

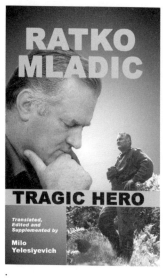

RATKO MLADIĆ: TRAGIC HERO
by Milo Yelesiyevich et al.

Unwritten History, Inc.
Publication Date: 2006
ISB-978-0970919809
730 pages
$34.95

Available on www.amazon.com and
www.unwrittenhistory.com

The first book-length study to appear in English about the controversial Serbian general. It departs radically from mainstream news coverage of General Mladić because it presumes him to be innocent of charges of war crimes and genocide until he has been proven guilty.

"The only certainty of his whereabouts has been at the top of the world's most-wanted-men list with a huge price on his head. Little else is widely known about Gen. Ratko Mladić beyond the accusation of committing war crimes during the 1992-1995 civil war in Bosnia.

Here for the first time is almost everything one could want to know about Mladic — except where he has been for most of the last decade.

Milo Yelesiyevich has done a masterful job of assembling a huge variety of material beginning with the revealing biography "Hero or War Criminal?" by Ljubodrag Stojadinović and including 96 pages of translated interviews with Mladić. It concludes with the text of the International Criminal Tribunal for the Former Yugoslavia indictments against Mladić and Radovan Karadžić.

Altogether it constitutes an unvarnished portrait of a man widely acclaimed for his military skills and bravery, but also criticized for intemperate statements and accused of crimes on the battlefield.

Read this and make up your mind whether Ratko Mladić is guilty until proven innocent as the Hague court holds, or innocent until proven guilty."

— *David Binder* began covering the Balkans for *The New York Times* in 1963